Heinz Buddemeier
Von der Keilschrift zum Cyberspace

Heinz Buddemeier

Von der Keilschrift zum Cyberspace

Der Mensch und seine Medien

 Verlag Urachhaus

ISBN 3-8251-7343-7

Erschienen 2001 im Verlag Urachhaus
© 2001 Verlag Freies Geistesleben & Urachhaus GmbH
Druck: WB-Druck, Rieden

Inhalt

1. Die Schrift

Wenn ich anderen Menschen etwas sagen will, wende ich mich mit meiner Stimme an sie. Will ich auch in einer größeren Entfernung verstanden werden, muss ich laut sprechen, rufen oder schreien. Hundert, unter günstigen Umständen auch zweihundert Meter können auf diese Weise überbrückt werden. Ein Hilfeschrei kann mehr als einen Kilometer überwinden. Darüber hinaus reicht die menschliche Stimme nicht.

Mein Interesse an einem Menschen erlischt aber nicht, wenn er sich außerhalb der Reichweite meiner Stimme und meiner Sinne begibt. An die Stelle der auf die Außenwelt gerichteten Sinne können dann innere Sinne treten bis hin zum Gedankenlesen, Hellfühlen, Hellsehen zum Beispiel. Wo diese inneren Sinne fehlen, was in der Neuzeit mehr und mehr der Fall ist, entsteht ein Mangel. Die Schrift bietet jedoch die Möglichkeit, diesen Mangel durch äußere Mittel zu überwinden.

Wer von Angesicht zu Angesicht mit einem Menschen sprechen will, muss mit ihm zur selben Zeit am selben Ort sein. Die Schrift hebt diese Bedingung auf. Sie gibt dem Sprechen Dauer und transportiert es außerdem über weite Strecken.

Folgendes Beispiel sei betrachtet. Ein Sohn hat seine Familie verlassen, um in einem viele Tagesmärsche entfernten Dorf zu lernen. Nachdem er lange Zeit dort gewesen ist, erhält er einen Brief, in dem die Mutter schreibt, dass die Schwester heiraten wird und er zur Hochzeit kommen möge.

Die Mutter hat an ihrem Ort geschrieben, der Sohn hat an seinem Ort gelesen. Der Brief entstand am Sonntag und erreichte seinen Empfänger am Freitag. Schreibend und wahrscheinlich leise vor sich hin sprechend hat die Mutter ihre Gedanken der Schrift eingeprägt. Der Sohn hat sie durch Lesen wieder daraus hervorgeholt. Das geschah bis ins 19. Jahrhundert hinein zumeist als lautes Sprechen. Damit wurde erlebbar: Der Lesende leiht dem, der selbst nicht da sein kann, seine Stimme.

Das Beispiel macht deutlich, dass die Möglichkeiten, die dem Menschen für die Kommunikation zur Verfügung stehen, durch die Schrift eine wichtige Erweiterung bekommen haben. Dass damit auch Gefahren verbunden sind, soll das nächste Beispiel zeigen. Nehmen wir an, jemandem liegt etwas auf der Seele, was seinen Freund betrifft und worüber er mit diesem Freund unbedingt sprechen möchte. Die Verhältnisse lassen das aber in absehbarer Zeit nicht zu. Da entschließt sich der Mensch, seinem Freund einen Brief zu schreiben. Er wählt einen günstigen Augenblick, zieht sich in sein Zimmer zurück, denkt lange nach, schreibt bedächtig, und weil er mehrmals eine Formulierung noch einmal ändert, schreibt er den Brief noch einmal ins Reine.

Der Freund bekommt den Brief zwei Tage später zusammen mit anderer Post, als er morgens aus dem Haus eilt und gerade noch den Briefträger trifft. Auf dem Weg zur Arbeit – im Bus – muss er, um sich auf eine Besprechung vorzubereiten, unbedingt ein Papier lesen. Dennoch schaut er die Post kurz an, greift den Brief des Freundes heraus und beginnt ihn zu lesen.

Der Absender hätte das, was ihm auf der Seele lag, in dieser Situation gewiss nicht erzählt. Vielleicht bemerkt das der Freund und legt den Brief, nachdem er die ersten Zeilen gelesen hat, zurück. Vielleicht vergisst er auch alles um sich herum, den Bus, die Menschen und das Papier, das er lesen sollte, und schenkt dem Brief die Aufmerksamkeit, die ihm gebührt.

Wer schreibt, hat Vertrauen. Er ist allerdings darauf angewiesen, dass sich der Lesende für die Gedanken, die in die Schrift hineingelegt wurden, interessiert. Und dass er auch bereit ist, soviel Aufmerksamkeit und Zeit aufzubringen, wie nötig ist, um die fremden Gedanken zu erfassen.

Man kann es auch ein Nachschaffen nennen, das nur gelingt, wenn dieselben seelischen und geistigen Kräfte aufgerufen werden, die den Schreibenden bewegten. Dass man auch, zumal wenn die Schrift gedruckt wird, ganz anders lesen kann, soll hier zunächst außer Acht gelassen werden.

Bevor weitere Aspekte, die mit der Schrift zusammenhängen, untersucht werden, sei ein Blick auf ihre Geschichte und die verschiedenen Schriftarten geworfen. Die ersten Zeichensysteme, die das Fixieren von Sprache zum Ziel hatten, entstanden vor fünftausend Jahren in Ägypten und Mesopotamien. Bei der in Mesopotamien entwickelten Keilschrift handelt es sich um eine Wort- und Begriffsschrift. Man kann sie, wenn man die Bedeutung der Zeichen kennt, verstehen, aber nicht laut lesen, weil sie keine Aussage über den Sprachklang enthält.

Die Phönizier waren die Ersten, denen es gelang, den Sprachklang zu fixieren. Sie entwickelten ein Zeichensystem, das wir heute als phonetisches Alphabet bezeichnen. Sie gaben es an die Griechen weiter, die es um Zeichen für die Vokale bereicherten. Damit war die von uns heute benutzte Lautschrift oder Vollschrift entwickelt, auf die Voltaires Äußerung zutrifft: »Schrift ist das Bild der Stimme. Je mehr es dieser gleicht, desto besser ist es.«

Mit der Entwicklung zur Vollschrift ging eine Vereinfachung der Schriftzeichen einher. Wort- und Begriffsschriften haben leicht einige Tausend Logogramme oder Ideogramme. Die chinesische Schrift, allerdings ein extremes Beispiel, verfügt noch heute über fünfzigtausend Zeichen. Die gemischten Wort-Laut-Schriften kommen mit einigen hundert Zeichen aus. Bei den reinen Silbenschriften sinkt die Zahl unter hundert, und den Buchstabenschriften genügen zwanzig bis vierzig Phonogramme.[1]

Schriften mit Tausenden von Zeichen können nur von berufsmäßigen Schreibern beherrscht werden. Schreib- und Lesefähigkeit als auf der ganzen Welt verbreitete »Kulturtechnik«, wie man zu sagen pflegt, ist auf das phonetische Alphabet angewiesen.

Von der geschichtlichen Betrachtung der Schrift sei noch einmal der Blick auf das Beispiel der Mutter geworfen, die ihrem Sohn schreibt. Dabei wurde gesagt, mit der Schrift habe sich der Mensch die Möglichkeit geschaffen, die durch räumliche Ferne und zeitlichen Abstand bedingte Trennung zu überwinden. Dazu wurde die Schrift aber wahrscheinlich nicht entwickelt. Die historischen Funde deuten darauf hin, dass die Schrift dort entstand, wo sich städtisches Leben entwickeln wollte.

Von einer bestimmten Größenordnung an sind die Aufgaben, die durch das Zusammenleben der Menschen entstehen, ohne Schrift nicht mehr zu bewältigen. Insbesondere die in Verwaltung und Ökonomie Verantwortlichen konnten mithilfe der Schrift Aufgaben übernehmen, für die die menschlichen Fähigkeiten sonst nicht ausgereicht hätten.

Es liegt auf der Hand, dass es einen Unterschied machen muss, ob Entscheidungen angesichts von Menschen und Dingen oder angesichts ihrer symbolischen Vergegenwärtigung getroffen werden. Wenn ich freitags überlege, was zum Wochenende einzukaufen ist, dann schaue ich in die Speisekammer und vergegenwärtige mir dazu die Menschen, die satt werden sollen. Habe ich für viele Menschen zu sorgen, dann brauche ich Listen, in denen die Menschen, und Listen, in denen die Vorräte verzeichnet sind. Die Abstraktheit, die dadurch entsteht, erleichtert es dem Egoismus, neben den Bedürfnissen der zu versorgenden Menschen auch eigene Ziele zu verfolgen.

Diese Aussage sollte nicht als Kulturpessimismus ausgelegt werden. Es ist nicht behauptet worden, die mithilfe der Schrift getroffenen Entscheidungen seien zwangsläufig weniger sachgemäß und weniger verantwortungsbewusst. Dennoch gibt es zu bedenken, dass ausgleichende Anstrengungen nötig sind – etwa im Hinblick auf Fantasie, Einfühlungsvermögen, Moralität –, damit kein Qualitätsverlust des Vorgangs eintritt. Die von Buchstaben und Zahlen ausgehende Faszination macht das zusätzlich schwer.

Die Zusammenhänge, in denen die Schrift hier behandelt wird, legen es nahe, sie auch unter dem Gesichtspunkt der Technik zu betrachten. Die Aufgabe der Technik besteht darin, dem Menschen Leistungen zu ermöglichen, zu denen er ohne ihre Hilfe nicht in der Lage wäre. Das beginnt schon mit ganz einfachen Dingen: Ohne Axt gäbe es keine aus Holz erbauten Häuser, weil es nicht möglich ist, mit den Händen einen Baum zu fällen und zu Balken zu verarbeiten.

Ganz im Sinne eines solchen Hilfsmittels dient dem Menschen auch die Schrift, indem er mit ihrer Hilfe die Begrenztheit eines

Gedächtnisses überwindet. Die Wirkung geht aber noch tiefer. Durch die Schrift ist es möglich, dass beispielsweise Hunderte oder Tausende von Menschen an verschiedenen Orten ein und denselben Befehl oder ein und dieselbe Vorschrift befolgen, ohne sich jemals getroffen oder gar abgesprochen zu haben.

Die Menschen kommen so in Verhältnisse, die sie ohne die Schrift nicht hätten herbeiführen können. Genau so, wie sie ohne Axt nicht in Holzhäusern wohnen könnten? Es muss gesehen werden, dass hier ein gewichtiger Unterschied besteht. Die Axt überwindet eine Schwäche, die mit den physischen Kräften des Menschen und dem Bau seines Leibes zusammenhängt. Mit der Schrift aber werden geistige Schwächen überwunden. Dadurch entstehen Schwierigkeiten, die schwerer zu beherrschen sind als diejenigen, die durch eine Art von Technik hervorgerufen werden, für die stellvertretend die Axt genannt wurde.

Den literarisch gebildeten Menschen unserer Zeit mag es verwundern und möglicherweise auch enttäuschen, dass die frühen Schriftfunde auf eine Verwendung im Bereich der Verwaltung und der Wirtschaft verweisen. Geschichtsschreibung, Gesetzestexte und religiöse Texte entstanden tatsächlich erst später. Der Gesetzeskodex des Hammurapi von Babylon, eines der ältesten und berühmtesten Zeugnisse menschlicher Geschichte, stammt aus dem 18. vorchristlichen Jahrhundert. Das in Keilschrift festgehaltene Gilgamesch-Epos wurde noch später aufgeschrieben. Man darf vielleicht sagen, dass hier die Schrift dem Menschen hilft, diejenige Situation zu meistern, in die er durch die Verwendung der Schrift überhaupt erst hat kommen können.

Dennoch ist festzustellen, dass in dem Augenblick, in dem die Schrift zu einem selbstverständlichen Bestandteil des kulturellen Lebens wird, auch die Kritik an ihr beginnt. Am berühmtesten sind vielleicht die Warnungen, die Platon in seinem Dialog »Phaidros« (370 v.Chr.) formuliert. Die Schrift werde, so heißt es dort »Vergessenheit in den Seelen derer schaffen, die sie lernen, durch Vernachlässigung des Gedächtnisses – aus Vertrauen auf die Schrift werden sie von außen durch fremde Gebilde, nicht von innen aus Eigenem sich erinnern lassen. (…) Von der Weisheit aber verabreichst du den Zöglingen nur den Schein, nicht die Wahrheit; denn vielkundig geworden ohne Belehrung werden sie einsichtsreich zu sein scheinen, während sie großenteils einsichtslos sind und schwierig im Umgang, zu Schein-Weisen geworden statt zu Weisen.«

Platon greift zwei entscheidende Merkmale der Schrift heraus. Zum einen sieht er, dass sie ein künstliches, nach außen verlagertes Gedächtnis ist. Sie erspart das Sich-Erinnern, also das Nach-innen-Gehen, um dort zu finden und von dort hervorzuholen, was man gegenwärtig haben möchte. Diesem Finden liegt eine geistig-seelische Aktivität zu Grunde, die durch den Gebrauch der Schrift verkümmern kann. Außerdem, darf hinzugefügt werden, droht eine innere Leere. Statt dass der Einzelne das Weisheitsgut der Menschheit in sich trägt und in sich bewegt, ist es mithilfe der Schrift sozusagen ausgelagert und existiert auf Papier.

Der andere Gesichtspunkt, den Platon entwickelt, hängt damit zusammen, dass durch die Schrift die Übermittlung von Gedanken nicht länger an eine Beziehung zwischen bestimmten Menschen gebunden ist. Der Lehrer teilt dem Schüler nur das mit, wovon er überzeugt ist, dass dieser es verstehen kann und dass er einen guten Gebrauch davon machen wird. Durch die Schrift beginnen Gedanken frei zu vagabundieren. Jeder kann sie sich »ohne Belehrung« aneignen und so die Fähigkeit erwerben, überall mit zu reden, selbst wenn er von dem Thema eigentlich nichts versteht.

So Recht Platon mit seiner Warnung hat, so richtig ist aber auch, dass sich die Gefahren, von denen er spricht, bei gehöriger Aufmerksamkeit vermeiden lassen. Ob das auch für die weiteren Erfindungen in Bezug auf die Kommunikation gilt, wird zu fragen sein.

2. Das Buch

Will man das Buch zum Gegenstand einer Betrachtung machen, die seine Bedeutung, seine Vorteile und seine Nachteile erfasst, muss man es innerhalb vieler Zusammenhänge sehen. Es existiert durch die Schrift einerseits, durch das Lesen andererseits. Von beidem muss folglich die Rede sein. Wichtige Gesichtspunkte ergeben sich auch, wenn bedacht wird, dass das Buch seit langem als Metapher, als Bild für etwas anderes dient. Aus der Offenbarung des Johannes kennen wir das »Buch mit einer äußeren und einer inneren Schrift mit sieben Siegeln versiegelt« (5,1). Zwei Kapitel vorher (3,5) ist vom »Buch des Lebens« die Rede. Platon, Augustinus und viele andere haben vom »Buch der Natur« gesprochen. Augustinus hat die für das Mittelalter bedeutsame Zwei-Bücher-Lehre entwickelt, wonach Gott der Verfasser zweier Bücher sei, der Bibel und des Buches der Natur. Zum Buch gehören auch die äußeren Entwicklungsstadien, die es durchlaufen hat: Manuskriptbuch, Blockbuch, gedrucktes Buch. Mit jeder neuen Stufe traten auch neue Funktionen hinzu.

Im Folgenden soll zunächst von der Schrift und vom Lesen die Rede sein. Diesen Satz (beginnend mit: Im Folgenden soll …) habe ich soeben mit einem Bleistift auf ein Blatt Papier geschrieben. Zunächst war der Gedanke da. Ich hätte ihn auch aussprechen können, aber niemand wäre da gewesen, um ihn aufzunehmen. Außerdem hätte ich den Gedanken bald wieder vergessen.

Menschliche Sprache ist zunächst einmal hörbar gesprochenes Wort und dient dazu, Gedanken und Gefühle meines Inneren für andere Menschen wahrnehmbar zu machen. Hörbare Sprache entsteht, indem der Sprechende die Luft in Bewegung bringt. So wird eine Brücke zum anderen Menschen gebaut. Weil alles, was der Luft eingeprägt wird, gleich wieder vergeht, existiert die Brücke nur während des Sprechens. Sie ist auch nicht für größere

Entfernungen geeignet. Mit lautem Rufen lassen sich bestenfalls hundert oder zweihundert Meter überwinden. Ein Gespräch ist darauf angewiesen, dass es von Angesicht zu Angesicht, von Mund zu Ohr stattfindet.

Die Schrift hebt diese Notwendigkeit auf. Indem ich schreibe, bekommt das, was sonst flüchtig ist, Dauer. Beim Alphabet beziehen sich die einzelnen Zeichen auf die Laute der Sprache. Buchstaben sind Phonogramme. An die Stelle von etwas Hörbaren tritt etwas Sichtbares, ein grafisches Zeichen.

Wer laut liest, leiht dem, der etwas geschrieben hat, seine Stimme. Sichtbares kann wieder in Hörbares verwandelt werden. Für den Fall meines eigenen Schreibens besteht der Vorteil der Schrift in erster Linie darin, dass sie meine Gedanken festhält und aufbewahrt. Nur so ist es möglich, dass ich ein Jahr oder vielleicht noch länger an dem Buch, das entstehen soll, arbeiten kann. Immer, wenn ich nach einer Unterbrechung neu beginne, kann ich an das anknüpfen, was bis dahin entstanden ist. Allerdings könnte man sich auch ein Gedächtnis vorstellen, das es möglich macht, ohne äußere Hilfe einen längeren Gedankengang zu entwickeln. Solch ein Gedächtnis hat heute fast niemand. Die Schrift ist eine unentbehrliche Hilfe geworden. Zugleich hat sie zur Schwächung des Gedächtnisses beigetragen.

Schrift bedeutet Gewinn und Verlust zugleich. Bei gutem Willen und gehöriger Übung kann der Gewinn überwiegen. Der Verlust hat damit zu tun, dass Seelisch-Geistiges mithilfe der Materie fixiert wird. Das geht nur unvollkommen. Außerdem löst sich die Äußerung eines Menschen durch die schriftliche Fixierung von ihrem Urheber und von der Situation, in der die Äußerung entstanden ist. Ihr Verstehen kann dadurch erschwert werden.

Bei der Handschrift tritt dieses Problem noch nicht in aller Schärfe auf. In der Regel ist das Schreiben oder der Brief für einen bestimmten Empfänger bestimmt, der sich den Schreiber vorstellen kann. Außerdem ist die Handschrift geprägt von der Persönlichkeit des Schreibenden. Mit dem Buch hört die persönliche Beziehung zwischen Schreiber und Leser auf, wobei es auch hier

14

Übergänge gibt. Die ersten Bücher waren nichts anderes als eine Sammlung zusammengehefteter Manuskripte. Geschrieben wurde auf Pergament, Holz oder Papier. Weil die germanischen Stämme Tafeln aus Buchenholz als Schreibgrund benutzten, heißt das Buch bei uns nach einem Baum. Als die Zahl der Menschen, die Zugang zur Bildung suchten, zunahm, ging man dazu über, Bücher durch Abschreiben zu vervielfältigen. Die Gründung der Universitäten trug zu dieser Entwicklung bei. Das Buch war das wichtigste Hilfsmittel beim Studium. Die Universitäten richteten Bibliotheken ein, um Lehrenden und Lernenden den Zugang zu Büchern zu ermöglichen.

Zu Beginn des fünfzehnten Jahrhunderts begann man, Bücher durch Drucken zu vervielfältigen. Zunächst wurde für jede Buchseite eine eigene Druckplatte hergestellt, und zwar so, dass die zu druckenden Bilder und Buchstaben in das Holz der Platte geschnitten wurden. Die einseitig bedruckten Blätter wurden dort, wo sie unbedruckt waren, aneinander geklebt. Die gebundenen Blätter ergaben ein Buch, dessen Seiten beidseitig bedruckt waren. Diese ersten gedruckten Bücher wurden als Blockbücher bezeichnet.

Um die Mitte des 15. Jahrhunderts erfand Gutenberg das Drucken mit beweglichen Lettern. Er stellte einzelne Buchstaben her, die er immer wieder verwenden konnte. Die Druckplatte für die einzelne Seite wurde jetzt aus dem kleinsten Element des Textes, dem Buchstaben, aufgebaut. Bei den Blockbüchern war jede Druckplatte eine Ganzheit, die sich nicht zerlegen ließ.

Bevor wir uns dem gedruckten Buch, mit dem das erste moderne Medium in Erscheinung tritt, zuwenden, soll versucht werden, die Eigenart der Schrift und des Lesens und damit des Buches ganz allgemein dadurch zu verdeutlichen, dass ein Vergleich zwischen dem Buch der Schrift und dem Buch der Natur ausgestellt wird.

Wie eingangs bereits erwähnt, geht der Ausdruck »Buch der Natur« auf Augustinus zurück. Er findet sich sinngemäß aber bereits bei antiken Autoren. Im Mittelalter wird das Bild besonders gern verwendet. Bei Nikolaus von Kues heißt es: »Die Dinge sind die Bücher der Sinne. In ihnen steht das Wollen der göttlichen Vernunft in sinnenfälligen Bildern beschrieben.«[2] Hugo von St. Victor sagt von dem Buch der Natur, es sei geschrieben mit dem Finger Gottes, das heißt durch göttliche Macht geschaffen. In neuerer Zeit sind es vor allem Goethe und daran anknüpfend Steiner, bei denen die Rede vom Buch der Natur zentrale Bedeutung gewinnt.[3]

Eine Hilfe zum besseren Verständnis dessen, was mit dem »Lesen im Buch der Natur« gemeint ist, kann wieder darin bestehen, die Wortgeschichte zu befragen. Das Wort »lesen« hat ursprünglich die Bedeutung von »verstreut Umherliegendes aufnehmen und zusammentragen, sammeln«. Die gegenwärtige Sprache enthält viele Hinweise auf diese alte Bedeutung. Man denke nur an Weinlese, Auslese, Spätlese, auflesen. Wir sammeln die Gaben der Erde ein und verbrauchen sie, um die Bedürfnisse des Leibes zu befriedigen. Es geht dabei aber nicht nur um das Auflesen, sondern um das *Herauslesen*. Die in den Dingen wirkenden Weltgedanken sollen herausgefunden werden.

Dazu ist eine ganz andere Haltung der Welt gegenüber nötig. Äpfel, die ich für den Winter einlagern will, müssen fest und reif sein, aber nicht zu reif. Durch Sehen, Tasten, Riechen lässt sich feststellen, ob sich ein Apfel eignet. Dafür gibt es äußere Merkmale. Zum Buchstaben im Buch der Natur wird der Apfel, wenn ich ihn so anschaue, dass in mir die Frage entsteht: Was willst du mir sagen? Damit habe ich natürlich die Bedeutung des Buchstabens noch längst nicht verstanden, es ist aber bemerkt worden, dass der Apfel für mich mehr darstellen kann als eine Möglichkeit, satt zu werden.

Am Anfang des Lesens im Buche der Natur stehen Staunen und Bewunderung, letztlich die Bereitschaft, sich vom Erleben der Schöpfung zur Suche nach dem Schöpfer anregen zu lassen. Die ersten Versuche wird jeder auf seine Weise machen. Unerlässlich dürfte es sein, innerlich und äußerlich zur Ruhe zu kommen. Man muss an einem Waldrand stehen bleiben, um zu bemerken, dass Pflanzen und Tiere nicht zufällig nebeneinander existieren. Sie haben miteinander zu tun und führen ein gemein-

16

sames Leben. Dieses Leben ist wahrnehmbar als Anmutung, als Atmosphäre des Ortes. Es kann sich dabei nur um etwas geistig Wesenhaftes handeln, keineswegs bloß um die Summe der äußerlich sichtbaren Dinge, die den Raum füllen.

Zu einem ähnlichen Eindruck kann aber auch die Betrachtung von Einzelheiten führen. Man nehme jedes beliebige Blatt. Es hat, ausgehend vom Blattstiel, eine Mittelachse, die das Blatt in zwei Hälften teilt. Zunächst meint man, die Hälften seien symmetrisch. Das ist aber nicht der Fall. Die eine Hälfte ist runder, die andere spitzer. Es handelt sich um ein durchgängiges Gestaltungsprinzip. Teilt man unser Gesicht in eine linke und eine rechte Hälfte, dann ist die eine runder und die andere spitzer. Beginnt eine Pflanze mit einem runden Keimblatt, dann ist das Blütenblatt spitz – und umgekehrt. Die Natur ruft uns zu: Bemerkt es, hier herrscht ein alles umgreifender Gestaltungswille!

Lesen im Buch der Natur meint, etwas zu erkennen und zu verstehen, das nicht offenbar ist. Wenn ich der untergehenden Sonne ansehe, dass der nächste Tag schön sein wird, dann ist das der Beginn eines solchen Lesens. Dabei wirken alle Kräfte zusammen. Am Anfang steht die Wahrnehmung. Ohne intensive Sinnestätigkeit kein Lesen im Buch der Natur. Es muss auch Zeit vorhanden sein für das Zusammenwirken möglichst vieler Sinne. Die Wahrnehmungen führen zu Empfindungen, Anmutungen, Ahnungen. Hier entscheidet sich, ob am Apfel nur interessiert, ob er satt macht und gut schmeckt, oder ob er auch als Apfel, als Geschöpf Interesse weckt. Das Denken deutet, vergleicht, ordnet mithilfe der Begriffe, was ihm aus Wahrnehmung und Empfindung zukommt, und schafft dadurch Erkenntnis. Beim Lesen im Sinne von »Auflesen« findet man das, was man haben möchte, draußen in der Natur. Beim Lesen im Sinne von »Herauslesen« findet man Erkenntnisse und Antworten, die man sucht, in sich selbst.

Blickt man von hier auf das Buch der Schrift und die Tätigkeit des Lesens darin, dann fällt als Erstes auf, dass die sinnliche Wahrnehmung dabei eine ganz untergeordnete Rolle spielt. Man liest mit den Augen. Dabei starrt man die Buchstaben an, und alle anderen Sinne haben nichts zu tun. Dass mit den Augen gelesen wird, liegt nur daran, dass es zunächst einmal das Bequemste ist. Die Blindenschrift liest sich fast genauso gut mit den Fingern.

Beim Buch der Natur bilden Werk und Gedanke eine Einheit. Der Mensch trifft zuerst auf das Werk und kann sich damit zufrieden geben, es zu nutzen. Ruft es aber Fragen nach seinem eigenen Wesen wach, ist das Denken gefordert. Beim Lesen im Buch der Natur ist das Denken auf das angewiesen, was ihm die Sinne zutragen. Daher müssen alle Kräfte, das Denken, Fühlen und Wollen, eingesetzt werden.

Im Buch der Schrift liegen die Gedanken bloß. Das, worauf sie sich beziehen, ist nicht da. Daher haben die Sinne so wenig zu tun. Allenfalls sind der Form der Buchstaben Andeutungen zu entnehmen. Das Buch bietet, wie schon die Schrift und wie überhaupt alle Medien, Vorteile und Nachteile. Durch das geschriebene Buch kann ich leicht die Gedanken anderer Menschen erfahren. Ich kann Erkenntnisse daraus gewinnen, neue Quellen finden. Das Buch kann auch das Geschichtsbewusstsein schärfen und zu einem weltumspannenden Bewusstsein beitragen. Es kann uns Welten öffnen.

Das geschriebene Buch ist voller Gedanken, die andere gefunden haben. Darunter können Gedanken sein, auf die der Leser vielleicht nie selbst gekommen wäre. Er kann sie aber verstehen. Das Verstehen verlangt, wenn es in angemessener Weise geschehen soll, eine große innere Aktivität. Die Gedanken des anderen Menschen müssen in einem schöpferischen Akt nachvollzogen und zu Eigen gemacht werden. Man kann aber auch anders lesen. Man kann die fremden Gedanken in »Münzen« verwandeln, die man in die Tasche steckt, um sich bei passender Gelegenheit damit wichtig zu tun.

Man muss nicht besonders oberflächlich oder ruhmsüchtig sein, um diesen Gefahren zu erliegen. Die Hilfsmittel, die durch das Buch zur Verfügung stehen, bieten einen verführerisch bequemen Weg zu dem Wissen und den Weisheitsschätzen der Vergangenheit und der Gegenwart. So mache ich auch beim Schreiben dieses Buches immer wieder davon Gebrauch. Die Zitate von Hugo von St. Victor und Nikolaus von Kues habe ich zum Beispiel im »Historischen Wörterbuch der Philosophie« unter dem Stichwort »Buch der Natur« gefunden. Es ist deutlich, dass hier eine Gefahr liegt. Bücher können sich nicht dagegen wehren, dass man aus ihnen Wissen schöpft, um damit zu glänzen.

Werden das »Buch der Natur« und das »Buch der Schrift« unter dem Gesichtspunkt des Alters verglichen, dann darf wohl davon ausgegangen werden, dass das Lesen im »Buch der Natur« älter ist. Mehr und mehr ist den Menschen aber im Lauf der Jahrhunderte die Fähigkeit, in der Natur die Weltgedanken zu erkennen, abhanden gekommen. Das war notwendig, damit sie auf dem Weg zur freien, selbstbewussten und selbstbestimmten Individualität voranschreiten konnten; denn wer im Buch der Natur las, der empfing mit den Einblicken, die er tat, zugleich moralische Impulse, die sein Handeln bestimmten.

Durch das Buch der Schrift kann der Mensch weiterhin Zugang finden zu Gedanken, die ihm helfen, sich selbst und die Welt zu verstehen. Das geschriebene Buch kann allerdings auch Böses und Triviales verbreiten, während das Buch der Natur nur erhabene Inhalte darbietet.

Mit dem Buchdruck vervielfältigen sich die positiven und die negativen Eigenschaften des Buches, außerdem entstehen neue Möglichkeiten, die damit zusammenhängen, dass das Buch die Rolle des ersten modernen Mediums übernimmt.

Welche Aufgaben das Buch erfüllte und wie diese Aufgaben mit der historischen Situation zur Zeit der Erfindung des Buchdrucks zusammenhängen, soll mithilfe eines Vortrages verdeutlicht werden, den Rudolf Steiner zum 500. Geburtstag von Gutenberg vor einer großen Versammlung von Druckern gehalten hat. Der Vortrag hatte das Thema »Gutenbergs Tat als Markstein der Kulturentwicklung«. Als erste Leistung des Buches nennt Steiner, dass es dem Menschen hilft, sich aus der Abhängigkeit von Autoritäten zu befreien. »Wer den Willen hat, sich schrankenlos der Autorität hinzugeben, der kann nicht anders, als hingehen und sich mündlich die Anschauungen dieser Autorität übermitteln lassen. Wer für sich, auf eigenes Denken bauend, die Wahrheit und das Wissen suchen will, der bedarf des Buches, das ihn unabhängig von der Autorität macht. Gutenberg hat den Menschen das Buch in die Hand gedrückt in einer Zeit, in der sie das lebhafteste Interesse danach hatten.«[4]

Als Zweites weist Steiner darauf hin, dass zur Zeit Gutenbergs die Vorstellungen im Hinblick auf die Natur überwiegend von Aberglauben geprägt waren. Mithilfe des Buches breiteten sich allmählich die Forschungsergebnisse der Naturwissenschaft aus. Dabei regte das Buch die Wissenschaftler auch dazu an, sich verständlich auszudrücken.

Eine weitere Wirkung des Buches hängt damit zusammen, dass viele Menschen danach strebten, auch in ihrem Handeln unabhängig zu werden. »Das Individuum löste sich aus den Verbänden, die ihm seine Ziele früher vorgeschrieben hatten. Das ganze Leben wurde komplizierter. Die festen Genossenschaften hatten sich gelockert. Der Einzelne musste sich seinen Weg durch das Leben selbst bahnen. (…) Es entstand das Bedürfnis nach einem weiten Weltblick bei dem Einzelnen. Der Mensch musste sich orientieren über das, was in der Welt vorging. Wieder war es Gutenbergs Erfindung, die solches möglich machte. An die Stelle der primitiven Verständigungsmittel über die Weltverhältnisse, die das Mittelalter allein gekannt hat, trat die gedruckte Mitteilung. Die erste ›Zeitung‹ erschien schon 1505. Sie brachte bereits Nachrichten über Brasilien.«

Als Nächstes geht Steiner auf die Entstehung der öffentlichen Meinung ein. »Durch die gedruckte Mitteilung wurde erst das möglich, was man öffentliche Meinung nennt. Die ganze Menschheit wurde gleichsam herangezogen zu der großen Beratung, die den Gang der Weltereignisse lenkt.«

In der »großen Beratung« finden sich die Menschen, die auf dem Wege sind, Individuen zu werden, wieder zu einer Gemeinschaft zusammen. Das darf allerdings nicht auf die politische Ebene beschränkt sein. Steiner betont zusätzlich die grundsätzlich verbindende Wirkung des Buches. »Je mehr sich der Mensch individualisierte, desto mehr brauchte er ein von seiner unmittelbaren Persönlichkeit abgelöstes Mittel, um wieder zur Gesamtheit zu gelangen. So erwies sich die Buchdruckerkunst als das einigende Band in dem Zeitpunkt der Geschichte, in dem das Leben die gebietende Forderung an den einzelnen Menschen (…) gestellt hat, sich abzusondern …«

Die Leistungen des Buches zusammenfassend, stellt Steiner fest, wie die Sprache eine Schöpferin der Kultur sei, so sei das gedruckte Wort, »dieses mächtige Vermittlungswesen, dieser berufene Stellvertreter des gesprochenen Wortes, ein Mitschöpfer der modernen Kultur«.

Steiner schildert die geschichtliche Situation, die zur Erfindung des Buchdrucks geführt hat, so, dass deutlich wird: Das ist immer noch unsere Situation, das ist die Situation des modernen Menschen. Das erste Medium taucht in dem Moment auf, als sich die ersten Anzeichen des Strebens nach Individualisierung zeigen. Zur Individualisierung gehören Freiheitsstreben und das Bemühen, zu einem selbstständigen Urteil über die Angelegenheiten, mit denen man zu tun hat, zu kommen. Alle Medien stehen im Spannungsfeld von Individualisierung und Weltoffenheit, Freiheitsstreben und Suche nach Gemeinschaft. Es ist das Spannungsfeld, in dem der Mensch heute lebt, mit dem er sich täglich auseinanderzusetzen hat.

Das gedruckte Buch wird in den Jahrhunderten, die auf seine Erfindung folgen, immer mehr ein zentrales Hilfsmittel zur Gestaltung der neuzeitlichen Situation. Zum Verständnis der Rolle, die es gespielt hat und bis heute spielt, müssen dem Loblied, das Steiner aus Anlass des Geburtstags von Gutenberg gesungen hat, auch die problematischen Seiten hinzugefügt werden.

Dazu sei zunächst genauer betrachtet, wie sich das gedruckte Buch vom Manuskriptbuch unterscheidet. Als Beispiel für ein gedrucktes Buch diene das, was Sie als Leser jetzt vor Augen haben. Dieses Buch hat einen Autor. Die mit der Hand geschriebenen Bücher hatten meistens mehrere Autoren, für die man sich aber nicht besonders interessierte. Der Schreiber eines Buches war oft besser bekannt als die Autoren, die in einem Band versammelt waren. Schriftsteller und überhaupt Menschen, die sich durch das Schreiben von Büchern einen Namen machen, gibt es erst seit der Erfindung des Buchdrucks.

Durch den Buchdruck ist das Buch zu einer Ware mit einem bestimmten Preis geworden. Dahinter stehen Handel und Industrie, die viel Kapital einsetzen, das Gewinn bringen muss. Bücher, die eine hohe Auflage versprechen, haben es leichter, einen Verleger zu finden. Der Autor weiß bei diesem Vertriebssystem nicht, wer sein Buch lesen wird.

Damit kommen wir zum medialen Aspekt des Buches. Einige Aspekte, die für Medien generell gelten, sind bereits im Zusammenhang mit der Schrift und dem Brief dargestellt worden. Ich sitze jetzt, im Mai 1999, in Bremen an meinem Schreibtisch, mache mir Gedanken und schreibe sie mit einem Bleistift auf. Wenn alles gut geht, kann man davon ausgehen, dass in ein oder zwei Jahren jemand an einem anderen Ort, sagen wir in München, das liest, was ich jetzt schreibe. Ohne Medien könnten meine Gedanken nur solche Menschen erfahren, die sich in meiner unmittelbaren Nähe befinden. (Die Sprache ist kein Medium, allenfalls das Urmedium. Es wäre eine Beleidigung der Sprache, sie in eine Reihe zu stellen mit Telefon, Radio, Fernsehen und dergleichen, also Dingen, die der Mensch hergestellt hat.)

Das Medium sorgt dafür, dass Menschen meine Gedanken erfahren können, obwohl sie nicht bei mir waren, als ich diese Gedanken entwickelte. Anders gesagt: Ein Medium rückt etwas vor die Ohren, die Augen oder andere Sinne, was normalerweise nicht wahrnehmbar wäre, weil es längst vergangen ist oder sich an einem ganz anderen Ort befindet. Ein Medium hebt die durch den Raum und die Zeit bewirkte Trennung auf. Medien erlauben es, Vergangenes und Entferntes gleichzeitig an einem Ort zu versammeln.

Das Trennende von Raum und Zeit lässt sich mit technischen Mitteln nicht vollständig überwinden. Es kommt zu schwerwiegenden Veränderungen und Einschränkungen im Bereich der Wahrnehmung. Wer bei mir ist, hört, was ich sagen möchte, sieht, wie ich dabei ausschaue, nimmt mit allen Sinnen die Lebensumstände wahr, in denen wir uns beide befinden. Der Leser erfährt meine Gedanken mithilfe der Augen. Alle anderen Sinne – teilweise auch das Auge – nehmen etwas wahr, was mit dem Inhalt des Buches gar nichts zu tun hat.

Was sieht das Auge beim Lesen? Zunächst sei die mit der Hand beschriebene Seite betrachtet. Wie ist das, was das Auge sieht, zustande gekommen? Da war zuerst der Gedanke. Der Gedanke lässt, wenn man das flüssige Schreiben gelernt hat, die Hand über das Papier gleiten. Dabei fließt etwas von der Persönlichkeit des Schreibers in die Gestaltung der Schrift ein. Man kann die Seite so betrachten, dass man einzelne Buchstaben sieht. Der einzelne Buchstabe verweist aber immer auf etwas Geistiges, das ihn auch hervorgebracht hat.

Auf dem Weg zum Leser wird aus der von mir mit der Hand geschriebenen Seite eine gedruckte Seite. Sie ist geprägt durch ihre maschinelle Herstellung. Alle Zeilen haben exakt die gleiche Länge. Sie sind vollkommen gerade und untereinander parallel. Die einzelnen Buchstaben sind absolut gleichförmig. Es gibt nur einen Typ von »i«, einen Typ von »e« und so fort. Die gedruckte Seite ist aus vorher festgelegten und hergestellten Elementen zusammengesetzt. Die Druckschrift ist nicht geprägt und hervorgebracht durch die Gedanken, die sie zum Inhalt hat. Das lesende Auge wird durch die maschinelle Schrift in ein starres Muster gezwungen. An die Stelle schwingender Bewegungen beim Verfolgen einer Handschrift treten gleichförmige, zackige Bewegungen. Es muss gefragt werden, welche Rückwirkungen die durch das Buch bewirkte Wahrnehmung auf das Verstehen des Inhaltes und das Denken überhaupt hat.

Zur Untersuchung dieser Frage seien zunächst die Gelegenheiten betrachtet, die den Menschen zum Denken veranlassen. Da ist einmal die alltägliche Begegnung mit der Welt. Sie stellt uns ständig vor Fragen und Probleme, für die wir dann denkend nach Lösungen suchen. Betrachten wir die Natur so, dass sie uns zum Buch wird, in dem wir lesen, dann bedienen wir uns des Denkens, weil wir uns für die Welt um ihrer selbst willen interessieren. Bei einem Gespräch sind es die Gedanken unseres Gesprächspartners, die unser eigenes Denken anregen. Durch die

Arbeit, die wir in der Welt verrichten, entsteht ein weiterer Anlass, unser Denken zu betätigen.

Alle diese Gelegenheiten haben gemeinsam, dass in ihnen Gedanken so auftreten, dass sie uns aus der Welt entgegenkommen und mit der Welt verbinden. Insbesondere beim Lesen im Buch der Natur hat der Mensch den Eindruck, dass sein Denken dazu dient, die Gedanken, mit deren Hilfe er die Schöpfung besser versteht, aus den Dingen herauszulösen.

Auf dem Weg der Individualisierung hat der Mensch begonnen, auch ganz für sich und in sich zu denken. Allmählich bildete sich das, was wir heute Innerlichkeit nennen. Damit entstand auch der Wunsch, Antworten auf existenzielle Fragen im eigenen Innern zu finden.

Lesen ist eine der Möglichkeiten, eine individuelle Innenwelt zu entwickeln. Dabei entsteht zugleich eine kritische Situation. Lesend komme ich an die in den Buchstaben aufbewahrten Gedanken heran, indem ich mein Wahrnehmen auf das Sehen einschränke und das Sehen zum Starren ablähme, bis ich nur noch die Buchstaben sehe, also fast nichts. Die Welt versinkt um den Lesenden. In seiner Innenwelt kann sie neu erstehen, mit eigenen Gedanken, eigenen Gefühlen, eigenen Bildern. Ob nun das Lesen Gewinn oder Verlust bringt, das hängt davon ab, wie gelesen wird und was gelesen wird. Aber auch der Gewinn ist nicht zu erwerben, ohne dass sich der Lesende in eine Gefahr begibt. Die Gefahr besteht darin, dass der Mensch seine Innerlichkeit so entwickelt, dass er sich mit ihr von der Welt abtrennt. Der Lesende im Buch der Natur sucht nach den Spuren Gottes, wie es im Mittelalter ausgedrückt wurde. Er findet die Gedanken in sich, aber sie gehören zur Welt. Sie haben die Welt hervorgebracht, was bedeutet, sie sind etwas geistig Wirkendes. Beim Lesen im Buch der Schrift, das heißt bei einem Denken, bei dem fast nichts wahrgenommen wird und das wenig mit dem Inhalt der Gedanken zu tun hat, kann der Eindruck entstehen, die Gedanken würden vom Menschen der Welt hinzugefügt. Damit wird die Position des Nominalismus gestärkt, der behauptet, Gedanken ließen sich wohl auf die Welt anwenden, hätten mir ihr aber nichts zu tun.

Das zeigt sich besonders durch den gedruckten Buchstaben. Bei der Druckseite wird das Ganze aus kleinen, genormten Teilen zusammengesetzt (Typendruck im Unterschied zum Holztafeldruck der Blockbücher). Die Teile sind vor dem Ganzen da. Das Ganze entsteht durch eine immer neue Kombination der Teile. So wie die Buchstaben innerlich keinen Zusammenhang haben mit den Gedanken, die sie ausdrücken, sondern nur nützlich sind, um diese festzuhalten, so kann man dann auch annehmen, verhielten sich die Gedanken zur Welt. Sie wären dann wohl nützlich, hätten aber mit der Welt keinen inneren Zusammenhang.

Unter dem Einfluss des gedruckten Buches wird dann auch bald im Buch der Natur anders gelesen. An die Stelle der Andacht, der comtemplatio, tritt die applicatio, der Wunsch, nützliches Wissen aus der Untersuchung der Natur zu gewinnen, Wissen, das dazu dienen kann, die Natur zu beherrschen.[5] Dieser Umschwung tritt zuerst bei Francis Bacon auf. In seinem Werk »Novum Organon« (1620) ist der zweite Teil überschrieben:»De interpretatione naturae sive de regno hominis« (»Über die Auslegung der Natur oder die Herrschaft des Menschen«). Bacon vertritt die Auffassung, die Untersuchung der Natur habe das einzige Ziel, zur Herrschaft des Menschen über die Natur zu führen. Von der Erfahrung zur Erfindung und mithilfe der Erfindung zur Herrschaft. Wissen gibt Macht, stellt Bacon ausdrücklich fest. Das Denken wird bei diesem Umgang mit der Natur zu einem Werkzeug (»Organon«), das die Sinneseindrücke bearbeitet.

In der ersten Zeit nach der Erfindung des Buchdrucks hatten die Bücher die gleichen Inhalte wie vorher die geschriebenen Bücher. Was wirkte, war einzig und allein die neue Art, Sprache grafisch zu präsentieren. Nach einiger Zeit entwickelten sich auch neue Veröffentlichungsformen, insbesondere Zeitschriften und Zeitungen, also periodisch erscheinende Druckerzeugnisse. Inhalte, die bisher durch das Buch nicht verbreitet worden waren, tauchten erstmals mit der Unterhaltungsliteratur auf.

Die Literaturwissenschaft untersucht, wie sich Unterhaltungsliteratur (man spricht dort meist von »Trivialliteratur«) von anderer Literatur unterscheidet. Dabei ergeben sich schwierige Fragen. Kann man zwischen »hoher« und »niederer« Literatur unterscheiden? Darf man die Eigenschaften, die Literatur zu Unterhaltungsliteratur machen, bewerten? Welche Funktion erfüllt Unterhaltungsliteratur? Wie ist ihr Verhältnis zum Kitsch?

Geschichtlich betrachtet taucht das, was wir heute Unterhaltungsliteratur nennen, zum ersten Mal in der zweiten Hälfte des 18. Jahrhunderts auf. Es ist die Zeit, in der die ersten großen Verlage entstehen. Die Zahl der veröffentlichten Titel und die Höhe der Auflagen steigen stark an. Es eröffnen auch immer mehr Leihbibliotheken. Außerdem entstehen Lesegesellschaften. Fasst man alle diese Faktoren zusammen, kommt man zu dem Ergebnis, dass um die Mitte des 18. Jahrhunderts sechzig Mal so viel gelesen wurde wie fünfzig Jahre früher.[6] Auch ist ein veränderter Umgang mit dem Buch als solchem zu beobachten. Vorher wurden Bücher wieder und wieder gelesen. Meistens las man auch nicht nur für sich, sondern wenn man las, dann wurde zugleich anderen vorgelesen. Im Laufe des 18. Jahrhunderts wurde es üblich, ein Buch nur einmal zu lesen, und man ging dazu über, sich damit zurückzuziehen, um für sich allein lesen zu können.

Das Besondere der Unterhaltungsliteratur soll, im Unterschied zu den Fragestellungen der Literaturwissenschaft, durch eine Untersuchung des medialen Aspektes dargestellt werden. Die Verfasser der Unterhaltungsliteratur schreiben in erster Linie, um den Lesern zu gefallen, das heißt, sie versuchen, bei ihnen vermutete Leserbedürfnisse zu befriedigen. Damit bekommt das Buch eine Funktion, die fraglich werden lässt, ob die Bezeichnung »Medium«, wie sie in dieser Arbeit verwendet wird, noch angemessen ist.

Ein Medium ermöglicht es, dem Hier und Jetzt das Entfernte und das Vergangene hinzuzufügen. Der Verlust, den das Medium durch die Einschränkung der Wahrnehmung bewirkt, kann durch den reicheren Weltbezug ausgeglichen werden. Bei der Unterhaltungsliteratur liest der Mensch, um dem Hier und Jetzt zu entfliehen. An dem Ort, zu dem ihn seine Flucht führt, begegnet er seinen eigenen Wünschen. Sie erscheinen so, als wären sie erfüllt.

An dieser Stelle ist es angebracht, einige Gedanken auf das

Phänomen der Unterhaltung zu verwenden. Das Wort selbst zeigt eine aufschlussreiche Vieldeutigkeit. Es verweist einmal auf den Unterhalt, den ich einem Menschen gewähre oder den ich selbst bekomme, um mein Leben fristen zu können. Außerdem bezeichnet es das Gespräch zwischen Menschen. Und schließlich wird auf etwas verwiesen, das den Ernst der Daseinsbewältigung für eine Weile unterbricht. Die Unterhaltung entsteht durch eine spielerische, freiwillige Tätigkeit. Sie entlastet und erfrischt. Zur Unterhaltung in dem zuletzt angedeuteten Sinn ist in den letzten Jahrhunderten die Zerstreuung hinzugekommen. Bei der Zerstreuung geht es nicht einfach um eine Unterbrechung der Daseinsbewältigung. Zerstreuung hat etwas mit Ablenkung und Verdrängen zu tun. Wer Zerstreuung sucht, möchte etwas aus seinem Bewusstsein fortschaffen, einen Schmerz, eine Schuld, eine schwere Aufgabe, vielleicht auch nur lästige Alltagspflichten. Zerstreuung gelingt am besten, wenn an die Stelle des eigenen Seeleninhaltes mit seinen Sorgen, Hoffnungen und Schmerzen ein Seeleninhalt tritt, der durch das Miterleben fremder Schicksale entsteht, insbesondere solcher Schicksale, die das enthalten, was man für sich selbst wünscht.

Geschichtlich betrachtet hängt das Bedürfnis nach Zerstreuung mit den gleichen Faktoren zusammen, die einige Jahrhunderte früher das Bedürfnis nach dem gedruckten Buch erzeugten. Mit zunehmender Individualisierung muss der Einzelne immer mehr Verantwortung übernehmen. Dazu gehört auch die Verantwortung für das Gelingen des eigenen Lebens. Das eigene Innere und die äußeren Verhältnisse müssen so gestaltet werden, dass sie zusammenstimmen. Dabei müssen die menschlichen Beziehungen so gestaltet werden, dass durch sie Gemeinschaft und zugleich Individualität entstehen kann. Am schwersten ist es, den Sinn, der jedem Leben die Richtung gibt, selbst zu finden. Das Fehlen dieses Sinns unterhöhlt letztlich alle Lebensgrundlagen.

Die Aufgaben, die sich damit stellen, werden dadurch erschwert, dass die Menschen seit dem Beginn der Neuzeit dazu neigen, ihre Aufmerksamkeit mehr und mehr jenen Wirklichkeitsbereichen zuzuwenden, die mithilfe der Sinne erfasst werden können. Dabei entsteht etwas, das man Gegenstandsbe-wusstsein oder Sinnesbewusstsein nennen kann. Dieses Be-wusstsein begünstigt zwar die innere Selbstständigkeit, weil sich die Gedankentätigkeit nicht mehr auf die anerkannten Autoritä-ten zu stützen braucht, die Bearbeitung tieferer Fragen wird je-doch sehr erschwert.

Mit der Entstehung der Unterhaltungs- oder Trivialliteratur von der zweiten Hälfte des 18. Jahrhunderts an zeigt sich, dass das gedruckte Buch ein hervorragendes Mittel sein kann, das Bedürf-nis nach Zerstreuung zu befriedigen. Bei der hier verfolgten Fra-gestellung wäre es allerdings angemessener, nicht von Unterhal-tungsliteratur zu sprechen, sondern von einer Lektüre um der Unterhaltung willen. Mit dieser Akzentverschiebung steht nicht ein bestimmter Gegenstand, sondern eine Absicht im Mittel-punkt. Tatsächlich ist es möglich, Goethes »Faust« um der Zer-streuung willen zu lesen und sich mit einem Heftchenroman so zu beschäftigen, dass die Lektüre geistige Arbeit bedeutet. Es darf al-lerdings nicht übersehen werden, dass sich ein Heftchenroman weit besser zur Unterhaltung eignet als der »Faust«, was unter an-derem damit zu tun hat, dass ein Autor, dem es um das Unterhal-ten geht, beim Schreiben die Wünsche des Lesers im Blick hat.

Neben der Abgrenzung der Unterhaltungsliteratur von ande-rer Literatur besteht ein weiteres Problem in ihrer Bewertung. Kann man etwas dagegen haben, dass ein Autor die Wünsche seiner Leser erforscht, um sie zu befriedigen? Ist es ein Problem, wenn ein Leser das, was ihm im Leben versagt bleibt, durch Erlebnisse zu kompensieren trachtet, die er sich durch Lektüre verschafft?

Die Antwort auf diese Frage soll ein Denker geben, der sich schon hundert Jahre vor der Entstehung der Unterhaltungslitera-tur mit den Ursachen, die ihr zugrunde liegen, beschäftigt hat. Der Franzose Blaise Pascal (1632–1662) vereinigte in sich die wi-derstrebenden Tendenzen seiner Zeit. Einerseits beschäftigte er sich mit mathematischen und naturwissenschaftlichen Proble-men und machte auf diesen Gebieten bedeutende Erfindungen und Entdeckungen. Andererseits rang er mit theologischen und philosophischen Fragen. Bezeichnend für ihn ist, dass er über das Vakuum aus naturwissenschaftlicher und aus philosophischer Sicht schrieb. In dem Bemühen, den Menschen in seiner Größe und in seiner Schwäche zu verstehen, stieß Pascal auf das Phänomen der Zerstreuung (französisch »divertissement«). In den 1670 posthum erschienenen »Pensées« (»Gedanken«) heißt es zu diesem Thema:

»Von den Zerstreuungen. Wenn ich mir mitunter vornahm, die vielfältigen Aufregungen der Menschen zu betrachten, die Gefahren und Mühsale, denen sie sich, sei es bei Hofe oder im Krieg, aussetzen, woraus so vielerlei Streit, Leidenschaften, kühne und oft böse Handlungen usw. entspringen, so fand ich, dass alles Unglück der Menschen einem entstammt, nämlich dass sie unfähig sind, in Ruhe in ihrem Zimmer zu bleiben. Niemand, der genug zum Leben hat, würde, wenn er es nur verstünde, zufrieden zu Hause zu bleiben, aufbrechen, um die Meere zu befahren oder eine Festung zu belagern. Die Charge im Heer würde man nicht so teuer bezahlen, wenn man es nicht unerträglich fände, nicht aus der Stadt herauszukommen, und die Unterhaltung und die Zerstreuung des Spiels sucht man nur, weil man nicht fähig ist, mit Vergnügen zu Hause zu sein.

Aber als ich das des Näheren bedacht und den Grund all unserer Missgeschicke erkannt hatte, wollte ich seine Ursache finden. Ich fand, dass es wirklich eine gibt; sie liegt in dem natürlichen Elend, unserer schwachen, sterblichen und so elenden Seinslage, dass uns nichts zu trösten vermag, wenn wir genauer daran denken.

Zerstreuung. Da die Menschen unfähig waren, Tod, Elend, Unwissenheit zu überwinden, sind sie, um glücklich zu sein, übereingekommen, nicht daran zu denken.

Elend. Das Einzige, was uns in unserm Elend tröstet, ist die Zerstreuung, und dabei ist sie die Spitze unseres Elends; denn sie ist es, die uns grundsätzlich hindert, über uns selbst nachzudenken, die uns unmerklich verkommen lässt. Sonst würden wir uns langweilen, und diese Langeweile würde uns antreiben, ein besseres Mittel zu suchen, um sie zu überwinden. Die Zerstreuungen aber vergnügen uns und geleiten uns unmerklich bis zum Tode.«[7]

Von der Unterhaltungsliteratur an spielt die Zerstreuung bei allen Medien eine entscheidende Rolle.

Am Schluss der Beschäftigung mit dem Buch sollen Äußerungen Rudolf Steiners stehen, die der positiven Beurteilung, die weiter oben angeführt wurde, überraschende Aspekte hinzufügt. Zum Verständnis der Aussagen ist es nötig, das Thema des Vortrags, in dem sie gemacht werden, kurz anzudeuten. Leser, die mit der Anthroposophie Rudolf Steiners nicht vertraut sind, werden dabei auf Gedanken stoßen, die für sie ungewohnt sind.

Rudolf Steiner sieht das 20. Jahrhundert geprägt durch eine Auseinandersetzung um die Art und Weise, wie die Menschen die Intelligenz anwenden werden. Wird die Intelligenz spiritualisiert, kann sie dazu dienen, die geistigen Hintergründe unseres Daseins zu erkennen. Die Einsichten, die sich dabei ergeben, können den Menschen helfen, sich an Idealen zu orientieren, zum Beispiel den Idealen der Freiheit und der moralischen Verantwortung. Eine andere Möglichkeit besteht darin, dass der Mensch sich seiner Intelligenz bedient, um seine egoistischen Bedürfnisse zu befriedigen. Es werden intelligente Systeme entwickelt, die einzelnen Menschen Macht und Bequemlichkeit bescheren. Zur Durchsetzung von Interessen werden dann zum Beispiel intelligente Bomben gebaut.

Rudolf Steiner ist der Auffassung, dass die Menschen den Kampf um die Richtung, die bei der Anwendung der Intelligenz eingeschlagen wird, nicht allein kämpfen. Hinter den Menschen stehen Geistwesen, die ihren Führer in dem Erzengel Michael haben, und auf der anderen Seite Widersacherwesen, deren mächtigstes Rudolf Steiner mit dem alten persischen Namen Ahriman bezeichnet. Unter dem Medienaspekt ist es interessant, dass er die überraschende Aussage macht, der um die Mitte des fünfzehnten Jahrhunderts in verschiedenen Ländern aufgekommene Buchdruck sei durch Inspiration der Widersacher gefördert worden. Im Buchdruck sähen diese Wesen ihre stärkste Waffe im Kampf um die Intelligenz. Steiner spricht in diesem Zusammenhang von einem erschütternden Wahrheitsgeheimnis, das die Menschen aber kennen müssten, wenn sie am Ende dieses Jahrhunderts zur Spiritualisierung der Intelligenz beitragen wollen. Er nennt zwei Gründe, die den Buchdruck zu einer Waffe gegen die Spiritualisierung der Intelligenz machen können. Ein Grund ist in folgender Feststellung enthalten: »Es ist merkwürdig, wie eng mit dem Menschen verbunden, wenn alles daraus Erspießende gut werden soll, die Offenbarungen des Weisheitslebens sein müssen. Das ist eben das Wahrheitsgeheimnis, das hier berührt wird.«[8]

Die Verbindung des Weisheitslebens zum Menschen bleibt gewahrt, wenn er spricht und wenn er mit der Hand schreibt. Warum muss diese Verbindung gewahrt bleiben? Wenn ich spreche, werden, wie die Anatomie erforscht hat, hundert Muskeln betätigt und koordiniert, um den Atemstrom so zu formen, dass hörbare Sprache entsteht. Kein Sprecher kann die Muskeln bewusst betätigen. Der Geist der Sprache ergreift ihn und bedient sich der Muskeln, um eine sinnliche Offenbarung von Gedanken hervorzubringen. Auf diese Weise besteht ein Zusammenklang zwischen sinnlich wahrnehmbarer Gestalt und geistigem Inhalt. Das ist auch noch bei der Handschrift der Fall. »Da fließt das, was vom Spirituellen her mit dem Menschen verbunden ist, sozusagen in die Form des Geschriebenen hinein.«

Die Verbindung zwischen dem Menschen und den Gedanken, die er äußert, reißt in dem Augenblick ab, als man beginnt, sie mithilfe des Buchdrucks zu fixieren. Gutenberg druckt, wie weiter oben bereits dargestellt, mit beweglichen Lettern, das heißt, die Buchseite wird aus einem Vorrat maschinell hergestellter und genormter Buchstaben zusammengestellt. Der gedruckte Text ist durch den maschinellen Herstellungsvorgang geprägt und nicht länger durch den Geist, der in den Gedanken lebt.

Rudolf Steiner billigt dem Buchstaben zu, der letzte Ausfluss des geistigen Lebens zu sein. Er sei es aber nur, solange er im kontinuierlichen Fortgang durch den Menschen aus dem Geistigen fließt. »Er wird ahrimanische geistige Macht, wenn er durch das Mechanische fixiert wird, gewissermaßen von der anderen Seite der Welt aus fixiert wird, wenn er als gedruckter Buchstabe vor die Augen der Menschen tritt.«

Das zweite Problem im Zusammenhang mit dem Buchdruck

hat damit zu tun, dass die Widersacher die Absichten, die sie mit den Menschen haben, dadurch zu befördern trachten, dass sie versuchen, die menschlichen Bewusstseine herabzudämpfen. In solch einem gedämpften Bewusstsein, das unter das wache Tagesbewusstsein herabgesunken ist, können sie sich mit Gedanken, die ihnen genehm sind, breitmachen. Rudolf Steiner stellt fest, der gedruckte Buchstabe sei ein geeignetes Mittel, eine Bewusstseinsdämpfung zu bewirken. Die Gründe dafür werden in dem Vortrag nicht ausgeführt. In diesem Zusammenhang war weiter oben darauf hingewiesen worden, dass Lesen eine Konzentration auf das Sehen, das auch noch abgelähmt wird, bedeutet. In der Terminologie der Hypnoseforschung handelt es sich um eine Aufmerksamkeitseinengung. Solche Aufmerksamkeitseinengungen werden als wichtigster Bestandteil einer Hypnoseeinleitung betrachtet.

Dass man beim Lesen normalerweise nicht in Trance gerät, liegt daran, dass der aufgenommene Inhalt zu einer inneren Regsamkeit führt, die ein Gegengewicht zu der reduzierten Sinneswahrnehmung bildet. Der Buchstabe an sich hat die Tendenz, in diese Richtung zu wirken. Wie stark sie sich auswirkt, hängt davon ab, was gelesen wird und wie gelesen wird. Rudolf Steiner rät denn auch keineswegs, das Buch zu meiden. Damit würde den Widersachern[9] dieses wichtige Mittel überlassen, außerdem würde die anthroposophische Arbeit in der Zukunft zum Erliegen kommen.

Es gibt also kein Entweder-oder, sondern nur einen Umgang mit dem Buch im Bewusstsein seiner Problematik. Besondere Anstrengungen, die weit über das bloße Lesenlernen hinausgehen, sind nötig, um die positiven Seiten des Buches nutzen und die negativen meiden zu können.

Wir treffen hier auf einen Sachverhalt, der wie eine Art Gesetzmäßigkeit für alle weiteren Medien gilt. Stets ist zu fragen, welche Fähigkeiten vertieft werden müssen, um einem Medium etwas Positives zu entringen – sofern das überhaupt möglich ist. Exemplarisch hat die Waldorfpädagogik dieses Thema aufgegriffen mit ihren Anregungen, wie den Kindern das Lesen und Schreiben beigebracht werden soll. Da ist zunächst einmal bedeutsam, dass nicht der geringste Ehrgeiz besteht, ihnen die neuen Fertigkeiten möglichst schnell beizubringen. Stattdessen werden diejenigen Fähigkeiten verstärkt und gepflegt, die nötig sind, um mit Gewinn lesen und schreiben zu können. In der Praxis bedeutet das zum Beispiel, dass Sprüche und Gedichte gelernt werden, wobei immer wieder andere Laute bzw. Buchstaben hervorgehoben und gemalt werden. Auf diese Weise erlebt das Kind, dass sich die Sprache, die es spricht, aus einzelnen Lauten zusammensetzt. Dadurch fällt es ihm leichter, die Buchstaben, bei denen es sich ja um Phonogramme handelt, auf die Sprache zu beziehen. Außerdem kann das Kind einsehen, was es eigentlich tut, wenn es grafische Zeichen an die Stelle der hörbaren Sprache setzt. Zur Vorbereitung des Schreibens werden Formen gezeichnet und gelaufen. Dabei wird auch die Ausdrucksqualität der verschiedenen Formen zum Erlebnis gebracht.

Schließlich müssen alle Seelenkräfte gestärkt werden, allen voran die Fantasie. Wie soll es sonst möglich sein, dass aus kleinen Buchstaben Gedanken und ganze Welten aufsteigen? Wird das Lesen möglichst rasch antrainiert, besteht die Gefahr, dass kleine Leseautomaten entstehen. Der heute rasch zunehmende funktionelle Analphabetismus (man spricht auch von sekundärem Analphabetismus) zeigt, wie konkret diese Probleme sind. Eine zunehmende Zahl von Menschen kann zwar noch lesen (in Deutschland sind nach Schätzungen der Unesco 4 Millionen Menschen betroffen), versteht aber das Gelesene nicht.

Das gedruckte Buch kann als erstes modernes Medium betrachtet werden. Die Fragen und Probleme, die bei der Beschäftigung damit aufgetaucht sind, können bei der Untersuchung der nachfolgenden Medien als Orientierung dienen. So ist immer zu fragen, ob ein Medium leistet, was es leisten muss, um im Spannungsfeld des modernen Lebens einen positiven Beitrag leisten zu können. Eine weitere wichtige Frage betrifft die Voraussetzungen, die erfüllt sein müssen, damit das neue Medium zu einer Bereicherung des Lebens beitragen kann. Hier muss vor allem untersucht werden, welche Fähigkeiten zu vertiefen sind, damit einem Medium etwas Positives abgewonnen werden kann.

Unter dem zuletzt genannten Gesichtspunkt soll abschließend noch einmal ein Blick auf das Buch geworfen werden. Da müssen zum einen die Dinge gepflegt werden, die beim Lesen- und Schreibenlernen gemäß der Waldorfpädagogik erwähnt wurden. Der erwachsene Leser muss dazu vor allem noch moralische Qualitäten erwerben. Bei einem Gespräch, bei dem es sich nicht um eine banale Plauderei handelt, sage ich meinem Gesprächspartner nur Dinge, von denen ich hoffe, dass er sie versteht und dass er einen guten Gebrauch davon macht. Sobald eine Äußerung gedruckt wird, kann der Autor nicht mehr bestimmen, wer sie erfahren soll. Er ist auf Leser angewiesen, die freiwillig die Bedingungen, die einem Gespräch als Voraussetzung zugrunde liegen, erfüllen.

Es ist offensichtlich, dass heute nicht mehr oft in dieser Weise gelesen wird. Einer der Gründe dafür hat damit zu tun, dass das Gedruckte, das die Menschen heute vor Augen bekommen, überwiegend anonym ist. Wer denkt beim Lesen in Zeitungen und Zeitschriften, beim Blättern in Katalogen, Prospekten oder amtlichen Verlautbarungen an den Autor? Oft genug ist der Text das Ergebnis verschiedener Bearbeitungsschritte, sodass auch tatsächlich ein einzelner Autor gar nicht mehr auszumachen ist. Darüber droht vergessen zu werden, dass Sprache dazu dienen soll, Menschen miteinander in Verbindung zu bringen. Ganz auf der Linie dieses Vergessens liegt die Rede vom Lesen als Informationsaufnahme. Noch schlimmer wird es, wenn einige Philosophen des Informationszeitalters davon reden, Information sei der neue Rohstoff unserer Epoche. Ein Rohstoff ist nach allgemeinem Verständnis etwas, das der Mensch bearbeitet, um seine Bedürfnisse zu befriedigen. Da hat sich der Zusammenhang von Mensch, Sprache und Denken ganz aufgelöst. Wo das aber geschieht, kann kein Medium dem Menschen dienen.

3. Der Telegraf

Veränderungen im Zusammenhang mit der Schrift hängen mit dem Wunsch zusammen, sie von einem Ort zum anderen zu bringen. Bei den ersten Schriftfunden handelt es sich um Tontafeln. Man darf sich vorstellen, dass sie beim Verwalten der Vorräte oder beim Erheben von Steuern eine Hilfe waren. Sie dienten als Speichermedium, wie man heute sagen würde. Das Überwinden von Entfernungen spielte kam eine Rolle. Die Tafeln waren dazu wegen ihres Gewichtes auch ganz ungeeignet.

Vorläufer des Telegrafen sind die verschiedenen Formen des Schriftverkehrs. Der erste Schriftverkehr von einigem Umfang entwickelte sich auf der Grundlage des phonetischen Alphabets einerseits und des Papiers andererseits. Über zwei Jahrtausende begnügte man sich damit, das beschriebene Papier einem Boten anzuvertrauen, der den Brief oder das Dokument in etwa der Zeit zum Empfänger brachte, die man auch selbst gebraucht hätte, wäre man auf die Reise gegangen. Diesem Zustand setzte erst vor 150 Jahren die Eisenbahn ein Ende.

Die Beschleunigung, die durch technische Mittel zu erzielen ist, hält sich allerdings, wie auch der heutige Briefverkehr zeigt, in Grenzen. Solange die Schrift so auftritt, dass sie an ein Schriftstück, in der Regel ein Blatt Papier, gebunden ist, treten Transportzeiten auf, die sich nicht beliebig verkürzen lassen. Diese Situation ändert sich schlagartig, wenn sich die Schrift von einem materiellen Schriftträger befreit.

Dieser Schritt wurde am Ende des 18. Jahrhunderts getan. Entsprechende Überlegungen tauchten seit dem 17. Jahrhundert auf und führten auch zu praktischen Versuchen, die allerdings wenig Interesse fanden. So stattete ein französischer Physiker Windmühlenflügel mit Buchstaben aus, von denen immer zwei sichtbar waren.

Das erste Verfahren, das praktische Bedeutung gewann, stammt von Claude Chappe, einem Geistlichen, der durch die Revolution sein Amt verloren hatte. Im März 1792 schlägt er der Nationalversammlung in Paris die Nachrichtenübertragung mittels optischer Telegrafen vor.

Der Vorschlag wird in einer Zeit gemacht, in der die Revolutionsregierung in Paris mit Aufständen im ganzen Land zu kämpfen hat. Außerdem greifen die europäischen Mächte Frankreich von allen Seiten an. Die zentrale Lenkung der über das ganze Land verstreuten Revolutionstruppen bekommt in diesem Augenblick entscheidende Bedeutung. Es liegt auf der Hand, dass die Aufgabe ohne schnelle Nachrichtenverbindung nicht zu lösen ist.

In dieser Situation beschließt die Versammlung den Bau einer 70 Kilometer langen Versuchsstrecke. Ein Jahr später sind die Arbeiten bereits abgeschlossen, und es gelingt, mit einer für die damalige Zeit unvorstellbaren Geschwindigkeit Nachrichten zu übertragen. Unter dem Eindruck dieses Erfolges wird der Bau einer Fernlinie von Paris nach Lille (225 km) mit 22 Stationen beschlossen. Die Linie ist im August 1894 fertig. Nach kurzem, erfolgreichem Betrieb wird sie bis zur Kanalküste bei Calais verlängert. Danach werden Schlag auf Schlag weitere Linien gebaut, wobei Paris jeweils den Ausgangspunkt bildet.

Um das Prinzip, das sich mit dem Fern-Schreiben auszubreiten beginnt, beurteilen zu können, soll das Verfahren zunächst beschrieben werden. In der Geschichte der Telekommunikation von Michael Reuter findet sich folgende Darstellung:

»Die Stationen der Chappe-Telegrafen waren meist eigens errichtete Stationshäuschen mit einem 5 Meter langen Mast, auf dessen Spitze sich ein drehbar gelagerter Balken von etwa 4,5 Meter Länge, der ›regulateur‹, befand. An seinen beiden Enden bewegten sich zwei kürzere Balken, die ›indicateurs‹, mit 2 Metern Länge. Zur besseren Sichtbarkeit waren die beweglichen Teile mit Dreiecken in den französischen Nationalfarben Blau-Weiß angestrichen. Über Kurbeln, Rollen und ringförmige Seilzüge konnten vom Innern der Gebäude aus der Regulator in vier und die Indikatoren in sieben verschiedene Stellungen gebracht werden. Die Besatzung musste mit Fernrohren die gegenüberliegenden Stationen beobachten und mit einem kleinen Hebelmechanismus, dem ›répétiteur‹, die erkannten Balkenstellungen genau nachbilden. Auf diese Weise wanderte ein Zeichen von Station zu Station weiter. Die mechanische Realisierung des Telegrafen stammte von Abraham Bréguet, dem Gründer der berühmten Uhrmacher- und Feinmechaniker-Familie in Paris. Insgesamt waren 196 geometrische Konfigurationen möglich, von denen aber nur 92 gut erkennbare Zeichen für die eigentliche Nachrichtenübertragung und einige für Dienstsignale benutzt wurden.

Im Juli 1794 war die erste optische Telegrafenlinie Paris – Lille fertiggestellt. Sie bestand aus insgesamt 23 Stationen, die zwischen 4 und 15 km voneinander entfernt lagen. Die Gesamtlänge betrug 225 km, eine Strecke, die ein einzelnes Zeichen in knapp 2 Minuten durchlaufen konnte.« (Abb. 1)[10]

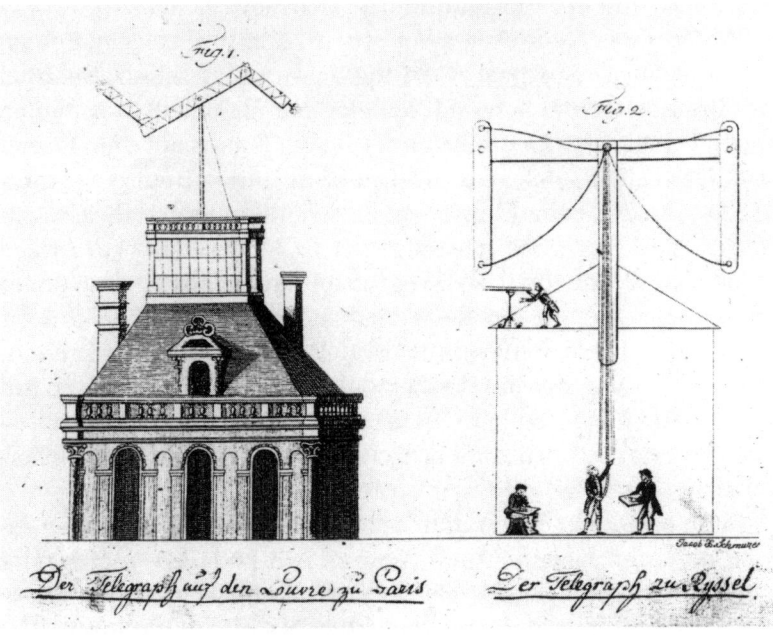

Abbildung 1

Die Bedeutung der Zeichen legte Claude Chappe in Verschlüsselungsbüchern fest. Es gab Zeichen für Buchstaben, Wörter und auch ganze Sätze. Entsprechend den 92 deutlich zu erkennenden Stellungen der Arme des Telegrafen enthielt das Verschlüsselungsbuch für die Strecke Paris – Lille 92 x 92 = 8464 Zeichen mit jeweils zugeordneten Bedeutungen. Die Verschlüsselungsbücher unterlagen höchster Geheimhaltung. Die Bediensteten der Telegrafenlinien bekamen die Nachrichten in verschlüsselter Form. Die Entschlüsselung am Empfangsort besorgte eine Dienststelle, die mit dem Betrieb der Telegrafenlinie nichts zu tun hatte. Hier kannte man nur die Bedeutung einiger Dienstzeichen, wie zum Beispiel »Keine Nachrichten« oder »Ende der Übertragung«. Jede Station hatte 4 Sekunden Zeit, um ein Zeichen einzustellen. Es blieb dann etwa 16 Sekunden stehen. In dieser Zeit wurde es von der nächsten Station nachgebildet. Wenn die erste Station sah, dass das von ihr gegebene Zeichen richtig nachgebildet war, begann sie mit der Einstellung des nächsten Zeichens.

Wo liegt das Neue dieses Verfahrens, und mit welchen Folgen ist zu rechnen? Zur Beantwortung dieser Frage sei noch einmal der Brief betrachtet. Jemand, der einem anderen etwas mitteilen möchte, hält seine Gedanken mithilfe der Schrift auf dem Papier fest. Das Schriftstück wird transportiert und kommt, Tage oder Wochen später, beim Empfänger an. Er nimmt lesend die Gedanken des anderen Menschen entgegen. Er hat dabei das vor Augen – Schrift und Schriftstück –, was der andere hergestellt hat, um es an seiner Stelle auf die Reise zu schicken. Durch die Schrift – sofern es sich um Handschrift handelt – sind die Gedanken eingehüllt in etwas, das mit der Persönlichkeit des Schreibers zu tun hat. Dadurch werden beim Leser Seelenkräfte aufgerufen, deren Tätigkeit dazu führt, dass er sich den, dessen Gedanken er erfährt, in seiner Besonderheit vergegenwärtigt.

Beim optischen Telegrafen steht ein Schriftstück mit einer darauf notierten Nachricht am Anfang. Am Ende existiert wieder ein Schriftstück. Bei gelungener Übertragung ist die ankommende Nachricht mit der abgeschickten Nachricht identisch. Die Schriftstücke sind nicht identisch.

Die Geschwindigkeit des Übertragungsvorganges kommt dadurch zustande, dass nichts Materielles transportiert wird. An der Telegrafenstrecke stehen stationäre Zeichengeber, die eine bestimmte Stellung der Signalstangen weitergeben. Die Stellungen, die als Zeichen gewählt werden, ergeben sich aus den beiden Forderungen der guten Sichtbarkeit und der leichten Einstellbarkeit. Dadurch verlieren die Formen, die zur Sichtbarmachung der Sprache dienen, allen Zusammenhang mit dem jeweils sprechenden Menschen und mit dem Inhalt und dem Wesen der Sprache.

Damit kommt ein Abstraktionsvorgang an sein Ende, der mit den piktografischen Schriftzeichen begonnen hatte und über die Keilschrift zum phonetischen Alphabet führte.

Die schwer zu erkennenden Folgen dieser Entwicklung hängen damit zusammen, dass mit der Sprache in einer Weise umgegangen wird, die ganz überwiegend durch Erfordernisse der Technik bestimmt ist. Für die Menschen, die damit zu tun haben, entsteht die Gefahr, dass sie etwas Maschinenähnliches bekommen. Das trifft bereits für die zu, die in den Signalstationen Dienst tun. Sie verstehen nicht, was sie übertragen, und führen genau festgelegte, immer wiederkehrende Handgriffe aus.(Abb. 2)

Noch deutlicher sind die Folgen für die Empfänger der Nachrichten. Durch die Geschwindigkeit der Übertragung entsteht die Möglichkeit, ein großes Land von einer Zentrale aus zu lenken. Das wurde als Erstes von der militärischen Führung genutzt mit der Folge, dass Entscheidungen nicht mehr vor Ort, sondern in Paris fielen. Die Zahl der Befehlsempfänger stieg. Offiziere mussten Befehle ausführen, die sie aufgrund ihrer Kenntnis der Verhältnisse oft genug für wenig sinnvoll hielten.

Es zeigt sich auch gleich zu Beginn, dass die technische Sprachübertragung von entscheidender Bedeutung für den Einfluss auf anonyme Menschenmassen wurde. Weiter oben ist bereits darauf hingewiesen worden, dass die Nationalversammlung den Bau von Telegrafenlinien beschloss, um Aufständen und kriegerischen Angriffen der Nachbarn wirksamer begegnen zu können. Tatsächlich wurden der Revolutionsarmee in der ers-

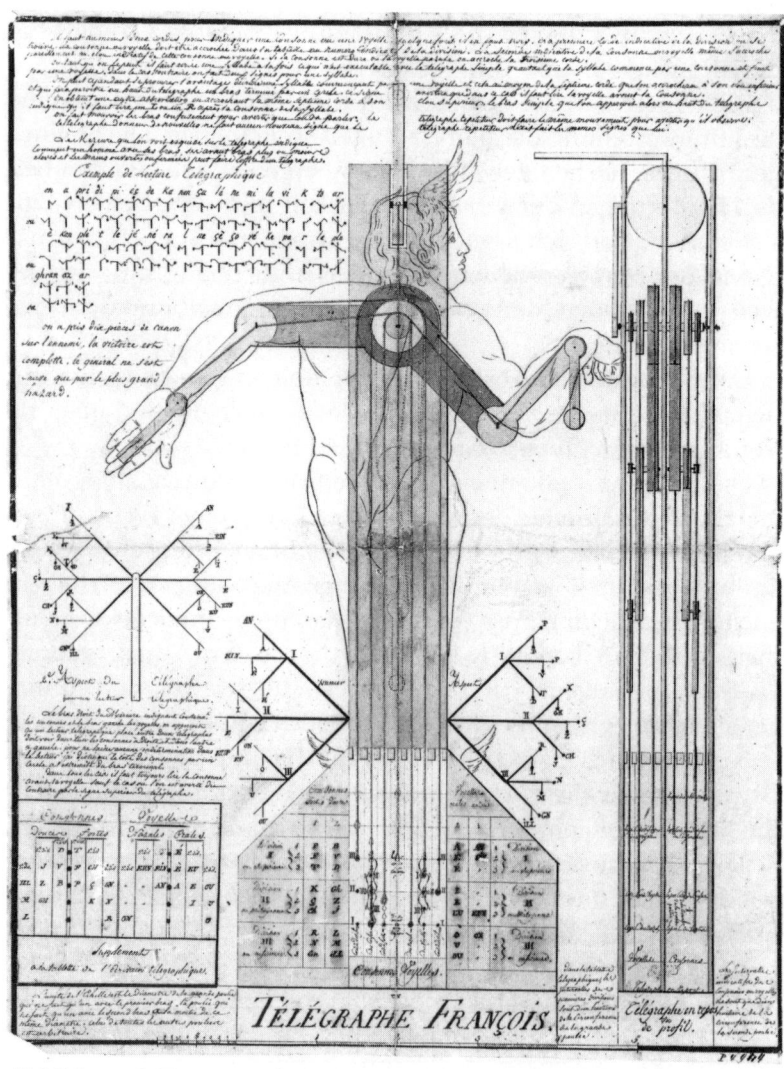

Abbildung 2: Französischer optischer Zeigertelegraph mit Signalcode, um 1800.

40

ten Zeit von Österreich und seinen Verbündeten empfindliche Niederlagen zugefügt, durch die die Revolution insgesamt in Gefahr geriet. Der Kriegsminister Lazare Carnot trat dieser Bedrohung mit dem Schlagwort »Levée en masse« entgegen, womit nichts anderes als die allgemeine Wehrpflicht und die totale Mobilmachung eingeführt wurde. Mithilfe der optischen Telegrafie gelang es, die sich erhebende Volksmasse zu lenken, sodass eine schlagkräftige Armee entstand, die Frankreich schließlich zu militärischer Überlegenheit verhalf.

Darüber hinaus hatte die Telegrafie noch eine viel grundsätzlichere Bedeutung. Einer der Kampfbegriffe der Französischen Revolution war der Begriff der Nation. An die Stelle der ständisch und ethnisch gegliederten Gesellschaft, in der Adel und Klerus über den dritten Stand herrschten, sollte die »grande nation« treten. Damit die Menschen sich als Bürger der französischen Nation fühlen konnten und bereit waren, ihre Kräfte für sie einzusetzen, mussten Stand, Religion, ethnische Zugehörigkeit, worauf bis dahin die Identität des einzelnen Menschen ruhte, zurücktreten, um Platz für die Ideen der Revolution zu schaffen. Bei diesem Übergang spielten Gewalt und Manipulation die entscheidende Rolle. Die Gewalt richtete sich zum Beispiel gegen die etwa zehn Volksgruppen mit ihren eigenständigen Sprachen, in denen die Menschen, die man Franzosen nannte, verwurzelt waren und die ihnen in der Regel mehr bedeuteten als Revolution und Nation.

Die Manipulation war nötig, damit die Ideen der Revolution die Menschen auch wirklich in Bewegung brachten, wobei sich bald zeigte, dass ohne ein Anfachen des Nationalismus nicht viel zu erreichen war.

Die Bedeutung des optischen Telegrafen zeigt sich daran, dass seine Einführung nicht allein vom Kriegsminister befürwortet wird. Aus einem Dankschreiben Claude Chappes an Joseph Lakanal, den damaligen Innenminister, geht hervor, dass Lakanal in einer Beratung, in der es um die Bewilligung von Mitteln für die optischen Telegrafen ging, das für die Abstimmung entscheidende Argument brachte, durch die Leistungen des Telegrafen würde jenen Kritikern der Boden entzogen, die behaupteten, ein

Land von der Größe Frankreichs könne keine einheitlich regierte Republik werden.[11]

Die Bedeutung, die dem neuen Mittel beigelegt wurde, lässt sich auch daran ablesen, dass Claude Chappe als Organisator der Nachrichtenlinien befugt war, nach eigenem Ermessen geeignete Gebäude zu nutzen. So wurde manchem ehrwürdigen Gebäude eine Signalanlage auf das Dach gesetzt. In Paris wählte Chappe das zentral gelegene Gebäude des Louvre (s. Abb. 1). Besonders geeignet waren natürlich Kirchen. So diente das Straßburger Münster jahrzehntelang als Telegrafenstation. Auf dem Dach des Vierungsturmes, also genau über dem Altar, stand weithin sichtbar jahrzehntelang der Signalmast. Wenn sich seine hölzernen »Arme« bewegten, wussten die Menschen, dass aus Paris gerade ein Befehl eintraf. Neben der Nutzung von Gebäuden hatte Chappe auch Vollmacht, optische Hindernisse rigoros zu beseitigen.

Die eingreifendste Wirkung des optischen Telegrafen hängt vermutlich damit zusammen, dass er zu einer Veränderung des Verhältnisses zur Sprache und zum sprechenden Menschen beigetragen hat. Aus der Literatur und aus Presseberichten der Zeit ist zu entnehmen, dass der Telegraf die Fantasie der Menschen beschäftigte. Da Nachrichten von einem Ort zum anderen gingen, ohne dass dazu ein Schriftstück transportiert wurde, entstand der Eindruck, bei der Tätigkeit der Signalmasten handele es sich um so etwas wie Sprechen. Jedenfalls ist von neuen Sprachwerkzeugen und hölzernen Zungen die Rede.[12] Besonders eindrucksvoll schildert kein Geringerer als Jean Paul die Erfindung:

»Am Horizont wächset ein Vulkanen-Halbzirkel von zackigen Gewitterwolken auf. Ich höre von weitem donnern. Auf den Gletschern wohnt der schöne lange Blitz der Mittagssonne, und ich werd, hoffe ich, früher an den Bergen hängen als das Wetter. Westlich seh ich jetzt den Münster und, wie ich glaube, den Straßburger Telegrafen, dessen Zeigefinger des Todes fast erhaben und schauerlich ist; wie eine Parze regt er seine Schere – die Zunge der Völkerwaage, der in- und deklinierende Kompass der Zeit. Der Donner rollet immer lauter und voller heran, und doch stehen die weißen Wettergebürge noch so niedrig im Himmel. – O Teufel, er kommt aus einer Schlacht! – Soldatenhaufen sprengen über Hügel – Landleute rennen – ein Dorf brennt als Wachfeuer, in einem Garten seh ich tote Pferde, und ein Kind trägt einen abgerissenen Arm fort.«[13]

Durch den optischen Telegrafen erscheint die Sprache vielen Menschen als maschinell herstellbar und dabei zugleich als undurchschaubar und mysteriös. Dadurch werden Aussehen und Würde der Sprache geschwächt.

Das wird noch dadurch unterstützt, dass Sprache in einer Weise übertragen wird, dass man sich einzig und allein für ihren Inhalt interessieren kann. Der Mensch, von dem die sprachlichen Äußerungen stammen, hat keine Spuren hinterlassen, die Interesse und Wahrnehmungsaktivitäten auf sich ziehen könnten. Sprache wird dadurch restlos instrumentalisiert. Sie tritt überwiegend in Befehlsform auf.

Napoleon

Das wird besonders deutlich, wenn man Napoleons Umgang mit dem optischen Telegrafen betrachtet. Als er 1799 das Amt des ersten Konsuls übernimmt, macht er sich sogleich daran, das bestehende System auszubauen. Welche Bedeutung es hatte, nachrichtlich überlegen zu sein, sei an einem Ereignis verdeutlicht, das die Historiker das Wunder von Dillingen nennen.

Am 9. April 1809 erklärte das absolutistische Österreich Frankreich den Krieg und begann umgehend mit dem Aufmarsch. Da man wusste, dass sich Napoleon in Paris aufhielt, große Teile der Armee in Kämpfe an der Grenze zu Spanien verwickelt waren und die in Süddeutschland stationierten französischen Truppen räumlich weit voneinander getrennt waren, rechnete man damit, dass vier Wochen vergehen würden, ehe Napoleon seine Truppen so organisiert hatte, dass sie einen ernsthaften Gegner darstellten.

Die Wirklichkeit sah anders aus. Drei Tage nach Kriegsbeginn war Napoleon über den österreichischen Aufmarsch im Bilde.

Noch einmal sechs Tage später, am 18. April 1809, stand er bei Dillingen den völlig verdutzten Österreichern gegenüber und gewann den Krieg.

Die Möglichkeiten, die der optische Telegraf eröffnete, kamen Napoleon in mehrfacher Hinsicht entgegen. Seine Devise »Activité, activité, vitesse« wurde in einer bis dahin nie gekannten Weise umgesetzt. Napoleon überrannte buchstäblich die Völker Europas. Dabei wurden die bestehenden Telegrafenlinien umgehend in die eroberten Gebiete hinein verlängert. Im Jahre 1813 gab es Verbindungen bis Amsterdam, Mainz und über Venedig bis Triest.

Die neue Nachrichtentechnik half Napoleon auch, allein im Zentrum der Macht zu stehen, was, neben dem schnellen Informationsfluss, Geheimhaltung und Kontrolle voraussetzte. Napoleon bestand darauf, dass alle Telegrafenlinien von Paris ihren Ausgangspunkt nahmen. Querverbindungen waren ausdrücklich verboten. Paris mit Napoleon im Mittelpunkt wurde so zum Gehirn der Nation.

Napoleon wies auch jede private oder kommerzielle Nutzung der Telegrafenlinien zurück. Ein entsprechender Antrag von Claude Chappe, immerhin Erfinder und Organisator der neuen Technik, wurde brüsk verworfen. Um sicherzugehen, erließ Napoleon am 26. September 1800 folgendes Dekret:

»Artikel 1: Der Telegrafeningenieur Chappe wird unter gar keinen Umständen, auch nicht in nebensächlichen Angelegenheiten, irgendein Telegramm ohne Genehmigung des ersten Konsuls aufgeben.

Artikel 2: Um hierzu die Unterschrift des 1. Konsuls zu erhalten, hat sich Chappe in allen seinen Dienst betreffenden Angelegenheiten an den Staatssekretär, in allen anderen Fragen an die zuständigen Militär- und Zivilbehörden zu wenden.

Artikel 3: Jede an die Adresse eines Ministers oder hohen Staatsbeamten gerichtete Depesche ist dem Staatssekretär vorzulegen, der die Genehmigung der Konsuln zur Aufgabe des Telegramms einholt.«[14]

Insgesamt macht Napoleon die schnelle und sichere Nachrichtenbeschaffung und Nachrichtenübermittlung zu einem zentralen Mittel seiner Regierungstätigkeit. Neben den Telegrafenlinien baute er die Post- und Kurierdienste weiter aus. Wichtige Befehle, die den Empfänger unter allen Umständen erreichen sollten, ließ er auf sechs verschiedenen Wegen übermitteln.

Napoleon wollte in der Lage sein, alle Risiken und Unwägbarkeiten, die der Verwirklichung seines Willens im Wege standen, ausschalten zu können. Es ist wohl nicht ganz abwegig, hier einen Zusammenhang zu den Ideen des Mathematikers und Astronomen Pierre Simon de Laplace zu sehen. Laplace, angesehener Professor und Mitglied der französischen Akademie der Wissenschaften, hatte sich durch seine Vorlesungen und durch viele Veröffentlichungen, die auch in Deutsch und anderen Sprachen erschienen, einen Namen gemacht. Seine Werke über Himmelsmechanik, vor allem die darin entwickelte Abschleuderungstheorie, beschäftigten die Gemüter vieler Menschen. Rudolf Steiner merkt dazu an, mit dieser Abschleuderungstheorie, die zum ersten Mal eine rein mechanistische Erklärung der Entstehung unseres Planetensystems gibt, beginne die Entwicklung, in deren Verlauf der Mensch zum kosmischen Einsiedler werde.[15]

Neben dem Gedanken über die Himmelsmechanik war auch die von Laplace entwickelte Theorie der Wahrscheinlichkeit bekannt geworden. Der zentrale Gedanke darin erlangte unter der Bezeichnung »Laplacescher Dämon« geradezu Berühmtheit. Laplace behauptete, wenn wir im Hinblick auf in der Zukunft liegende Ereignisse immer nur angeben können, wie wahrscheinlich sie seien, ohne jemals Gewissheit darüber zu haben, was tatsächlich eintreten wird, so liege das lediglich an dem unzureichenden Wissen über das, was den zukünftigen Ereignissen vorausliege. Eine zentrale Stelle seiner »Théorie analytique des probalitités« (Paris 1812) lautet:

»Eine Intelligenz, welche für einen gegebenen Augenblick alle in der Natur wirkenden Kräfte sowie die gegenseitige Lage der sie zusammensetzenden Elemente kennte, und überdies umfassend genug wäre, um die gegebenen Größen der Analysis zu unterwerfen, würde in derselben Formel die Bewegungen der größten Weltkörper wie des leichtesten Atoms umschließen; nichts würde ihr ungewiss sein und Zukunft und Vergangenheit würden ihr offen vor Augen liegen.«[16]

Laplace übte mit seinen Ideen, vor allem mit seiner Theorie der Wahrscheinlichkeit, große Anziehungskraft auf Napoleon aus. Der Gedanke ist nicht ganz abwegig, dass Napoleon als Ideal vorschwebte, der von Laplace geschilderten Intelligenz nahe zu kommen. Er wollte alles so in den Griff bekommen, dass es so eintrat, wie er es wollte. Für freie Menschen war da kein Platz.

Napoleons Umgang mit Nachrichten ist in diesem Zusammenhang zu sehen. Am liebsten hätte er alles gewusst, und am liebsten hätte er es als Einziger gewusst. Immerhin hatte er Teilerfolge. Immer wieder verschaffte er sich Vorteile dadurch, dass er etwas als Erster oder als Einziger wusste. Geschwindigkeit und Geheimhaltung flocht er zusammen, gelegentlich ergänzt durch Falschmeldungen und gezielte Indiskretionen.

Was der Theoretiker Laplace dem Praktiker bedeutete, ist an den historischen Fakten abzulesen. Unmittelbar nach Beginn der Konsularregierung machte Napoleon den Wissenschaftler zum Innenminister, wenig später auch zum Vizepräsidenten und schließlich zum Kanzler. Nachdem sich Napoleon zum Kaiser gekrönt hatte, erhob er Laplace in den Grafenstand.

Es muss Napoleon tief getroffen haben, dass es ihm, aus der ersten Verbannung zurückkommend, nicht gelang, Laplace erneut zur Übernahme eines Amtes bewegen zu können. Napoleon hatte die Dinge nicht mehr im Griff. Nach hundert Tagen war seine Zeit endgültig vorbei.

Elektrische Telegrafie

In dem Maße, wie die Bedeutung des optischen Telegrafen zunahm, traten seine Nachteile immer deutlicher hervor. Regen und Schnee, Nebel und flimmernde Hitze unterbrachen die Übertragung, die ohnehin nur bei hellem Tageslicht möglich war. Im Sommer kamen die Linien auf durchschnittlich sechs, im

46

Winter auf drei Stunden Betriebszeit. Nachteilig war auch, dass die Stationen, wenn sie auf feindlichem Gebiet standen, leicht zerstört werden konnten.

Die Bemühungen, die Elektrizität für die Übertragung von Nachrichten zu verwenden, begannen zur selben Zeit wie die ersten Experimente mit dem optischen Telegrafen. Rückblickend kann man sogar sagen, der optische Telegraf überbrückte nur die Zeit, die nötig war, um ein praktikables Verfahren, das sich der Elektrizität bediente, zu entwickeln.

Spätestens seit der Konstruktion einer Elektrisiermaschine durch Otto von Guericke (1672) war die Elektrizität ein beliebter Gesprächsstoff und ein intensiv bearbeiteter Forschungsgegenstand. So entdeckte der Engländer Stephen Gray, dass Metalldrähte die Elektrizität auf beliebige Entfernung fortpflanzen (1729). Dabei machte er auch die Unterscheidung zwischen »Leitern« und »Nichtleitern«.

Der Schotte Charles Marshall ist wahrscheinlich der Erste, dem die Idee kam, die Leitfähigkeit von Metalldrähten für die Übertragung von Sprache zu nutzen (1753). Er schlug vor, an Isolatoren so viele Drähte aufzuhängen, wie das Alphabet Buchstaben hat. Dann sollte auf dem Draht, der dem zu übertragenden Buchstabe entsprach, eine Ladung aufgebracht werden, die bewirkte, dass am Empfängerende ein Papierblättchen mit dem Buchstabenzeichen angezogen wird.[17]

Auf der Grundlage dieser Idee wurden in den folgenden Jahren verschiedene Versuchsstrecken eingerichtet, die aber alle keine praktische Bedeutung erlangten. Die Situation änderte sich erst, als König Maximilian I. von Bayern, beeindruckt durch das bereits erwähnte »Wunder von Dillingen«, seinen Minister, den Grafen von Montgelas, beauftragte, für die Einrichtung einer Telegrafenlinie zu sorgen.

Der Minister wandte sich an Samuel Thomas Soemmerring, Professor für Anatomie und Physiologie und führendes Mitglied der Münchener Akademie der Wissenschaften. Soemmerring war von dem Auftrag äußerst angetan, machte sich sofort an die Arbeit und kam bereits nach wenigen Wochen zu Ergebnissen, die er im August 1809 den Mitgliedern der Akademie der Wissenschaften präsentierte. Die Vorführung bedeutete eine wissenschaftliche Sensation. Statt des erwarteten optischen Telegrafen hatte Soemmerring den ersten elektro-chemischen Telegrafen der Welt entwickelt.

Soemmerring übernahm von den bereits durchgeführten Versuchen das Verfahren, jeden Buchstaben mithilfe eines für ihn bestimmten Drahtes zu übertragen. Allerdings gelang ihm der bedeutende Fortschritt, die einzelnen Drähte zu einem einzigen Kabel zusammenzufassen. Das Problem der Isolation löste er dadurch, dass er die einzelnen Drähte in Siegelwachs einhüllte, einen Stoff, der damals allgemein verbreitet war, weil er zum Verschließen von Briefen diente.

Bei der Säule, die im Vordergrund der Abbildung zu sehen ist, handelt es sich um eine Volta-Säule, die als Stromquelle dient (Abb. 3). Werden Plus- und Minuspol der Volta-Säule an zwei Buchstaben der Sendestation, etwa I und T, angelegt, dann entsteht ein Stromkreis, in den die Drähte für I und T, die in den Wasserbehälter des Empfangsteils hineinragenden Goldstifte für I und T und das Wasser zwischen diesen beiden Stiften einbezogen sind. Der durch das Wasser fließende Strom spaltet das Wasser, was zur Folge hat, dass Luftbläschen entstehen. Diese Bläschen »verraten« dem Beobachter des Empfangsteils, welche Buchstaben gesendet wurden. Die Reihenfolge der Buchstaben ergab sich aus Folgendem: An dem mit der Anode, dem positiven Pol der Batterie, verbundenen Goldstift entstand Wasserstoff, an dem mit der Kathode, dem negativen Pol verbundenen Goldstift entstand Sauerstoff. Die Tatsache, dass bei der Elektrolyse des Wassers doppelt so viel Wasserstoff wie Sauerstoff frei wird, hat zur Folge, dass am positiven Pol eine deutlich stärkere Blasenbildung auftritt. Damit war ein Unterschied gegeben, mit dessen Hilfe es möglich war, die Reihenfolge der Buchstaben festzulegen. Es wurden immer zwei Buchstaben abgelesen, und Soemmerring gab an, zuerst den Stift mit der stärkeren Blasenbildung abzulesen.

Die Apparatur, die Soemmerring konstruierte, hängt eng mit

48

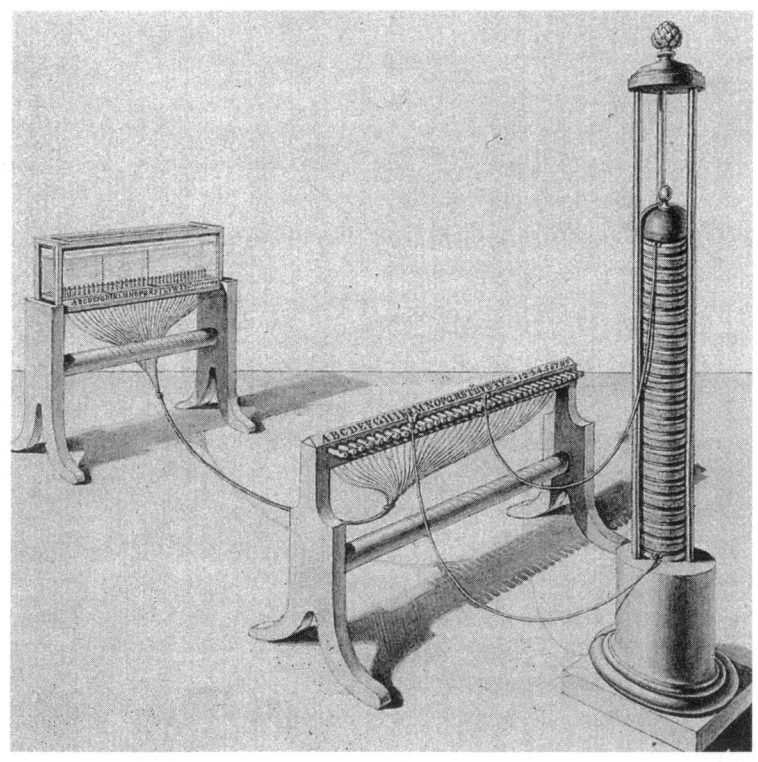

Abbildung 3

seinen bisherigen wissenschaftlichen Arbeiten zusammen. Sein Ruf als Wissenschaftler beruhte auf der Erforschung des menschlichen Gehirns und der »tierisch-menschlichen Reizleitung«, wie es damals hieß, wenn es um die Nerven ging.

Als Ergebnis seiner Forschungen hatte Soemmerring 1796 eine Abhandlung »Über das Organ der Seele« veröffentlicht. Darin behandelte er, entsprechend den Auffassungen seiner Zeit, die Nervenleitungen als Verbindungen zwischen den Sinnesorganen und der menschlichen Seele. Soemmerring hatte entdeckt, dass alle Nerven im Gehirn, die mit Sinnesorganen in Beziehung stehen, in die Ventrikelflüssigkeit der Stirnhöhlen münden. Hier glaubte Soemmerring das »Organ der Seele« entdeckt zu haben (für ihn identisch mit dem von Aristoteles erwähnten »Sensorium commune«), jene »gemeinschaftliche Empfindungsquelle, wo alle Nerven zusammen kommen«.[18]

Der elektro-chemische Telegraf lässt sich wie ein Modell auffassen, mit dessen Hilfe die Vorstellungen verdeutlicht werden können, die sich Soemmerring davon gemacht hat, wie die Empfindungen in der menschlichen Seele entstehen. Wie der Empfänger die Botschaft dadurch erfährt, dass der aus den Drähten austretende Strom das Wasser an bestimmten Stellen zersetzt, so sollen den Empfindungen der Seele Veränderungen zugrunde liegen, die von den Nerven im Gehirnwasser hervorgerufen werden.

Wie eng Soemmerrings Arbeit mit den Ideen seiner Zeit verflochten war, lässt sich daran ablesen, dass er seine Abhandlung über die Seele Kant widmete und den Philosophen auch um ein Nachwort bat, das auch geschrieben wurde. Es liegt auf der Hand, dass Kant in den Untersuchungen Soemmerrings eine Bestätigung dafür fand, dass es dem Menschen unmöglich sei, die Wirklichkeit, wie sie tatsächlich ist (das durch Kant berühmt gewordene »Ding an sich«), zu erfassen. Wo wir meinen, der von einer Nachtigall hervorgebrachte Gesang berühre uns, da haben wir in Wahrheit, so sieht es Kant, Empfindungen, die auf Veränderungen in unseren eigenem Gehirnwasser beruhen.

Die Erfindung des Telegrafen gelingt, weil Teile des Gehirns nachgebaut werden. Zugleich wird das Produkt, das dadurch entsteht, zum Erklärungsmodell für seelische Phänomene. Diese Rückübertragung ist so falsch wie folgenreich. Darauf wird noch zurückzukommen sein.

Zunächst soll der elektrische Telegraf mit dem optischen Telegrafen daraufhin verglichen werden, was jeweils mit der Sprache geschieht. Beim optischen Telegrafen wird die Schrift in Zeichen aufgelöst, die mithilfe beweglicher Stangen gebildet werden. Die Zeichen gehen von Station zu Station und überwinden dabei den Raum mit großer Geschwindigkeit. Das geschieht durch die Telegrafisten. Die Zeichen werden von Menschen hervorgebracht und weitergereicht. Das ist allerdings eine rein mechanische Tätigkeit, weil die Bedeutung der Zeichen unbekannt bleibt.

50

Beim elektro-chemischen Telegrafen wird die Schrift so aufgelöst, dass sie aus der Welt der sinnlich wahrnehmbaren Dinge verschwindet. Die Überwindung des Raumes geschieht rein technisch. Der Mensch ist lediglich beim Eingeben der Buchstaben und beim Entschlüsseln der ankommenden Signale beteiligt, wobei die Signale (Luftblasen) ihre Bedeutung lediglich durch die unterschiedlichen Stellen, an denen sie auftreten, bekommen.

Anerkennung und Aufsehen, die dem neuartigen Telegrafen zuteil wurden, änderten nichts daran, dass ihm praktische Bedeutung versagt blieb. König Maximilian I. von Bayern erhob Soemmerring zwar in den Adelsstand, die Mittel für den Bau einer Telegrafenlinie mochte er aber nicht bewilligen. Da sich die politische Lage stabilisiert hatte, war ihm das Geld für den Bau einer Nachrichtenlinie plötzlich zu schade.

Soemmerring fuhr dennoch fort, an der Verbesserung seiner Erfindung zu arbeiten. Zu Beginn des Jahres 1811 gelang es ihm, sein »Communikationsseil« durch die Isar zu verlegen und an das andere Ufer zu telegrafieren. Er führte seine Erfindung auch Napoleon vor, der sie jedoch mit der berühmt gewordenen Bemerkung »C'est une idée germanique« vom Tisch wischte. Napoleon hatte damit immerhin insofern Recht, als der optische Telegraf, wenn ihm auch nicht die Zukunft gehörte, im Augenblick doch das brauchbarere Instrument war.

Tatsächlich dauerte es noch gut dreißig Jahre, ehe sich der elektrische Telegraf durchzusetzen begann. Dabei wurde ein neues Prinzip entscheidend. Die ersten Versuche, bei denen Papierblättchen von Drähten, auf die man eine elektrische Ladung aufgebracht hatte, angezogen wurden, beruhten auf elektrostatischen Phänomenen. Soemmerrings Apparatur funktionierte aufgrund elektro-chemischer Vorgänge. Die Verfahren, die sich schließlich durchsetzten, beruhten auf Erscheinungen des Elektromagnetismus.

Die entsprechenden Entdeckungen und Erfindungen wurden zwischen 1820 und 1830 gemacht, wobei bekannte Physiker wie André Marie Ampère und Georg Simon Ohm eine Rolle spielten. Es entstanden verschiedene Geräte, die alle auf dem Prinzip beruhten, dass eine Magnetnadel durch einen stromführenden Leiter so abgelenkt wurde, dass sie auf einen Buchstaben zeigte (Zeiger-Telegraf). In den europäischen Ländern wurden verschiedene Systeme entwickelt, die sich gegenseitig Konkurrenz machten. Zu praktischen Anwendungen kam es dort, wo die Betreiber von Eisenbahnlinien entsprechende Aufträge erteilten.

Der Durchbruch gelang dem amerikanischen Porträt- und Historienmaler Samuel Finlay Breese Morse (1791–1872). Morse hatte sich schon in jungen Jahren einiges Ansehen als Maler erworben. 1829 ging er nach Paris. Er wollte die europäische Kunst kennen lernen und mithilfe eines Bildes, an dem er lange arbeitete, in Amerika bekannt machen. Während der häufigen Besuche im Louvre war Morse immer wieder fasziniert von dem optischen Telegrafen, den Chappe vor über zwanzig Jahren auf diesem Gebäude hatte anbringen lassen.

Im Jahre 1832 segelte Morse nach Amerika zurück. Auf der Überfahrt kam ihm die Idee, die Elektrizität zur Übertragung von Nachrichten zu benutzen. Nach der Landung machte er sich unverzüglich an die Verwirklichung seines Vorhabens. Nach zwölf Jahren mühevoller Arbeit, in denen immer wieder Rückschläge zu überwinden waren, konnte Morse seinen ersten Erfolg feiern.

Die amerikanische Regierung hatte sich bereit gefunden, den Bau einer 64 Kilometer langen Versuchsstrecke entlang der Eisenbahnstrecke von Washington nach Baltimore zu finanzieren. Im Mai 1844 konnte Morse die Linie in Anwesenheit hoher Politiker vom Weißen Haus aus eröffnen. Als erste Botschaft diente ein Bibelzitat: »What Hath God Wrought!« (23 : 23). Drei Tage später begann in der New York Tribune ein Artikel unter der Überschrift »The Magnetic Telegraf – Its Success« mit dem Satz: »The miracle of annihilation of space is at length performed.«[19]

Nach der Eröffnung der Telegrafenlinie hatte Morse noch einige Tage Gelegenheit, im Weißen Haus Nachrichten abzusenden und zu empfangen. Während dieser Zeit fand in Baltimore der Parteitag der Demokratischen Partei statt. Morse konnte einige für die Politiker des Landes wichtige Nachrichten zwischen Washington und Baltimore vermitteln. Zum Erfolg trug auch bei, dass zum ersten Mal eine Telegrafenlinie der Öffentlichkeit zur Verfügung gestellt wurde. Morse hatte keine Mühe, finanzstarke Partner zu finden, mit deren Hilfe neue Linien gebaut werden konnten. Nach einem Jahr schon betrug die Länge der telegrafischen Verbindungen 1.500 Kilometer.

Von Amerika aus eroberte das von Morse eingeführte System die ganze Welt. Die Vorteile bestanden zum einem in dem, was dann als Morsealphabet bekannt wurde. Die einzelnen Buchstaben wurden mithilfe von Punkten und Strichen kodiert. Auf diese Weise brauchte das System nur Längen und Kürzen zu übertragen. Das vereinfachte den Sendevorgang. Es genügte, die Morse-Taste im Wechsel von lang und kurz zu drücken. Auf der Empfängerseite war die Anwesenheit eines Menschen ganz entbehrlich. Die Längen und Kürzen wurden mit einem Stift in einen automatisch abrollenden Papierstreifen geritzt. Die darin enthaltene Nachricht konnte irgendwann entschlüsselt werden.

Bei den vorhergehenden Betrachtungen wurde jeweils auf die Auswirkungen geschaut, welche die Neuerungen im Gefolge haben. Dieser Gesichtspunkt soll noch einmal aufgegriffen werden, wobei deutlicher unterschieden werden soll zwischen solchen Folgen, die als historische Fakten deutlich in Erscheinung treten, und Folgen, die weniger gut zu bemerken sind.

Zunächst zu den Auswirkungen der ersteren Art. Bei der Schrift ist deutlich, dass sie neue Formen menschlichen Zusammenlebens ermöglicht. Es bilden sich Städte und dann ganze Reiche, die von einem Zentrum aus verwaltet und regiert werden. Im privaten Bereich ermöglicht die Schrift, den Kreis der Menschen, zu denen man Beziehungen unterhält, erheblich zu erweitern. Zugleich befördert die Schrift die Besinnung des einzelnen Menschen auf sich selbst. Einem Text gegenüber kann man leichter einen eigenen Standpunkt entwickeln als gegenüber einem Menschen, zumal, wenn er mit Autorität ausgestattet ist. Forschen, Studieren und das Ansammeln von Wissen werden gefördert.

Beim Telegrafen löst sich die Schrift von einem materiellen Schriftträger. Durch die Beschleunigung des Nachrichtenflusses, die damit zusammenhängt, nimmt der Einfluss, den ein Zentrum auf die Peripherie haben kann, neue Formen an. Solange Kurierdienste, die möglicherweise tagelang unterwegs sind, Vorschriften und Befehle befördern, kann die Zentrale ihren Einfluss nur durch allgemeine Vorschriften und Richtlinien geltend machen. Der Telegraf verlockt dazu, das Schreiben in der Ferne zu einem Handeln in der Ferne zu nutzen. Das Bild von Napoleon als Gehirn Frankreichs ist bezeichnend. Die Verantwortlichen vor Ort drohen zu Marionetten zu werden. Das bedeutet auch eine Tendenz zur Vermassung.

Von dem Augenblick an, als der Telegraf zur öffentlichen Benutzung freigegeben wurde, traten weitere Wirkungen auf. Bis dahin hatte jede Nachricht einen Absender und einen Empfänger. Zwischen beiden bestand ein Handlungszusammenhang, aus dem sich die Bedeutung der Nachricht ergab. Der Empfänger verstand den Inhalt der Nachricht und wusste, wie er sie in sein Handeln einzubeziehen hatte.

Die öffentliche Nutzung wurde hauptsächlich von der Presse in Anspruch genommen. Innerhalb weniger Jahre kam es dahin, dass die telegrafisch übermittelten Nachrichten die lokalen Nachrichten und die allgemeinen Betrachtungen überwogen. Die Zeitungen versuchten, sich mit einem möglichst hohen Anteil telegrafischer Nachrichten zu übertrumpfen.

Welchen Gebrauch machten die Leser von den Nachrichten? Morse hatte bei der Eröffnung der ersten Nachrichtenlinie prophezeit, Amerika werde sich jetzt in eine große Nachbarschaft verwandeln. Damit hätten Nachrichten eine neue Bedeutung dadurch gewonnen, dass sie eine soziale Funktion erfüllen.

Nachrichten allein genügen aber nicht. Es muss dazu kommen, dass sich der einzelne Mensch wirklich für alle anderen interessiert. Das war aber nicht der Fall. In Wirklichkeit dienten die Nachrichten der eigenen Unterhaltung.

Diese uneingestandene Funktion hatte zur Folge, dass sich, wie Neil Postman treffend bemerkt, der Zusammenhang zwischen Nachricht und Handeln aufzulösen beginnt.[20] Die Menschen gewöhnen sich daran, ihre Aufmerksamkeit auf Dinge zu lenken, die sie nichts angehen und die sie, da ihnen der Kontext fehlt, auch gar nicht beurteilen können. Allmählich kommt es dahin, dass die Bedeutung der meisten Nachrichten von ihrem Unterhaltungswert abhängt. Der Siegeszug der Schlagzeilen und Sensationsmeldungen beginnt.

Im Folgenden soll der Blick auf die weniger offensichtlichen Folgen der technisch unterstützten Nachrichtenübermittlung gelenkt werden. Dazu seien noch einmal kurz die Anfänge betrachtet. Lange vor der Erfindung der Schrift wurden Rauch- und Feuerzeichen benutzt, um Botschaften über weite Strecken zu verbreiten. Die Archäologen haben auf Hügeln und Berggipfeln zahlreiche Feuerstellen gefunden, die aus der Zeit der Antike stammen und die Stationen von Nachrichtenlinien bildeten. Es liegt auf der Hand, dass mit solchen Mitteln nur vorher festgelegte Nachrichten verbreitet werden konnten. Man verabredete Zeichen für den Fall, dass ein bestimmtes Ereignis eingetreten war. Das berühmteste Beispiel dieser Art schildert der Tragödiendichter Aischylos (525–456 v.Chr.) in seiner »Orestie«. Da wird berichtet, dass Agamemnon durch eine »Fackelpost« seiner Gattin Klytämnestra die Botschaft vom Fall Trojas übermittelte.

Neben Feuer und Rauch wurden natürlich auch akustische Zeichen benutzt. In Persien sollen Rufposten Nachrichtenlinien gebildet haben. Es gibt Berichte, nach denen Nachrichten auf diese Weise innerhalb von 24 Stunden eine Strecke überwanden, die etwa dreißig Tagesreisen entsprach. In unübersichtlichen und unwegsamen Gegenden waren Trommeln am geeignetsten. Manche afrikanischen Stämme sollen so etwas wie eine Trommelsprache entwickelt haben.

Die Erfindung der Schrift und des Papiers führten dort, wo diese Mittel zur Verfügung standen, zum Verschwinden der bis dahin genutzten Mittel. Die Herrschenden richteten Kurierdienste ein, die in erstaunlich kurzer Zeit Schriftstücke über weite Strecken beförderten. Dazu wurden Straßen gebaut, an denen in regelmäßigen Abständen Stützpunkte lagen, in denen ausgeruhte Läufer oder ausgeruhte Reiter und Pferde das Schriftstück übernehmen konnten. An der so genannten Königsstraße, die auf einer Länge von 2.500 km das Persische Reich durchzog, lagen 111 Stationen. Eine Karawane benötigte 90 bis 100 Tagesreisen, um die Straße in ihrer ganzen Länge zu bewältigen. Die Kuriere des Königs schafften die Strecke in 6 bis 8 Tagen. Kurier- oder Postdienste blieben bis in die Goethezeit (mit der Ausnahme von Frankreich) die schnellste Möglichkeit, eine Nachricht zu überbringen. Dabei wäre die Einrichtung optischer Telegrafenlinien technisch lange vorher kein Problem gewesen. Nach unseren heutigen Vorstellungen hätte auch durchaus ein Bedarf dafür bestanden. Man denke an das Römische Reich. Es wurde zentralistisch regiert, und dabei lagen seine Grenzen teilweise Tausende von Kilometern von Rom entfernt.

Warum hat man sich mit Läufern oder Reitern begnügt, die versiegelte Briefe überbrachten? Den Historikern mögen verschiedene Gründe bekannt sein, die mit den äußeren Verhältnissen zusammenhängen. Der eigentliche und tiefere Grund dürfte aber mit dem Verhältnis zur Sprache zusammenhängen.

Sprache wurde erlebt als etwas, das seinen Ort zwischen den Menschen und in ihrem Denken hat. Die Würde der Sprache vertrug es nicht, sie aus diesem Zusammenhang herauszulösen. Da stellt sich natürlich die Frage, ob das nicht bereits mit der Erfindung und Verbreitung der Schrift geschehen ist. Wenn auch ganz offensichtlich der Gebrauch der Schrift einen tiefen Einschnitt im Verhältnis zur Sprache bedeutet, so muss man aber doch sagen, dass dabei nichts geschieht, was dem Wesen der Sprache zuwider liefe.

Wenn ein Schriftstück von einem Ort zum anderen unterwegs ist, dann existiert die Sprache, die darauf fixiert ist, unabhängig vom Menschen. Es lohnt sich, genauer zu betrachten, wie die Sprache da existiert. Schrift und Papier bilden so etwas wie ein Gefäß. Die Sprache ist darin in einer Art Dornröschenschlaf aufgehoben. Für das Verzaubern und Entzaubern ist der Mensch nötig. Er muss sich sogar neue Fähigkeiten aneignen. Mit dem Erlernen von Lesen und Schreiben werden neue Seelenkräfte entwickelt.

Die Sprache ist aus der unmittelbaren Begegnung zwischen

den Menschen herausgelöst, aber sie existiert nicht unabhängig vom Menschen. Sie ist beim Schreibenden und taucht dann beim Lesenden wieder auf. Dabei wird nichts vorgetäuscht. Die Schrift selbst bleibt passiv; sie entwickelt keine Eigentätigkeit wie etwa der Lautsprecher eines Radios. Die Aktivität liegt allein bei den beteiligten Menschen.

Beim optischen Telegrafen gibt es während des Transportes kein Schriftstück. An die Stelle des Papiers, das von einem Ort zum anderen gebracht wird, tritt die Weitergabe der Zeichen von einer Station zur anderen. Dabei tritt die Sprache in einer Form auf, die mit dem Menschen, der mit ihrer Hilfe etwas mitteilen will, nichts zu tun hat.

Zum ersten Mal wird die Sprache an eine Maschine ausgeliefert. Die Zeitgenossen haben das Ungewöhnliche dieses Vorganges durchaus gemerkt. Die »hölzerne Zunge« hat die Fantasie der Menschen beschäftigt und dabei die Auffassung der Sprache und den Umgang mit ihr verändert. Die Mechanik der Maschine hat auf die Sprache abgefärbt.

Beim elektro-chemischen Telegrafen verschwindet die Sprache während des Transportes aus der sinnlich wahrnehmbaren Welt. Beim optischen Telegrafen sind es immerhin Menschen, die das Weiterreichen bewerkstelligen. Die Elektrizität überwindet selbstständig den Raum. Sie sorgt beim Empfänger dafür, dass er an Luftblasen, die im Wasser aufsteigen, ablesen kann, was ihm mitgeteilt werden soll.

Bei dem von Morse entwickelten System tritt an die Stelle des Sprechens oder Schreibens das lange oder kurze Drücken einer Taste. An die Stelle des Hörens oder Lesens tritt das Entschlüsseln von Einschnitten ins Papier. Menschen können jetzt sprachliche Mitteilungen austauschen, ohne einige der Fähigkeiten, die dafür natürlicherweise veranlagt sind, zu nutzen. Das führt längerfristig zu einem Verkümmern dieser Fähigkeiten.

Solange die neuen Mittel nur Amtsträgern zur Verfügung stehen, die sie für unpersönliche Mitteilungen nutzen, halten sich die Auswirkungen auf die menschlichen Fähigkeiten in engen Grenzen. Das ändert sich mit der Einführung des Telefons. Mit dem Telefon wird eine dritte Stufe in der Nutzung der technischen Sprachübertragung erreicht. Zunächst diente sie ausschließlich politischen, insbesondere militärischen Zwecken. Von Morse an bemächtigten sich Wirtschaft und Presse der neuen Möglichkeiten. Beim Telefon kommt die private und damit massenhafte Nutzung hinzu.

4. Fotografie

Bereits 40 Jahre vor dem Telefon wurde die Fotografie erfunden. Ihre Anfänge und ersten Erfolge fallen in die Zeit, in der auf dem Louvre ein optischer Telegraf stand und Morse an seinem Verfahren arbeitete.

Das untenstehende Foto möge als Beispiel dienen. Es zeigt eine für die Umgebung Bremens charakteristische Landschaft, die unter der Bezeichnung »Wümme-Wiesen« bekannt ist. Das Foto verhilft dem Betrachter zu einem Anblick dieser Landschaft, wobei Wiesen und Fluss so gesehen werden, als stünde man etwa 15 Meter links von dem Baum, der am rechten Bildrand zu sehen ist. Dabei ist es ganz gleichgültig, wo man sich tatsächlich befindet. Mithilfe der Fotografie erzeugt der Mensch eine Welt, für deren Betrachtung der Standort des Betrachters belanglos ist.

Abbildung 4

Was mit dieser Aussage gemeint ist, wird deutlich, wenn man sich klar macht, dass der in der Raumeswelt lebende Mensch alle Gegenstände in diesem Raum von seinem individuellen Standort aus sieht. Was einer sieht und wie er es sieht, das hängt von dem Ort ab, an den er sich begeben hat. Sobald der Mensch wahrnimmt, erlebt er: Was ich wahrnehme, das hängt von meiner Aktivität ab. Ich brauche nur den Kopf zu bewegen und alles verschiebt sich und zeigt mir eine neue Seite. Ich sehe die Welt auf meine Weise. Niemand erlebt sie so wie ich. An dieser Erfahrung entzündet sich Selbstbewusstsein, genauer: individuelles Selbstbewusstsein, Ich-Bewusstsein.

Gegenüber der fotografierten Landschaft kann ich auf- und abspazieren, wie ich will; es ändert sich nichts. Der individuelle Standort ist wie ausgelöscht. Ich schaue die Landschaft durch das Auge der Kamera, und da können Millionen hindurchschauen. Das fördert, wie der Telegraf, die Bildung von Massen.

Um weitere Eigenschaften der Fotografie in den Blick zu bekommen, stelle man sich vor, man stünde leibhaftig an der Stelle, von der aus fotografiert wurde. Da würde man nicht nur sehen, sondern die Welt mit allen Sinnen aufnehmen. Das hätte möglicherweise zur Folge, dass man zunächst gar nicht zu einem einheitlichen Eindruck käme. Die Aufmerksamkeit würde vielleicht von einem Eindruck zum anderen gerissen. Dabei entsteht dann leicht die Empfindung, überfordert zu sein, nicht alles fassen zu können. Solche Situationen kommen selten zum Bewusstsein, weil sie im wahrsten Sinne des Wortes übergangen werden. In diesem Falle stellen wir uns aber vor, wir blieben stehen. Da ist dann einiges an Geduld und Anstrengung nötig, wenn man über eine flüchtige Begegnung hinauskommen will.

Allmählich wird man offen für das Eigenleben der Dinge im Umkreis. Man bemerkt, dass sie zusammengehören und ein gemeinsames Leben führen. Durch dieses Leben entsteht so etwas wie ein Charakter, eine Stimmung, das, wofür es seit alters den Ausdruck »genius loci« gibt. Damit diese Ebene der Wahrnehmung erreicht werden kann, müssen alle Seelenkräfte eingesetzt werden. Wir müssen den Gegenständen um uns Namen geben, indem wir sie denken. Wir müssen sie in unser Fühlen aufnehmen, und wir müssen den Willen einsetzen, damit die Aufmerksamkeit stark bleibt.

Wir verbinden uns wahrnehmend, aber nicht nur seelisch, sondern auch leiblich mit der Welt. Betrachten wir zum Beispiel das Sehen, so kann bei genauerer Beobachtung deutlich werden, dass dabei andere Sinne beteiligt sind, insbesondere solche, über die wir etwas über Zustände und Veränderungen unseres eigenen Leibes erfahren. Durch die Einstellung der Augen (akkomodieren, fixieren) auf die verschiedenen Entfernungen ist Muskeltätigkeit nötig, die durch den Bewegungssinn (auch Eigenbewegungssinn oder Muskelsinn genannt) wahrgenommen wird. Der Gleichgewichtssinn hilft mir, meinen Leib in das rechte Verhältnis zu der mit den Augen wahrgenommenen Raumeswelt zu bringen. Sehen ist auch ein Abtasten der Welt, wodurch der Tastsinn angesprochen wird. Und schließlich bemerke ich auch, ob das, was ich sehe, auf meinen Organismus lebensfördernd oder lebenshemmend wirkt, wobei der Lebenssinn hilft.[21]

Wahrnehmend gehe ich eine aktive und außerordentlich intime Beziehung zu den wahrgenommenen Dingen ein. Wahrnehmen ist so etwas wie ein innerliches Nachschaffen, das bis in die Leiblichkeit hineinreicht. Gerade durch dieses Nachschaffen entsteht eine Öffnung dafür, in meinem Fühlen denjenigen Kräften und Wesen zu begegnen, die das hervorbringen, was ich in mir nachgebildet habe.

Ein anderes Ergebnis der Art und Weise, wie der Mensch die Welt wahrnimmt, liegt darin, dass die durch die Sinne ermöglichte Begegnung mit der Welt unabweisbar den Eindruck entstehen lässt: Ich bin mitten in der Welt und gehöre dazu. Dieser Eindruck wird noch durch andere Dinge unterstützt. Stehe ich in den Wümme-Wiesen, dann trägt mich derselbe Boden, der auch die Pflanzen und Tiere um mich trägt. Ich atme dieselbe Luft ein, von der auch die Tiere und Pflanzen leben. Ich sehe mithilfe des Lichts, das auch die anderen Wesen bescheint.

Die Fotografie zeigt mir die Wümme-Wiesen, als wäre ich selbst dort. Gleichzeitig bewirkt die fotografische Wiedergabe der Welt einschneidende Reduktionen. Von allen Sinnen wird nur das Auge angesprochen. Das Sehen selbst wird aber auch noch eingeschränkt. Der Ausschnitt bietet eine übersichtliche Welt, die auf einen Blick erfasst werden kann. Das wird durch die Flächigkeit des Bildes unterstützt, die das Ertasten der Gegenstände im Raum überflüssig macht. Es entfallen alle Aktivitäten, die zur Folge haben, dass der wahrnehmende Mensch sich mit der Welt verbindet und für ihr Eigenwesen offen wird. Die Fotografie macht den Menschen zum unbeteiligten Beobachter dessen, was ersieht.

Worum es hier geht, wird noch deutlicher, wenn ein Blick auf die Vorgeschichte der Fotografie geworfen wird. Sie beginnt, als man entdeckt, dass man mithilfe der Camera obscura genaue und perspektivisch korrekte Abbildungen herstellen kann. Diese Bilder faszinieren derart, dass man große Camera obscuras baut und in die Landschaft hinausträgt. Die Bilder, die im Inneren auf einem transparenten Schirm erscheinen, werden abgepaust. Man möchte sie aber vollständig festhalten. Das gelingt schließlich mithilfe der Lichtempfindlichkeit von Silbersalzen.

Mit der Fotografie beginnt die maschinelle Herstellung von Bildern. Die Gegenstände der äußeren Welt hinterlassen mithilfe des Lichts und einer optischen Apparatur einen Abdruck auf einer chemisch präparierten Fläche. Diesen Abdruck kann man an einen anderen Ort bringen. Er ist auch nicht der Zeit unterworfen wie das Vorbild.

Die Fotografie macht mit den Gegenständen der äußeren Welt dasselbe wie der Telegraf mit der Sprache. Dabei entspricht der dortigen Trennung von Mensch und Sprache bei der Fotografie die Trennung von Erscheinung und Wesen. In der natürlichen Welt bildet beides eine untrennbare Einheit. Allerdings ist der Mensch so veranlagt, dass er in aller Regel zunächst die Erscheinung wahrnimmt. Sie befriedigt aber nicht, wenn das Wesen dahinter nicht zumindest geahnt werden kann. Das gelingt in dem Maße, wie das Wahrnehmen zu einer bewussten Tätigkeit gemacht wird.

Das Bild aus der Maschine hält die Erscheinung fest und

Abbildung 5: Stereo-Fotografie, um 1910

nichts als diese. Da ist es nur konsequent, wenn sie, wie gezeigt wurde, Wahrnehmungsaktivitäten, die zum Wesen führen könnten, unterdrückt. Allerdings stellt sich die Frage, was ein Foto so reizvoll macht. Wenn ich die Natur passiv anstarre, bleibt sie stumm. Warum kann mich ein Foto ansprechen?

Ein Foto ist, bei aller Reduktion, voller Überraschungen. Auf dem Bild, das hier als Beispiel gewählt wurde, können der Strauch am Rande und der Fluss, an dem er liegt, auf einen Blick erfasst werden. Am Ort selbst ist das anders. Da müssen Strauch und Fluss nacheinander betrachtet werden. Der Wirklichkeitsausschnitt, den wir mit einer Augeneinstellung klar und deutlich erfassen können, ist winzig. Von dem Gesicht eines Menschen, der uns am Tisch gegenübersitzt, sehen wir auf einmal nur die Nasenspitze deutlich. Dass wir dennoch von dem ganzen Gesicht eine deutliche Vorstellung haben, ist das Ergebnis unserer Vorstellungsbildung. Was als Beschränktheit unseres Auges erscheinen könnte, ist in Wirklichkeit ein Schutz. Die Welt kann nicht in uns hineinstürzen. Wir sehen sie nur in dem Maße, wie wir sie ergreifen.

Die Fotografie macht mit dem, was man Tiefenschärfe nennt, einen großen Weltausschnitt einem einzigen Blick zugänglich. Da sieht man draußen, was sonst innen als Vorstellung gebildet werden muss. Das ist eine Überraschung, die der Betrachter genießt.

Der Betrachter wird auch dadurch in angenehmes Staunen versetzt, dass die Landschaft auf dem Foto Eigenschaften einer Komposition hat. Dazu trägt zum Beispiel bei, dass die Natur ein Format bekommt, in diesem Fall ein Querformat, das das Flache und Weite der Landschaft betont. Der Fotograf kann aber ohne große Mühe noch mehr tun. Im vorliegenden Fall hat er in den rechten Bildrand einen Strauch ins Blickfeld genommen, der dem von links nach rechts über das Bild wandernden Blick einen Halt bietet. Die Horizontlinie ist so gelegt, dass sie das Bild in zwei gleiche Rechtecke teilt. Alle Erhebungen – Bäume und Büsche – umspielen diese Horizontlinie. Der Fluss führt den Betrachter von rechts, der angedeutete Weg von links in das Bild hinein. Die Komposition ergibt eine geordnete, harmonisch gegliederte Natur, wobei strenge Symmetrie, die Langeweile erzeugen würde, vermieden wird. Das Foto erweckt beim Betrachter den Eindruck, als könne er mit seiner Hilfe der gezeigten Landschaft begegnen. In Wirklichkeit trifft er auf den Abdruck der äußeren Erscheinung. Was ihn anspricht, sind die Mittel des Mediums.

Angesichts der Tatsache, dass die Medien den meisten Menschen in unserer Zeit in Form von Fernsehen, Multimedia oder Internet begegnen, mag es so scheinen, als sei die ausführliche Beschäftigung mit der Fotografie überflüssig. Es ist aber so, dass die wesentlichen Eigenschaften der späteren Medien an der Fotografie bereits auftreten. Sie sind hier sogar leichter zu erkennen. Aus diesem Grunde soll der Versuch gemacht werden, am Beispiel der Fotografie der Wümme-Wiesen etwas zu beschreiben, das ich das mediale Urphänomen nennen möchte.

Es ist gezeigt worden, dass Wahrnehmen eine Aktivität ist, an der der ganze Mensch mit seinen zentralen Fähigkeiten beteiligt ist. Die Fotografie trennt nicht nur Erscheinung und Wesen, sie treibt damit auch die Kräfte des wahrnehmenden Menschen auseinander. Da der Standort eines Menschen, der ein Foto betrachtet, nichts zu tun hat mit dem, was er sieht, entstehen zwei getrennte Wahrnehmungsbereiche. Mit den Augen taucht der Betrachter in das Bild der Wümme-Wiesen ein. Durch alle übrigen Sinne ist er mit dem Ort verbunden, an dem er sich leiblich befindet. Die beiden Wahrnehmungsbereiche können nicht sinnvoll verbunden werden. Es entsteht eine Spaltung, die an sich schon eine leichte Betäubung zur Folge hat.

Diese Wirkung wird dadurch verstärkt, dass der Hauptteil der Aufmerksamkeit auf das Foto gelenkt wird. Das geschieht selbst dann, wenn ein Foto nebenbei betrachtet wird. Man vergleiche einmal, wie an einer Bushaltestelle die Gesichter von den dort wartenden Menschen auf einen wirken und wie ein Werbefoto wirkt, auf dem ein glücklicher Mann seine geliebte Zigarette raucht. Die wirklichen Gesichter sind vielschichtig, beweglich, rätselhaft. Man steht vor einer Frage. Das Foto wirkt dagegen zugänglich und mitteilsam. Der Blick wird angezogen, aber nicht in Anspruch genommen.

Hier treffen wir auf den Kern des Phänomens. Das Medium führt den Betrachter aus seiner Lebenswirklichkeit hinaus, aber da, wo er hingeführt wird, kann er nicht als ganzer Mensch ankommen, weil er einer Lüge begegnet, die seine geschwächten Seelenkräfte nicht durchschauen können. Aus der Beschreibung des medialen Urphänomens ergibt sich, dass sein Auftreten nicht allein eine Folge des Mediums ist, sondern an weitere Bedingungen geknüpft ist, die mit der Funktion zusammenhängen, die das Foto erfüllt. Nehmen wir an, ein Biologe würde das Bild betrachten, um herauszufinden, welche Pflanzen im Jahr der Aufnahme in den Wümme-Wiesen beheimatet waren. Da würden ganz sachlich äußere Merkmale registriert. Der Biologe nähme vielleicht eine Lupe zur Hand, um Einzelheiten besser erkennen zu können. Er würde sich auch für das Filmmaterial und den Fotoapparat interessieren, um herauszufinden, welche Bildeigenschaften durch das Aufnahmeverfahren entstanden sind.

Bei der wissenschaftlichen Auswertung einer Fotografie interessiert ihre Oberfläche, also etwas, das tatsächlich da ist. Die Konzentration der Aufmerksamkeit auf das Bild führt in diesem Fall nicht zu einer Abspaltung des Sehens, weil durch seine analysierende Tätigkeit kein von der realen Lebenssituation unabhängiger Erlebnisraum entsteht. Die Lüge beginnt dort, wo der Betrachter Empfindungen hat, von denen er meint, sie rührten von der Begegnung mit dem Wesen der Landschaft her.

Man kann auch sagen, dass das mediale Urphänomen dort auftritt, wo das technische Medium die Funktion der Kunst übernimmt, ohne sie erfüllen zu können. Zur Verdeutlichung dieser Aussage stelle man sich vor, ein Künstler würde ein Bild der Wümme-Wiesen malen.

Eine Voraussetzung für das Gelingen dieses Vorhabens bestünde darin, dass der Maler etwas von der Eigenart der Landschaft erfasst hätte. Diese Eigenart oder dieses Eigenwesen beruht darauf, dass sich hinter allem Sinnlichen ein Geistiges als sein Ursprung verbirgt. Der Künstler ist für dieses Geistige besonders offen. Vor allem aber ist er in der Lage, mit den Mitteln seiner Kunst ein Sinnliches zu schaffen, das dem Geistigen näher ist als das Natürlich-Sinnliche. Das durch künstlerische Gestaltung entstandene Sinnliche stellt gegenüber der Natur etwas völlig Neues dar. Man mag auf einem gemalten Bild die Wümme-Wiesen erkennen. Dennoch musste sich der Maler von der Oberfläche des Vorbildes erst einmal lösen, um mit Farben und Formen auf der Fläche etwas zu gestalten, durch das Wesenhaftes zum Ausdruck kommen kann. In dem Maße, wie das gelingt, wird das Bild ein Fenster zum Übersinnlichen.

Dass der Mensch, der durch *dieses* Fenster schaut, aufhört, mit den Augen zu akkomodieren, ist verständlich, denn er soll sich ja aus der Welt der dreidimensionalen Gegenstände herauslösen. Dabei hilft, dass das Sinnliche nur als Fläche auftritt. Entscheidend ist aber doch, dass dem Sehen die Imagination zur Hilfe kommt.

Der Unterschied, um den es hier geht, wird noch deutlicher, wenn nicht die Endprodukte, sondern ihre Herstellungsweise betrachtet wird. Nehmen wir an, zwei Künstler, ein Maler und ein Fotograf, beide Meister auf ihrem Gebiet, wollten ein Bild der Wümme-Wiesen herstellen. Beginnen wir mit dem Maler. Er wird sich erst einmal mit der Landschaft vertraut machen und versuchen, sich in ihre Eigenarten einzuleben. Mit dem Malen kann er beginnen, wenn er ein inneres Bild hat, das er in die Sichtbarkeit holen möchte. Damit dieses Hervorholen von etwas zunächst Unsichtbarem gelingt, muss das Bild so entstehen, wie ein Organismus wächst. Bei einem biologischen Organismus ist es so, dass er von innen heraus wächst. Stellen wir uns eine Buche vor. Wurzel, Stamm, Äste, Zweige und Blätter wachsen gleichzeitig – wenn auch unterschiedlich schnell – in die Höhe, in die Breite und in die Tiefe. Dabei kommt immer deutlicher das zugrunde liegende Prinzip, die besondere Art dieses Baumes, zum Ausdruck.

Wie die Buche durch das, was Goethe den Typus nennt, belebt und geprägt wird, so steht hinter dem wachsenden Bildorganismus die Idee des Künstlers. Ein bedeutender Unterschied besteht allerdings darin, dass die Idee der Buche fix und fertig da ist und unabhängig von wachsenden Buchen existiert. Bei einem Bild ist es so, dass der Künstler das, was er zum Ausdruck bringen möchte, erst während der Arbeit endgültig findet. Damit das Gefundene auch eingearbeitet werden kann, darf das Bild nicht auf einen Schlag entstehen. Es muss wachsen, eben wie ein Organismus. Dann kann jeder Strich in seiner Wirkung auf das Ganze überprüft werden.

Von dem Fotografen, der eine Aufnahme der Wümme-Wiesen machen will, sei angenommen, dass er der Landschaft auch als Künstler gegenübertritt. Wenn er sich eine Vorstellung davon gebildet hat, was er zum Ausdruck bringen möchte, wird er den Standort, den Zeitpunkt und die Einstellungen des Apparates entsprechend wählen. Schließlich drückt er auf den Auslöser und die Maschine macht das Bild.

Der Fotograf ist von der Herstellung seines Bildes ausgeschlossen. Damit fehlt die wichtige Zeit des am Werk Tätigseins. In dieser Zeit entscheidet sich, ob zu der anfänglichen Bildidee etwas hinzukommt, das den Charakter einer Überraschung und eines Geschenks hat und das auf einem Vorgang beruht, der mit dem Begriff »Inspiration« angemessen bezeichnet ist.

Ein weiteres Problem, sofern mit der Fotografie künstlerische Aufgaben gelöst werden sollen, hängt damit zusammen, dass ein inneres Bild immer nur von dem hervorgebracht werden kann, der es in sich trägt. Eine Maschine ist dazu jedenfalls nicht in der Lage. Manche Fotografen halten solchen Überlegungen entgegen, sie würden gar nicht alles der Apparatur überlassen. Sie verweisen dann auf die Möglichkeiten, die sie haben, auf dem Weg vom Negativ zum Positiv in das fotochemische Verfahren einzugreifen. Tatsächlich bringen manche Fotografen viele Stunden im Fotolabor zu, um Einfluss auf das Endprodukt zu nehmen. Dabei bedienen sie sich meistens manueller Verfahren, mit denen die Mechanik der fotografischen Prozesse zurückgedrängt wird. Was als Einwand vorgebracht wird, ist eigentlich ein Beleg für die hier vertretene Auffassung.

Zum Verständnis der Fotografie trägt auch bei, wenn der historische Augenblick betrachtet wird, in dem sie erfunden wurde. In den dreißiger Jahren des 19. Jahrhunderts treten in verschiedenen europäischen Ländern Menschen auf, die es sich zur Aufgabe machen, die Bilder der Camera obscura auf chemischem Wege zu fixieren. Angespornt werden die Erfinder durch den bei einigen Künstlern und großen Teilen des Publikums auftretenden Hang zu immer perfekterer Nachahmung der äußeren Natur. Parallel dazu beginnt das Zeitalter von Materialismus und Positivismus, in dem sich die Aufmerksamkeit der meisten Menschen auf die physisch-materielle Oberfläche der Dinge und ihre Erforschung zu richten beginnt, womit die Hoffnung verknüpft ist, die Fragen und Probleme der Menschheit könnten auf diese Weise gelöst werden.

Die Fotografie macht die Oberfläche, die sich leicht durch Bewegung, Distanz oder die von ihr ausgehenden Gefahren der Beobachtung entzieht, für den forschenden Blick dingfest. Dafür ist charakteristisch, dass die ersten Fotos gern mit der Lupe betrachtet wurden. Besonders entzückt war man, wenn mithilfe der Lupe Dinge sichtbar wurden, die man mit bloßem Auge übersehen hatte. Man sah darin einen Beweis dafür, dass die Fotos stellvertretend für die Dinge standen, mit dem gewichtigen Unterschied, dass die Welt, genauer gesagt, ihre Oberfläche, mithilfe fotografischer Abbilder exakter und bequemer zu beobachten war.

Dieser ursprüngliche Zweck der Fotografie hat sich bis heute als wissenschaftliche Fotografie erhalten. Allerdings spielt diese in der Öffentlichkeit kaum eine Rolle. Da dominieren Fotos, die den Betrachter beeindrucken sollen. Sie hängen auch mit dem Materialismus zusammen, allerdings in der Weise, dass mit ihrer Hilfe ein Ausgleich zur materialistischen Weltsicht geschaffen werden soll.

Das hat damit zu tun, dass der materialistische Blick auf Gegenstände und Wesen diese für das seelische Erleben zum Verstummen bringt. Wenn wir etwas betrachten, zum Beispiel eine Landschaft, dann steigen zugleich Empfindungen in uns auf, die als charakteristisch für das Gesehene erlebt werden. Die Intensität dieser Empfindungen wird von den Gedanken beeinflusst, die der Wahrnehmende dem, was er sieht, entgegenschickt. Lebt in ihm der Gedanke, dass in allen sichtbaren Oberflächen Kräfte und Wesen zum Ausdruck kommen, die diese Oberfläche hervorgebracht und gestaltet haben, dann wird die Oberfläche für diese Kräfte und Wesen ein wenig durchlässig und sie finden Eingang in das seelische Erleben, das die Wahrnehmung begleitet. Materialistische Vorstellungen wirken dagegen wie ein Schild, der alles fernhält, was ihnen nicht entspricht. Schließlich kann der Materialist nur noch das wahrnehmen, an dessen Existenz er glaubt. Dadurch tritt seelischer Hunger ein, der als Not erlebt wird.

Die Fotografie bietet einen Ausweg aus diesem Dilemma. Sie zeigt – und befriedigt damit den Materialisten – nur die Oberfläche und nichts als die Oberfläche. Zugleich stattet sie die Wiedergabe der Oberfläche mit Reizen aus, die die Oberfläche selbst gar nicht hat. Durch diese Verklärung der Materie erleichtert sich der materialistisch denkende Mensch das Stehenbleiben vor der Oberfläche. Allerdings zahlt er dafür als Preis, dass er von dem Medium abhängig wird, von dem er wegen der unvermeidlichen Abnutzung außerdem immer stärkere Reize verlangen muss.

Abschließend sei noch darauf hingewiesen, dass der Zusammenhang zwischen Telegrafie und Fotografie auch eine biografische Seite hat. Die beiden Erfinder sind sich begegnet und haben

Abbildung 6: Daguerreotypie. Zwei Soldaten vor einem gemalten Hintergrund: Stadt mit Fluss.

sich füreinander interessiert. Bei einem seiner zahlreichen Aufenthalte in Paris hat Morse den damals schon berühmten Daguerre in dem von ihm erfundenen und betriebenen Diorama besucht (1838). Daguerre arbeitete gerade daran, die von Niepce erfundene Fotografie dahingehend zu verbessern, dass die fertigen Aufnahmen dem Tageslicht ausgesetzt werden konnten, ohne schwarz zu werden. Morse bemühte sich, ein Patent auf sein Verfahren zu erhalten. Er hatte sich dazu an Arago gewandt, der als Physiker, Politiker und Leiter der Akademie der Wissenschaften auch tatsächlich großes Interesse zeigte. Es war derselbe Arago, der auch Daguerre unterstützte und wenig später dafür sorgte, dass die französische Regierung Daguerre sein Verfahren abkaufte, um es der Menschheit zu schenken, was den Grundstein für den Siegeszug der Fotografie legte.

Daguerre und Morse waren beide Maler, bevor sie sich auf naturwissenschaftliches Gebiet begaben und als Erfinder hervortraten. Eine weitere Gemeinsamkeit ist weniger offensichtlich. Beide verwandten viel Energie darauf, ihren Namen mit einer Erfindung zu verbinden, die sie gar nicht gemacht hatten. Daguerre betrog Nicephore Niepce um den Erfinderruhm. Morse verdankt alle wesentlichen Entwicklungen, wie zum Beispiel die berühmte Morse-Taste, seinen Mitarbeitern; dennoch tat er alles, um bei der Präsentation der Erfindung als Einziger im Mittelpunkt zu stehen, was ihm auch gelang.

5. Telefon

Die meisten Menschen werden, wenn sie am Ende eines Tages zurückblicken, feststellen, dass sie mehrere Telefongespräche geführt haben. Das gilt zumindest für alle diejenigen, die in industrialisierten Ländern wohnen. Dabei wird das Telefonieren als unproblematische Selbstverständlichkeit erlebt. Wie man ein Verkehrsmittel benutzt, um sich an einen entfernten Ort zu begeben, oder wie man seine Waschmaschine anstellt, so greift man zum Telefonhörer, wenn man mit jemandem sprechen möchte, mit dem man sich nicht am gleichen Ort befindet.

Das Telefon gehört zu den Medien, und in Anbetracht seines Alters und seiner Verbreitung sollte man annehmen, es gebe eine Fülle von Untersuchungen zu diesem Thema. Das ist aber nicht der Fall. Die erste Monografie (drei Bände), die sich mit den verschiedenen Aspekten des Telefons beschäftigt, erschien 1989, also über hundert Jahre nach seiner Erfindung. In dem ersten Band dieser Veröffentlichung beginnen viele Beiträge damit, das Telefon das »unbekannte« oder das »übersehene Medium« zu nennen.[22]

Was bringe uns dazu, das Telefon zu benutzen, aber nicht darüber nachzudenken? Die Literatur zu den anderen Medien füllt ganze Bibliotheken. Und selbst die Waschmaschine kann man nicht anstellen, ohne auf die Konsequenzen seines Tuns, etwa für die Umwelt, verwiesen zu werden.

Das Telefon macht es uns besonders leicht, die Technik zu vergessen. Das hat möglicherweise mit dem besonderen Verhältnis von Technik und Sprache, zu dem das Telefonieren führt, zu tun. Buch und Telegraf übertragen die Sprache in schriftliche Form. Die Technik beginnt mit ihren Prozessen, wenn der Mensch seine Arbeit getan hat. Beim Telefonieren schickt er keinen geschriebenen oder gedruckten Stellvertreter in die Ferne, sondern er tritt als ein in der Ferne Sprechender auf. Während des technischen Vorgangs ist man mit Sprechen und Zuhören beschäftigt und vergisst darüber das Telefon.[23]

Es kostet einige Anstrengung, das, was beim Telefonieren geschieht, mit Bewusstsein zu durchdringen. Versuche in diese Richtung können zu folgenden Ergebnissen führen. Durch das Telefon trennt sich – und das gilt auch für den kurz vorher erfundenen Phonographen – die Stimme des Menschen von seiner Leiblichkeit. Wenn ich einen Freund in Hamburg anrufe, dann hört er meine Stimme aus dem Telefonhörer, das heißt, meine in Hamburg ankommende Stimme ist leibfrei. Nun ist Leibfreiheit etwas, worüber normalerweise nur der Esoteriker spricht. Es ist aber durchaus sachgemäß, das auch im Zusammenhang mit dem Telefon zu tun. Wir haben es hier mit einer technisch herbeigeführten Leibfreiheit zu tun.

Spreche ich unmittelbar mit einem anderen Menschen, dann gibt es für dieses Gespräch einen Ort der Begegnung. Jeder ist für den anderen ein Teil des Ortes, an dem er sich und den anderen wahrnimmt. Die einzelnen Sinneseindrücke ergänzen sich. Was ich höre, passt zu dem, was ich sehe, taste, rieche und so fort. Es entsteht ein Gesamteindruck, und ich empfinde mich als Teil der Wirklichkeit, die mir begegnet.

Wie ist das beim Telefonieren? Ich gehe in ein kleines Zimmer, setze mich an den Schreibtisch und schaue durch das Fenster in den Garten. Dabei greife ich zum Telefon, wähle eine Nummer, und nach kurzer Zeit beginnt ein Gespräch mit dem von mir Angerufenen. In dem Augenblick verändert sich mein Verhältnis zu der Umgebung, in der ich mich gerade befinde. Meine Aufmerksamkeit folgt meiner Stimme an einen anderen Ort. In dem Zimmer mit seinem Schreibtisch und dem Blick in den Garten bin ich nur noch teilweise anwesend.

Der Telefonierende bringt das dadurch zum Ausdruck, dass er sich dem Apparat zuwendet. Das geschieht nicht aus Interesse für das Telefon, sondern es geschieht, um zum Ausdruck zu bringen, dass man sich aus der realen Situation hinausbegeben möchte. Mit der Geste des Sich-zum-Apparat-Wendens will man sagen: Sprecht mich jetzt nicht an. Ihr seht mich zwar, aber eigentlich bin ich gar nicht da.

Man könnte anführen, es habe so etwas schon immer gegeben. Jemand, der in das Lesen eines Buches vertieft ist, ist in der realen Situation auch nur teilweise anwesend. Man wird daher auch in einem solchen Fall versuchen, den betreffenden Menschen nicht zu stören.

Zwischen beiden Fällen gibt es aber doch erhebliche Unterschiede. Sie beziehen sich auf die Art der Abwesenheit. Wer in einen Gedanken versunken ist, zieht die Aufmerksamkeit von der Außenwelt ab und wendet sich nach innen. Das Pendeln zwischen Außenwahrnehmung und innerer Regsamkeit gehört zum Wesen des Menschen. Durch das Zurücktreten der Sinneswahrnehmung entsteht Platz für eine andere, vollgültige Tätigkeit.

Das ist beim Telefonieren anders. Ich ziehe mich aus der realen Situation zurück, ohne mich nach innen zu begeben. Man landet in einem räumlichen Irgendwo-Nirgendwo, einem Zwischenreich, in dem man als Sprecher in die leere Luft redet und als Hörer eine leibfreie Stimme vernimmt. Das führt zu einer Bewusstseinsdämpfung und zu einer Störung der Wahrnehmung, vor allem des Hörens, das oberflächlich wird.

Letzteres wird verständlich, wenn man sich klar macht, dass Fernsprechen und Fernhören auf der Technik von Mikrofon und Lautsprecher beruhen. Das Mikrofon ist ein elektroakustischer Wandler. Mit anderen Worten, das Mikrofon verarbeitet die durch Schallwellen erzeugten Druckschwankungen in elektrische Spannungen, die in ihrer Stärke dem wechselnden Schalldruck analog sind. Der Vorteil dieser Umwandlung besteht darin, dass sich elektrische Phänomene, anders als die menschliche Stimme, schnell und beliebig weit ausdehnen. So gelangen sie in Sekundenbruchteilen zum Lautsprecher. Der Lautsprecher ist ein Rückwandler. Er macht aus den elektrischen Spannungen wieder Schallwellen, und zwar so, dass die maschinell erzeugten Schallwellen denen entsprechen, die in das Mikrofon gesprochen wurden. So wird tatsächlich hörbar, was ein anderer in Tausenden von Kilometern spricht.

74

Bei aller Bewunderung für die technische Leistung ist aber Folgendes zu bedenken. Die Überwindung des Raumes gelingt nur um den Preis, dass das, was zwischen Menschen vorgeht, wenn sie miteinander sprechen, auf akustische Phänomene reduziert wird. Technisch gesehen ist das Mikrofon ein Wandler. Im Hinblick auf den Menschen kann man es einen Filter nennen. Er lässt nur das durch, was physikalischer Natur ist.

Darin kann allerdings nur derjenige einen Mangel sehen, der sich von der heute vorherrschenden materialistischen Auffassung des Hörens befreit. Man lässt dann zwar gelten, dass Hören etwas mit Schallwellen zu tun hat, traut aber auch seiner eigenen Erfahrung, die doch mit aller Deutlichkeit besagt, dass ich mich hörend hinausbegebe und innerlich ganz verbinde mit dem, was da zu hören ist. Hörend entsteht eine seelische Beziehung zur Welt. Ich erlebe beim Anschlagen die Qualität von Holz, Stein oder Metall, im Gespräch die innere Gestimmtheit eines Menschen, seine Einzigartigkeit.

Wenn Menschen miteinander sprechen, entsteht zwischen ihnen eine Brücke, die aus Schallwellen besteht und aus dem, was die Anthroposophie Klangäther [24] nennt. Auf dieser Brücke kann man sich seelisch und geistig hinausbegeben, dem anderen entgegen. Wirklich hören heißt, dem anderen so begegnen, dass einem sein Seelisch-Geistiges zum Erlebnis wird.

Das Telefon baut eine Brücke, die für Seelisches und Geistiges unpassierbar ist. Das wird allerdings dadurch verschleiert, dass mithilfe physikalischer Phänomene Seelisches und Geistiges vorgetäuscht wird. Die Schallwellen sind so etwas wie Kleider, in denen sich das Innenleben einen Ausdruck in der äußeren Welt verschafft. Der Lautsprecher produziert Kleider, die Innerem entsprechen. Sie sind jedoch leer, weil das Innere zurückgehalten wurde.

Dieser Sachverhalt entspricht dem, was am Beispiel des Fotos als Trennung von Erscheinung und Wesen beschrieben wurde. Die Merkmale des medialen Urphänomens treten ebenfalls auf. Es entstehen zwei Wahrnehmungs- und Erlebnisräume. Die Aufmerksamkeit geht mit dem Hören in die Ferne, das heißt dorthin, wo eine ich-getragene Wahrnehmungsaktivität nicht möglich ist. Das Sprechen bekommt eine Neigung zum Mechanischen.

Nach diesen Betrachtungen, bei denen Phänomene im Mittelpunkt standen, die sich am Telefon und seinem Gebrauch beobachten lassen, soll ein Blick auf die Geschichte dieser Technik geworfen werden. Der erste Fernsprechapparat wurde 1861 von dem Deutschen Philip Reis gebaut. Reis war Physiklehrer. Aufgrund seiner Ausbildung und seiner Interessen war er mit der modernen Sinnesphysiologie vertraut. Vor allem interessierten ihn die akustischen Theorien, die insbesondere von Hermann Helmholtz im Zusammenhang mit dem Hören entwickelt wurden. Diese Theorien standen im Zeichen des naturwissenschaftlichen Materialismus, das heißt, sie gingen davon aus, dass es möglich sein müsse, naturwissenschaftliche Erklärungen für Phänomene zu finden, die man bis dahin auf seelisch-geistige Aktivitäten zurückgeführt hatte.

Reis verstand seinen Apparat als Demonstrationsobjekt. In dem Hörer sah er ein mechanisches Ohr, in dem Teil, in das gesprochen wurde, einen elektrischen Mund. Das Funktionieren der Erfindung sollte zur Veranschaulichung der neuen Theorien und zu ihrer Bestätigung dienen. In seinen biografischen Notizen schreibt Reis:

»Durch meinen Physikunterricht dazu veranlasst, griff ich im Jahre 1860 eine schon früher begonnene Arbeit über die Gehörwerkzeuge wieder auf und hatte bald die Freude, meine Mühen durch Erfolg belohnt zu sehen, indem es mir gelang, einen Apparat zu erfinden, durch welchen es möglich wird, die Funktionen der Gehör-Werkzeuge klar und anschaulich zu machen, mit welchen man aber auch Töne aller Art durch den galvanischen Strom in beliebiger Entfernung reproduzieren kann. Ich nannte das Instrument Telefon.«[25]

Michael Reiher (siehe Anmerkung 4) beschreibt das Vorgehen von Reis folgendermaßen:

»Die Kardinalfrage, wie ein einziger Apparat sämtliche Töne reproduzieren konnte, die bei der menschlichen Sprache beteiligt sind, beantwortete Reis durch eine andere Fragestellung: ›Wie nimmt unser Ohr die Gesamtschwingungen aller zugleich tätigen Sprachorgane wahr?‹

So begann Reis seine Versuche mit einem selbst geschnitzten Eichenholzmodell einer Ohrmuschel. Das Trommelfell bildete er durch eine Membrane aus Schweinsdarm nach, die Gehörknöchelchen aus einem Platinstreifen, der sich als ›Hammer‹ an das künstliche Trommelfell anlehnte. Wurde in dieses künstliche Ohr hineingesprochen, so fungierte der Platinstreifen als lose eingestellter Kontakt, der – nach Reis' Vorstellung – im Rhythmus der Vibration einen Stromkreis öffnen und wieder schließen sollte.«

Die Geschichte des Telefons als Mittel der Kommunikation beginnt mit den beiden amerikanischen Erfindern Eliska Gray und Alexander Graham Bell. Beide hatten sich als Ziel gesetzt, den elektrischen Telegrafen zu verbessern. Zunächst gingen ihre Bemühungen dahin, mit seiner Hilfe Musik zu übertragen. Anfang 1875 erhielt Gray ein Patent für einen »harmonic telegraph«. Im selben Jahr erfuhren die beiden Erfinder voneinander, was zur Folge hatte, dass ein hitziger Wettlauf zwischen ihnen begann, aus dem Bell schließlich als Sieger hervorging. Am 7. März 1876 erhielt er ein Patent auf den von ihm eingereichten Vorschlag zur Verbesserung der Telegrafie, wobei es jetzt auch um die Übertragung von Sprache ging.

Das Bell gewährte Patent führte zu einem elf Jahre dauernden Rechtsstreit, in dem verschiedene Erfinder, allen voran Gray, die Erfindung des Telefons für sich reklamierten. Der Streit endete mit einem Sieg Bells. Später gab Bell zu, den entscheidenden Hinweis für seine Erfindung seinem Patentanwalt zu verdanken, der auch für Gray gearbeitet hatte und der verbotenerweise Einzelheiten des von Gray entwickelten Verfahrens an Bell weitergab.

Ein Vergleich von Bell und Reis zeigt, dass auch Bell die Theorien seiner Zeit zur Sinneswahrnehmung kannte. Er machte sich ebenfalls daran, menschliche Organe nachzubauen. Anstelle eines aus Holz geschnitzten Ohres benutzte er allerdings ein menschliches Ohr, das einer Leiche entnommen war. Michael Reuter schreibt dazu:

»Auch Bell ging bei seinen Arbeiten von der Wirkungsweise des menschlichen Ohrs aus. Auf das Trommelfell eines aus einer Leiche herauspräparierten Ohres setzte er einen Strohhalm, der Schwingungen auf einer geschwärzten Glasplatte aufzeichnete, wenn in das Ohr hineingesprochen wurde. Folgerichtig besaß auch sein Ur-Telefon eine Membrane aus Tierdarm. Bells entscheidender Gedanke bestand darin, nicht nur als Empfänger, sondern auch als Geber einen Elektromagneten mit Weicheisenkern einzusetzen, dessen Anker mechanisch mit der Membrane gekoppelt war. Geber und Empfänger arbeiteten nach dem gleichen Prinzip, es beruhte auf induzierten Strömen und erforderte keine Batterie. Doch das Ur-Telefon gab nur unverständliche Laute von sich. Eine brauchbare Sprachübertragung gelang Bell erst vier Wochen nach der Patentanmeldung, am 10. März 1876.

Erstaunlicherweise aber mit einem völlig anderen Gebersystem, einem ›liquid telephone transmitter‹, wie ihn Konkurrent Gray in seinem Caveat beschrieben hatte.«[26]

Der Schluss des Zitates gibt einen Hinweis auf den von Bell begangenen Betrug. Mit »Caviat« ist der vorläufige Patentantrag gemeint, der am selben Tag wie Bells Antrag gestellt wurde. Bereits wenige Tage später wurde Bell das Patent gewährt. Wenn man bedenkt, dass andere Erfinder oft jahrelang, zumindest aber viele Monate warten mussten, ist das ein ganz einmaliger Vorgang.

Ein weiterer Unterschied zwischen Bell und Reis besteht darin, dass Bell ganz entschieden eine kommerzielle Nutzung seiner Erfindung anstrebte. Allerdings muss festgestellt werden, dass man sich in der Frühzeit des Telefons die heutige Art der Nutzung noch nicht vorstellen konnte. Man hatte überhaupt Schwierigkeiten, in der Erfindung etwas anderes als ein Spielzeug oder ein Demonstrationsobjekt zu sehen. Als Bell der Western Union Telegraph sein Patent für 100.000 US-Dollars anbot, bekam er zur Antwort: »Was soll eine Gesellschaft mit solch einem Spielzeug anfangen?« Wie verbreitet diese Einstellung war, wird daran deutlich, dass es in »Meyers Konversations-Lexikon« von 1878 unter dem Stichwort »Telephon« heißt, angesichts der

Existenz des Telegrafen gebe es, von Sonderfällen abgesehen, für das Telefon keine Verwendung.

Bell bemühte sich nach Kräften, Anwendungsmöglichkeiten für die Erfindung, die nun einmal da war, auszudenken und anzupreisen. So demonstrierte er vor Unternehmern in Boston die Verwendung des Telefons als Nachrichtenmittel von der Wohnung des Unternehmers zur Fabrik. Auf der Weltausstellung war Bell ebenfalls präsent.

Dabei fällt auf, dass unter den Anwendungen, die Bell vorführt, nicht ein einziges Beispiel ist, bei dem die Idee des Zusammenspiels von Sprechen und Zurücksprechen eine Rolle spielt.[27] Die Dialogfähigkeit des Telefons wurde anfangs nicht gesehen oder, genauer gesagt, sie wurde anfangs nicht angenommen.

Die ersten Verwendungen des Telefons in der Praxis zeigen das mit aller Deutlichkeit. So taucht es in Privathaushalten und Hotels auf, um die Klingel zu ersetzen, mit der man die Dienstboten herbeiruft. Die ersten Telefonnetze bilden sich, um den Abonnenten Unterhaltungs- und Informationssendungen ins Haus zu bringen. In Bayern gab es noch 1920 telefonische Opernübertragungen. Das Telefon diente zunächst als Massenmedium. Jahrzehntelang kann man in ihm einen Vorläufer des Rundfunks sehen.

Der Übergang zu einem Medium des Dialogs hat in Deutschland besonders lange gedauert. Die Neigung, das Telefon nur für geschäftliche Zwecke zu verwenden, war ebenfalls besonders ausgeprägt. Im Jahre 1962 waren erst 14 Prozent der Privathaushalte mit einem Telefon ausgestattet. 34 Prozent der Haushalte hatten in dieser Zeit bereits ein Fernsehgerät. Im Jahre 1969 hatten 32 Prozent der Haushalte ein Telefon (74 Prozent hatten ein Fernsehgerät). Erst 1983 hatte das Telefon mit 88 Prozent den größten Teil der Haushalte erreicht, einige Jahre später als das viel jüngere Fernsehen.[28]

In den wenigen Darstellungen zur Geschichte des Telefons wird deutlich gemacht, dass das Telefon anfangs als Verteilmedium mit rundfunkartigem Charakter verwendet wurde. Im Hinblick auf Deutschland schreibt Klaus Beck, einer der Herausgeber der Studie »Telefon und Gesellschaft«: »Materiell wurde das Telefon als interaktives Sprachmedium in Deutschland erst nach dem Zweiten Weltkrieg, vor allem in den 70er Jahren, von der Masse der Haushalte angeeignet.«[29] Eine Erklärung für diese Tatsache, die Angehörige der jüngeren Generation erstaunlich finden dürften, wird nicht genannt. Allenfalls heißt es, die alten Muster der Kommunikation, etwa die durch den Telegrafen geprägten, wären anfänglich beibehalten worden.

Einer Antwort auf die Frage, vor der man hier steht, kommt man vielleicht näher, wenn noch einmal auf die Vorläufer des Telefons geschaut wird, vor allem unter der Fragestellung, wie sich jeweils das Verhältnis zur Sprache änderte. Solange Sprache nur als gesprochene Sprache existiert, bleibt sie an den Menschen gebunden. Mit der Schrift beginnt die Lösung vom Menschen. Allerdings bringt die Schrift die Sprache zum Verstummen. Die Sprache löst sich vom Menschen, fällt dabei aber in eine Art Schlaf.

Der Telegraf ändert daran im Grunde nichts. Dennoch gibt es bedeutsame Neuerungen. Das Schriftstück, vom Absender geschrieben, vom Empfänger gelesen, von Helfern über die Weiten des Raumes transportiert, verschwindet. Damit bekommen die Zeichen, die mithilfe der Telegrafenlinien transportiert werden (seien es nun optische oder elektrische Linien), eine ganz und gar technische Prägung, die weder mit der Sprache noch mit der Individualität des sprechenden Menschen etwas zu tun hat. Ein weiteres Merkmal ist die Geschwindigkeit der Übertragung. Sie legt, zumal auch kein Schriftstück existiert, die Vorstellung nahe, Telegrafieren sei so etwas wie das Sprechen. Die Möglichkeit einer Art Dialoges verstärkt diesen Eindruck. Es sei daran erinnert, dass schon der optische Telegraf die Zeitgenossen dazu bewogen hat, beim Anblick der sich bewegenden Arme von »hölzerner Zunge« zu reden.

Beim Telefon beginnt die »Zunge«, inzwischen elektrisch betrieben und aus Metall gebildet, zu reden. Nüchterner ausgedrückt: Die *gesprochene* Sprache löst sich vom Menschen und tritt unabhängig von ihm auf. Vor dieser Entwicklung sind die Menschen zunächst zurückgeschreckt.

Das Sprechen war bis dahin etwas, das man als unlösbar mit dem Menschen verbunden erlebte. Von ihm abgetrennt, wirkte es monströs wie ein abgeschnittenes Ohr oder ein herausgenommenes Auge. Eine Geschichte des Telefons, die anhand von Briefen, Tagebuchaufzeichnungen oder anderen Dokumenten der Frage nachginge, wie die ersten Telefone auf die Menschen wirkten, würde wahrscheinlich entsprechende Äußerungen finden. Von dem Phonographen, der 1877 von Edison erfundenen Sprechmaschine, wissen wir, dass es Menschen gab, die mit Abscheu und Entsetzen reagierten.[30]

Zur Abneigung gegenüber dem Telefon dürfte auch beigetragen haben, dass in der Fähigkeit zu sprechen eine Eigenschaft gesehen wurde, durch die sich der Mensch vor anderen Wesen, etwa den Tieren, auszeichnet. Außerdem unterscheiden sich die Menschen untereinander durch die Art ihres Sprechens. Die gesprochene Sprache dient nicht nur dazu, dass einer dem anderen etwas mitteilen kann. Sie ist außerdem imprägniert und ganz und gar durchtränkt von der Individualität und der aktuellen Befindlichkeit des Sprechenden. Im Durchgang durch Mikrofon und Lautsprecher wird alles, was jemand spricht, auf Informationen reduziert, das heißt auf Aussagen, zu denen jeder persönliche Bezug fehlt. Dem scheint zu widersprechen, dass ich in der Lage bin, einer Stimme am Telefon eine bestimmte Gefühlslage zuzuordnen. Da gilt dann aber das, was bereits im Hinblick auf die Fotografie festgestellt wurde: Was beeindruckt, sind die Mittel des Mediums. Vor allem sind hier die oben bereits erwähnten »Kleider« zu nennen, die mithilfe von Tonhöhe, Tonstärke und Tondauer einen Abdruck von seelischen Zuständen bilden. Diese »Kleider« werden vom Hörenden ausgefüllt. Entsprechend seinen Erfahrungen kommt er zu mehr oder weniger richtigen Vorstellungen. Da eine wirkliche Begegnung nicht möglich ist, handelt es sich dabei immer um Erinnerungsvorstellungen.

In der Frühzeit des Telefons müssen die Menschen das Unvollständige und damit Unangemessene des maschinell erzeugten Sprechens gespürt haben. Dazu passt, dass man allenfalls bereit war, selber in die Maschine hineinzusprechen. Aber das technisch Übertragene und dann wieder Hervorgebrachte hören, das wollte man nicht. Die allmähliche Ausbreitung des Telefons und sein schließlicher Siegeszug sind ein Zeichen dafür, dass man sich mehr und mehr daran gewöhnt, dass Sprechen auch unabhängig vom Menschen auftreten kann. Mit dieser Entwicklung geht eine Schwächung des Hörvermögens einher. Das Fehlen dessen, was beim Sprechen das spezifisch Menschliche ist, wird immer weniger als störend erlebt. Dabei hätte das Telefon, wäre es das einzige Tonmedium geblieben, diese Entwicklung wohl kaum bewirken können. Schallplatte, Tonfilm und Radio wirkten in dieselbe Richtung. Der entscheidende Einfluss kam dann aber wohl vom Fernsehen. Gegenwärtig gibt es in den Haushalten etwas mehr Telefone (97 Prozent) als Fernseher (96 Prozent). Bis zu Beginn der neunziger Jahre ist das Fernsehen deutlich vorausgegangen, nachdem es das Telefon im Laufe der fünfziger Jahre überholt hatte.

Das Fernsehen hat seine Benutzer daran gewöhnt, stundenlang Menschen zu sehen und zu hören, die maschinell erzeugt worden sind. Dabei hat die Dominanz des Bildes und die durch das Nahstarren bewirkte Bewusstseinsdämpfung dazu beigetragen, die Aufmerksamkeit vom Bereich des Hörbaren abzulenken. In welchem Maße das geschieht, wird daran deutlich, dass in der Regel jeder meint, das, was jemand im Fernsehen spricht, käme aus der Richtung seines Mundes, während in Wirklichkeit alles Hörbare aus den Lautsprechern kommt, deren Ausgang sich an den Seiten des Gerätes befindet.

Beim Telefonieren spreche ich mit dem Mund, und der andere hört, was ich spreche, aber was er hört, kommt nicht von meinem Mund. Meine Stimme ist für den, der sie durch das Telefon hört, eine Stimme, die mit meinem Leib nichts zu tun hat. Dennoch hat sich diese Stimme nicht von der Materie gelöst.

Diese Merkwürdigkeiten und Widersprüche führen zu einem spannungsreichen Nebeneinander von Nähe (Intimität) und Distanz. Je nachdem, wie ein Mensch geartet ist, meidet er ein bestimmtes Thema am Telefon, weil ihn das Medium stört, oder er spricht das Thema gerade am Telefon an, weil ihn dann der angesprochene Mensch nicht durch seine Anwesenheit stört.

Die Möglichkeit, in den sozialen Beziehungen Nähe und Distanz gleichzeitig haben zu können, kommt heute vielen Menschen entgegen. Lange vor dem Internet war das Telefon ein Mittel, solche widersprüchlichen Bedürfnisse zu befriedigen. Dabei spielen vor allem Einrichtungen wie »Telefontreff«, »Phone-a-Friend«, »Party-Line«, »Confession Line« eine Rolle. Es handelt sich darum, dass die Telefongesellschaften Nummern anbieten, die von mehreren Teilnehmern gleichzeitig angewählt werden können. Ein Glockenton oder etwas Ähnliches bedeutet für die bereits miteinander Sprechenden, dass sich ein weiterer Teilnehmer eingewählt hat. Man bleibt meistens anonym und plaudert so lange, wie man Lust hat.

Die Teilnehmer verstehen den Telefontreff nicht als Ersatz für direkte Begegnungen, sondern als etwas Eigenständiges mit vielen Vorteilen. Man braucht beim Anrufen nicht auf bestimmte Zeiten Rücksicht zu nehmen, man braucht keinen Anlass für das Gespräch, man kann sprechen oder einfach nur zuhören und man kann jederzeit abbrechen. Bei Befragungen betonen die Teilnehmer die Vorteile des Telefontreffs. Dadurch entsteht der Eindruck einer freien Entscheidung. Hohe Telefonrechnungen sprechen zumindest bei einigen eine andere Sprache. Der Schritt zu einer gewissen Abhängigkeit ist nicht weit. Es entsteht die Frage, ob die Vorteile, die die Nutzer des Telefontreffs ins Feld führen, nicht vorgeschoben sind. Eine genauere Beobachtung könnte dahinter ein geschwächtes Wahrnehmungsvermögen für den Mitmenschen entdecken, wahrscheinlich auch ein schwaches Ich, das sich nicht zutraut, der Begegnung mit einem anderen Ich standzuhalten.

So gesehen leben der Telefontreff und ähnliche Einrichtungen davon, dass sie den Menschen ersparen, mit ihren eigenen Schwächen konfrontiert zu werden. Der Reiz könnte aber auch noch dadurch verstärkt werden, dass etwas ganz Zukünftiges hineinleuchtet. In einer Untersuchung des Telefontreff Köln heißt es:

»Reiz- und Spannungshunger werden durch das wechselnde Geschehen sowie die ›Parallelschaltung‹ unterschiedlichster sozialer Situationen befriedigt. So findet man zum Beispiel am frühen Morgen einen Teilnehmer, der ›Express‹ lesend im Büro sitzt, verbunden mit einer jungen Frau, die noch im Bett liegt (›gleich muss ich aber aufstehen und duschen‹), daneben ein Schulkind in der Telefonzelle (›ich muss auflegen, da kommt meine Bahn‹), eine Hausfrau, die den Hörer am Ohr eingeklemmt, Wäsche bügelnd, und zwischen alledem ein kleines Kind, das nach seiner Mutter ruft, die mit dem Hörer eingeschlafen ist.«[31]

Gewiss spielt hier eine Rolle, dass es möglich ist, ohne Eigenaktivität und ohne eine Spur von Verpflichtung eine Verbindung zu anderen Menschen herzustellen. Das geschieht – und das ist doch immerhin bemerkenswert – auf die Weise, dass alle Schranken, die sonst Menschen voneinander trennen, aufgehoben sind. Die unterschiedlichsten Menschen interessieren sich füreinander und lassen sich gelten. So etwas wie eine große Solidarität wird spürbar. Nur ist sie leider illusionär, weil sie nicht errungen ist, sondern einfach vorgezaubert wird. Die trennenden Schranken sind nicht überwunden, sondern werden einfach vorübergehend ausgeblendet.

Auch beim normalen Telefonieren lässt sich beobachten, dass es leicht zu einem veränderten Verhalten gegenüber den Mitmenschen kommt. In einer der wenigen Untersuchungen zur Psychologie des Telefonierens (aus dem Jahre 1931) heißt es, das »blinde Sprechen« begünstige affektive Hemmungslosigkeit. »Mit dem Verschwinden der Wahrnehmung der Physiognomie und Mimik am Telefon verschwinden vor allem die Hemmungen. Oft stirbt eine hasserfüllte Äußerung auf den Lippen des Sprechenden beim Anblick des funkelnden Zornes im Auge des anderen, oft wird ein unvorsichtiges oder indiskretes Wort durch eine unwillkürliche Äußerung der Verwunderung des Partners vertuscht und verwischt, das Gespräch auf ein anderes Geleise überführt. Solche paralysierende Wirkung eines tadelnden Blickes, einer heftigen abwehrenden Reaktion in den Bewegungen des Zuhörers fällt beim Telefonieren aus, den Affekten wird freier Lauf gegeben.«[32]

Die genannten Gründe machen das Telefon auch, wie die Verfasserin feststellt, zu einem »Mutsteigerer«. Das Telefon erleichtert es, einem Menschen Unangenehmes zu sagen. Auch Lügen gehen leichter über die Lippen.

Das, was enthemmend wirkt, kann aber auch helfen, wenigstens beim Sprechen die Form zu wahren. Die Verachtung, die man für einen Menschen empfindet, kann beim Telefonieren darin zum Ausdruck kommen, dass man ihm einen Vogel zeigt, ohne dass er es sieht. Dadurch kann es dann leichter fallen, beim Sprechen einen sachlichen Ton zu wahren.

Persönlich kann ich die enthemmende Wirkung des Telefons bestätigen. Inzwischen bin ich auf der Hut. Ich entsinne mich, Menschen am Telefon in einer Weise angegriffen zu haben, wie ich das bei einer unmittelbaren Begegnung nie getan hätte. Dabei muss das »blinde Sprechen« noch umfassender gesehen werden. Es sind nicht nur Gesten und Gesichtsausdruck, die zum Verschwinden gebracht werden. Man ist beim Telefonieren auch blind für den einmaligen Wesenskern des anderen, sein Ich.

Es soll noch auf Folgen des »blinden Sprechens« hingewiesen werden, die erst aufgrund neuerer Forschungen zum Verhalten des sprechenden und hörenden Menschen in den Blick kommen können. Einige Sprachforscher haben sich für die Bewegungen interessiert, die Menschen während des Sprechens und während des Zuhörens machen. Dabei ist aufgefallen, dass es neben den ganz offensichtlichen Gesten einen Strom von Bewegungen gibt, die weder bewusst ausgeführt noch bewusst wahrgenommen werden. Die Beobachtungen wurden durch eine außerordentlich detaillierte Untersuchung von eigens für diese Forschungen hergestellten Tonfilmen möglich. Mikroanalysen solcher Aufnahmen haben Bewegungen und Bewegungsmuster sichtbar gemacht, die normalerweise nicht bemerkt werden. Mit Selbstsynchronie werden die Bewegungen des Sprechenden zu seinem eigenen sprachlichen Äußerungen bezeichnet. Interaktionelle Synchronie nennen die Sprachwissenschaftler das genaue und fließende Reagieren des Hörers auf den Sprecher. »Bei der Selbstsynchronie laufen diese Bewegungen gleichzeitig mit dem Sprechakt ab. Bei der interaktionellen Synchronie geschieht die

Reaktion des Hörers auf die Worte des Sprechers mit einer Zeit-
verschiebung von 40 bis 50 Millisekunden und schließt somit
jede Form der bewussten Reaktion aus.«[33] Die Forscher waren
vor allem von dem Verhalten des Zuhörers überrascht und beeindruckt. William S. Condon schreibt: »Bildlich gesehen ist es, als
ob der ganze Körper des Hörers in präziser und fließender Be-
gleitung zur gesprochenen Sprache tanzte.«[34]

Die Ergebnisse widerlegen das von der Technik entliehene
und heute gern verwendete Modell vom Sender und Empfänger.
Wenn Menschen miteinander sprechen, geben sie sich einer gemeinsamen Aktivität hin. Dabei ergreift die Sprache den ganzen
Menschen. Neben der hörbaren Sprache entsteht dabei eine
»stumme Sprache«[35] der Bewegungen. Dieses bis in alle Glieder
reichende Ergriffenwerden von der Sprache ist die Voraussetzung für sinnvolles Sprechen und verstehendes Zuhören. Der
Sprecher sieht, ob er verstanden wird, der Hörer sieht, welche
Bedeutung die Wörter in dem gerade stattfindenden Gespräch
annehmen. Die Forschungen haben gezeigt, dass der Zuhörer
mit seinem Verhalten den Sprecher beeinflusst. Es wurde auch
deutlich, dass da, wo der Zuhörer nicht in der Lage ist, angemessen auf den Sprecher zu reagieren, auch das Verstehen misslingt.
Condon konnte zum Beispiel bei Menschen mit autistischen Stö-
rungen zeigen, dass sie mehr Zeit brauchen als andere, um mit
ihren Bewegungen auf das Gehörte zu antworten. Wenn die Bewegungen schließlich hervorgebracht werden, passen sie nicht
mehr zu dem, was gerade gesprochen wird.

Die Forschungen der Linguisten werfen ein weiteres Licht auf
den Gebrauch des Telefons. Ein Medium, das verwendet wird,
um Menschen miteinander in Verbindung zu bringen, nötigt zu
Gesprächen, die keine gemeinsame Aktivität mehr sind. Die
»stumme Sprache« ist nicht mehr wahrnehmbar. Der Sprecher
redet wie für sich, ganz selbstbezogen. Der Hörer ist abgeschnitten von dem, was zwischen den Worten lebt und jedes Gespräch
zu etwas Einmaligen macht. Am drastischsten zeigt sich die veränderte Gesprächssituation, wenn einmal Schweigen eintritt. Zu
einem Gespräch von Angesicht zu Angesicht gehört Schweigen

so gut wie Sprechen. Ein Schweigen ist oft genug der wichtigste Augenblick. Beim Telefonieren führt es zu der irritierten Frage: »Hallo, bist du noch dran?« Das Telefon stellt eine Verbindung her und unterbricht sie zugleich.

Das hat so lange keine einschneidenden Folgen, wie der Gebrauch sich in engen Grenzen hält und sachliche Themen betrifft. Das war beim Telegrafen der Fall. Das ist beim Telefon auch dann der Fall, wenn zum Beispiel ein Kaufmann beim Großhändler bestimmte Waren bestellt. Da kommt es, sofern es wirklich bei der Bestellung bleibt, auf das Persönliche nicht an; das Gespräch kann also nicht zur Gewöhnung daran führen, dass Persönliches nur vorgetäuscht wird. Für das Telefon ist aber kennzeichnend, dass es den Bereich des Privaten erobert hat. Das ist ein folgenreicher Vorgang, durch den sich die Beziehungen der Menschen zueinander verändert haben. Außerdem hat das Telefon anderen Medien den Weg gebahnt.

Welche Funktionen übernimmt das Telefon heute ganz überwiegend, womit hängen sie zusammen? Da ist einmal das, was die Medienwissenschaftler im Hinblick auf das Fernsehen etwas unschön »parasoziale Interaktion« nennen. Damit ist zum Beispiel gemeint, dass sich Zuschauer mit Personen einer Fernsehserie »anfreunden«, an ihrem Fernseh-Leben teilnehmen, ihnen Glückwünsche schicken, wenn in der Serie ein Kind geboren wird und dergleichen mehr. In dem Maße, wie die sozialen Beziehungen im wirklichen Leben schwieriger werden, entsteht die Neigung, das Bedürfnis nach menschlicher Nähe so zu befriedigen, dass keine wirkliche Begegnung stattfindet. Bei den Telefontreffs und ähnlichen Einrichtungen ist das ganz deutlich. Es spielt aber auch bei vielen Telefongesprächen, die zwischen einzelnen Menschen geführt werden, eine Rolle.

Zu einem Anschwellen des Telefonierens trägt auch ein merkwürdiger Begriff von Spontaneität bei. Man möchte sich nicht festlegen, nicht planen, mit dem Ergebnis, dass Verabredungen kurzfristig, eben per Telefon, getroffen werden. Hier mischt sich eine gewisse Unsicherheit gegenüber dem Leben mit dem Wunsch, sich nicht festzulegen. Wer sich, gar noch langfristig, verabredet, dem könnte dadurch etwas Besseres entgehen.

Das Telefon ist auch geeignet, dem Benutzer das Gefühl zu verschaffen, etwas Nützliches zu tun. Jeder kennt wohl den Zustand, dass man etwas tun möchte, sich aber, aus welchen Gründen auch immer, zu nichts aufraffen kann. Da liegt der Griff zum Telefon nahe, denn Telefonieren erfordert, im Gegensatz etwa zum Schreiben eines Briefes, so gut wie keine Willenskräfte. Der Wunsch, etwas Sinnvolles zu tun, wird dennoch befriedigt. Bei Umfragen gab die Mehrzahl der Befragten an, ihre privaten Telefongespräche seien nützlich.[36] Dem Angerufenen hingegen verschafft das Telefon, wie Umfragen ebenfalls belegen, das Gefühl, bedeutend zu sein.

Am meisten trägt zur Ausbreitung des Telefons aber doch das wachsende Bedürfnis nach Unterhaltung im Sinne von Zerstreuung bei. Die Neigung zur Zerstreuung ist ein neuzeitliches Phänomen, über das im Vorangegangenen bereits gesprochen wurde. Alle neueren Medien, vom Buch angefangen, haben damit zu tun. Beim Telefon ist offensichtlich, dass man es auch anders verwenden kann. Das gesellschaftliche Interesse am Telefon und sein ausgiebiger Gebrauch hängen aber mit der Möglichkeit zusammen, es als Mittel der Ablenkung zu benutzen.

In diesem Zusammenhang ist festzustellen, dass dasjenige, was hier das mediale Urphänomen genannt wurde, eine Situation schafft, die das Verdrängen von Belastendem erleichtert. Wer zum Telefon greift, ohne ein sachliches Problem lösen zu wollen, begibt sich aus seinem Lebensbereich heraus, ohne in einem anderen Lebensbereich wirklich anzukommen. Vordergründig wird über dies und das gesprochen; untergründig geht es um das Sprechen an sich, seine ablenkende und entlastende Wirkung.

Man könnte einwenden, den Kaffeeklatsch und das Tratschen an der Ecke habe es immer schon gegeben. Das ist wohl richtig. Allerdings muss man sich da von Angesicht zu Angesicht begegnen, was auch heißen kann, man muss sich von Angesicht zu Angesicht ertragen. Das unverbindliche Geplauder kann auch jederzeit umschlagen, sodass man selbst betroffen ist. Davor bewahrt das Telefon. Man bleibt mehr auf Distanz, alles ist unverbindlicher. Das kommt heute vielen Menschen entgegen.

Zusammenfassend lässt sich vielleicht sagen, unter den Gebrauchsweisen des Telefons seien solche, bei denen der Nutzer nicht weiß oder nicht wissen will, worin sein eigentliches Motiv besteht. Bei diesem verborgenen Motiv soll das Telefon dazu verwendet werden, seelisches Leiden zu lindern, ein Leiden, das der Einzelne eigentlich durch eigene Anstrengung bewältigen müsste.

Wird ein Medium in dieser Weise benutzt, dann gilt grundsätzlich, dass dafür ein Preis gezahlt werden muss. Man kann auch von ungewollten und meist übersehenen Nebenwirkungen sprechen. Im Falle des Telefons haben sie mit Veränderungen des Hörens und Sprechens zu tun. Beim Telefonieren gewöhnt man sich an ein Sprechen und Hören, dessen Ausrichtung auf den Gesprächspartner zumindest gelockert ist. Die »Blindheit« bringt die stumme Sprache zum Verschwinden. Ein wirklich blinder Mensch kann das durch eine Schärfung seiner übrigen Sinne ausgleichen. Beim Telefonieren geht das nicht, weil Mikrofon und Lautsprecher das Geistig-Seelische gar nicht durchlassen. In dem Maße, wie Menschen sich an so etwas gewöhnen, beginnen sie, die Fähigkeiten, die beim Telefonieren nicht in Anspruch genommen werden, zu vernachlässigen. Das hat auch Auswirkungen auf die Qualität des direkten Sprechens und Hörens.

Diese Feststellung legt es nahe, im Telefon eine Ursache für bestimmte Veränderungen zu sehen. Das ist zwar richtig, gleichzeitig muss man aber auch sehen, dass das Verhältnis von Ursache und Wirkung komplizierter ist, als es auf den ersten Blick erscheinen könnte. Um das zu bemerken, erinnere man sich an die Anfänge des Telefons. Da trifft man zunächst einmal auf rein naturwissenschaftliche Erklärungsmodelle für den Vorgang des Hörens. Diese Modelle besagen – und das gilt im Grunde bis heute – in etwa Folgendes. Das Ohr fängt Schallwellen auf. Die Schallwellen werden im Ohr umgewandelt in elektrische Phänomene. Die elektrischen Phänomene gelangen durch Nerven ins Hörzentrum. Dort entsteht dann der zum Bewusstsein kommende Höreindruck.

Nach dieser Auffassung wird das, was der Mensch hörend erlebt, entsprechend seiner eigenen physiologischen Verfasstheit von ihm selbst erzeugt. Es gibt keine innere Berührung mit dem anderen Menschen, keinen Austausch, keine wirkliche Begegnung. Der andere bleibt ein Fremder, so unerkennbar wie das von Kant erdachte Ding an sich.

Diese Theorie wird nach der in diesem Buch vertretenen Auffassung dem, was zwischen Menschen geschieht, wenn sie miteinander sprechen, nicht gerecht. Die Schallwellen sind nicht alles. Sie sind der zwar notwendige, aber längst nicht hinreichende Teil einer Brücke, mit deren Hilfe wirkliche Begegnung möglich ist.

Die Theorien des naturwissenschaftlichen Materialismus sind einseitig und dadurch falsch. Gleichwohl sind mit ihrer Hilfe funktionierende Apparate gebaut worden, die, wie gezeigt wurde, auf der Umwandlung akustischer Phänomene in elektrische und ihre Rückwandlung in akustische beruhen.

Die Apparate, einmal erfunden, konnten sich, weil sie auf entsprechende Bedürfnisse trafen, millionenfach verbreiten. Sie wirken so, dass die Fähigkeit, dem Seelisch-Geistigen des anderen zu begegnen, geschwächt wird. Damit tragen sie zur Entstehung eines Sprechens und Hörens bei, auf das die naturwissenschaftlichen Theorien mehr und mehr zutreffen.

Das bedeutet für das Verhältnis von Ursache und Wirkung: Das Telefon – und das gilt für alle Medien – ist Ursache und Wirkung zugleich.

Mobiltelefon

Wenn ich an meine Kindheit und Jugend denke, kann ich mich auch an die Telefonnummer erinnern, die wir damals hatten: 7495. Mit dieser Nummer verbinde ich unsere Wohnung in Osnabrück, in der ich bis zu meinem 18. Lebensjahr wohnte. Ich sehe das Zimmer vor mir, das so genannte Herrenzimmer, mit dem Schreibtisch meines Vaters, auf dem das Telefon stand.

Das Telefon klingelte selten. Noch seltener war, dass ich das Telefon benutzte oder Anrufe für mich kamen. Ich hatte einen großen Freundeskreis, und wir haben viel unternommen. Bei unseren Verabredungen spielte das Telefon kaum eine Rolle. Höchstens dass einmal jemand anrief, wenn etwas nicht wie besprochen klappte.

Eine der Wirkungen der Mobiltelefone besteht darin, dass man eine Telefonnummer nicht mehr mit einem Ort, sondern mit einer Person verbindet. Jemanden, der ein so genanntes Handy hat, kann man anrufen, ohne dass man sich dafür zu interessieren braucht, wo er sich gerade befindet. Diese Entwicklung wird durch die elektronischen Postanschriften (E-Mail) unterstützt. Ein Brief, der auf Papier fixierte Schrift transportiert, ist immer an eine bestimmte Person an einem bestimmten Ort gerichtet. Eine so genannte E-Mail kann der Empfänger überall da abrufen, wo er einen Zugang zum Internet herstellen kann.

Der Unterschied zwischen bisherigem Telefon und Mobiltelefon sei noch an einem Beispiel verdeutlicht. Angenommen, ich will einen Freund anrufen, der sich auf einer Weltreise befindet. Er hat mir geschrieben und bestimmte Etappen seiner Reise genannt. Dazu auch Telefonnummern. Ich rufe ihn nun in Peking in einem Hotel an. Zunächst habe ich jemanden am Telefon, der nur Chinesisch spricht. Es kostet einige Mühe, einen Gesprächspartner zu finden, der Englisch versteht. Der stellt dann die Verbindung zu meinem Freund her.

Bei einem Handy ist das alles viel einfacher. Dafür wird es aber noch schwieriger, ein vernünftiges Gespräch zu führen. Die unvollkommene Technik des stationären Telefons gibt dem Anrufer Zeit, sich auf das Gespräch einzustellen. Man wird auch mit den Gegebenheiten des Ortes konfrontiert, an den man sich fernsprechend begibt. Das regt dazu an, sich für diesen Ort zu interessieren, was vielleicht dazu führt, dem Angerufenen entsprechende Fragen zu stellen.

Hier soll nicht der Fehler gemacht werden, das stationäre Telefon nachträglich zu idealisieren. Es geht darum, darauf aufmerksam zu machen, dass durch das Handy und andere Neuerungen dieser Art zunehmend die Notwendigkeit verschwindet, den konkreten Ort und das Trennende des Raumes zu berücksichtigen. Damit wird etwas bedeutungslos, das zu den Voraussetzungen unserer Existenz gehört. In der Auseinandersetzung mit dem Ort, an dem wir uns gerade befinden, gewinnen wir unser waches Tagesbewusstsein. Über die Wahrnehmungen, die als Erinnerungen bei uns bleiben, wird er Teil unserer Identität.

Zur Verdeutlichung, worum es hier geht, sei ein weiteres Beispiel angeführt. Die Bundesbahn hat seit einiger Zeit für die Zugauskunft eine in ganz Deutschland geltende Telefonnummer eingeführt. Wer diese Nummer anruft, wird an einen freien Auskunftsplatz geleitet, der irgendwo in Deutschland sein kann. Wenn ich diese Nummer angerufen und meine Auskunft bekommen habe, frage ich den Menschen, der mir Auskunft gegeben hat, wo er sich denn befindet. Ich bekomme dann meistens erstaunte und erfreute Antwort und erfahre zum Beispiel, dass ich mit jemandem gesprochen habe, der in München ist.

Bei der neuen Zugauskunft kann man auch seine Fahrkarte bestellen. Sie existiert dann zunächst nur elektronisch oder, wie man heute gern sagt, sie existiert virtuell. Ich kann irgendwo an den Bahnschalter gehen, meine Kundennummer nennen und mir die Fahrkarte ausdrucken lassen. Ich brauche also nicht darüber nachzudenken, wie ich von dem Ort, an dem ich gerade bin, zu dem Ort komme, an dem sich die Fahrkarte befindet. Die Fahrkarte gewinnt materielle Existenz, wo ich will und wann ich will. Man kann darin fast etwas Magisches im Sinne der Materialisationen sehen.

Durch solche Dinge, von denen wir gegenwärtig nur die Anfänge erleben, lockert sich unsere Verankerung in der dreidimensionalen Wirklichkeit des Raumes. Die technische Entwicklung, die das bewirkt, schreitet mit Riesenschritten voran. Es verschwinden Voraussetzungen unserer Existenz, die bisher selbstverständlich gegeben waren. Damit entsteht die Notwendigkeit, über uns selbst und unsere Entwicklungsbedingungen nachzudenken. Wer das tut, wird danach streben, den neuen Möglichkeiten gegenüber die nötige Distanz zu wahren. Gleichzeitig wird es nötig sein, auf Ausgleich bedacht zu sein, indem etwa die Beziehung zu der Umgebung, in der man sich befindet, in besonderer Weise gepflegt wird.

Die Tendenzen, von denen hier die Rede ist, kommen auch zum Ausdruck, wenn man heute jemanden sieht, der allein durch die Straßen geht und dabei laut vor sich hinredet. Das ist ein beunruhigender Anblick, weil deutlich der Eindruck einer Störung entsteht. Bei einem älteren Menschen wird man an Verwirrtheit denken, ansonsten tritt einem deutlich das Krankheitsbild der Schizophrenie entgegen.

Wenn man dann sieht, dass sich der entsprechende Mensch ein Handy ans Ohr drückt, ist man beruhigt. Das merkwürdige Verhalten hat einen Grund, ist also doch normal. Ist es das wirklich? Der auf der Straße oder im Lokal telefonierende Mensch macht nicht – wie das beim stationären Telefon geschildert wurde – die Geste des Sich-Abwendens von der aktuellen Situation. Die Aufmerksamkeit wird gespalten. Man kann auch sagen, der telefonierende Mensch begibt sich in eine schizophrene Situation. Er geht zwar absichtlich in diese Situation hinein und kann sie auch wieder beenden. Dennoch wird etwas getan, das Schizophrenie zumindest begünstigt.

Das Handy trägt auch zu der Neigung bei, alles möglichst gleichzeitig zu tun und sich auf nichts wirklich zu konzentrieren. Ganz offensichtlich schwächt es auch die Verbindung zu dem Ort, an dem man sich leibhaftig befindet. Wo ist eigentlich jemand, der mit Freunden am Tisch sitzt und dabei mithilfe eines Handys telefoniert?

Bei diesen Überlegungen geht es nicht darum, dem Handy jeden praktischen Wert abzusprechen. Es kann zum Beispiel dank des Handys möglich sein, einen Schüler mit gesundheitlichen Problemen auf eine Klassenfahrt mitzunehmen, den man sonst hätte zu Hause lassen müssen. Was in Not- und Ausnahmefällen sinnvoll ist, kann zum Problem werden, wenn man es bei jeder Gelegenheit in Anspruch nimmt. Es ist zum Beispiel ganz bestimmt nicht sinnvoll, wenn Eltern ihrem fast erwachsenen Kind, das auf eine längere Reise geht, ein Handy mitgeben, um in ständigem Kontakt bleiben zu können. Abschied, Zeit der Trennung und Wiederkehr gehören zum Leben, insbesondere zum Erwachsenwerden. Man braucht eine Zeit der Trennung, in der Neues und anderes erlebt wird, um gegenüber einem vertrauten Lebensumfeld, etwa dem der Familie, zu einem neuen Verhältnis zu kommen. Wer sich auf eine Reise begibt, aber, kaum um die nächste Ecke, zu Hause anruft, um zu beteuern, alles sei in Ordnung, der wird Mühe haben, sich innerlich zu lösen. Er wird auch Mühe haben, wirklich irgendwo anders anzukommen.

Zum Abschluss der Beschäftigung mit dem Telefon soll noch auf Folgendes hingewiesen werden. Im Zusammenhang mit dem Handy wurde gesagt, es trage dazu bei, die Verankerung des Menschen in der dreidimensionalen Wirklichkeit zu lockern. Wir werden ortlos in dem Sinne, dass wir uns zwar nach wie vor an einem bestimmten Ort befinden, dieser Ort aber für unser Leben zunehmend bedeutungslos wird. Diese Entwicklung hat, wie nicht anders zu erwarten, viele Ursachen, und sie hat schon lange begonnen. Im Folgenden soll ein Teil dieser Vorgeschichte beleuchtet werden.

Ich beginne mit einem Brief, den Rilke am 25. November 1925 an seinen polnischen Übersetzer schrieb. Darin heißt es: »Noch für unsere Großeltern war ein ›Haus‹, eine ›Blume‹, ein ihnen vertrauter Turm, ja ihr eigenes Kleid, ihr Mantel: Unendlich mehr, unendlich vertraulicher; fast jedes Ding ein Gefäß, in dem sie Menschliches vorfanden und Menschliches hinzusparten. Nun drängen von Amerika her, leere gleichgültige Dinge herüber, Schein-Dinge, *Lebens-Attrappen* … Ein Haus, im amerikanischen Verstande, ein amerikanischer Apfel oder eine dortige Rebe hat *nichts* gemein mit dem Haus, der Frucht, der Traube, in die Hoffnung und Nachdenklichkeit unserer Vorväter eingegangen war … Die belebten, die erlebten *mitwissenden* Dinge gehen zur Neige und können nicht mehr ersetzt werden. *Wir sind vielleicht die letzten, die solche Dinge noch gekannt haben.*«[37]

Die Feststellung, mit der das Zitat schließt, macht deutlich, dass es heute noch schwieriger sein muss, die Veränderungen bewusst zu machen, von denen Rilke spricht. Es geht um den

Ort, der dem Menschen als Wohnung dient, und es geht um die Gegenstände, die er alltäglich benutzt. Nehmen wir einmal an, Jugendliche treffen sich bei einem Freund. Bevor sie sein Zimmer betreten, ziehen sie die Schuhe aus. Wenn nach einiger Zeit alle wieder gehen, sucht jeder seine Schuhe und zieht sie wieder an. Was heißt hier »seine« Schuhe? Die Schuhe sehen alle ziemlich gleich aus. Der Besitzer sieht vor allem die Marke. Es besteht keine persönliche Beziehung zu den Schuhen. Solch eine Beziehung kann entstehen, wenn man den kennt, der die Schuhe gemacht hat, und seine Art, Schuhe zu machen, einen ständig anspricht. Schuhe können auch an die Wege erinnern, die man mit ihnen gegangen ist, vor allem dann, wenn die Wege ihre Spuren hinterließen.

Rilke nennt die Dinge Gefäße, die Menschliches sammeln. Wer solch einen Gegenstand in die Hand nimmt, begegnet sich selbst, weil der Gegenstand etwas von der eigenen Geschichte aufgenommen hat. Insofern spricht Rilke von »mitwissenden Dingen«. Sie sind dem Menschen vertraut und schenken dadurch Vertrauen.

An erster Stelle nennt Rilke in diesem Zusammenhang das Haus. Es soll versucht werden, deutlich zu machen, was mit dem Haus im ursprünglichen Sinn gemeint ist und welche Veränderungen sich ergeben haben. Eine Hilfe gibt, wie so oft, die Sprachgeschichte. Das Wort »Haus« (mhd., ahd. hus), das in Abwandlungen in allen germanischen Sprachen vorkommt, geht auf ein indogermanisches Wort zurück, das ursprünglich »bedecken, umhüllen« heißt und aus dem auch das Wort »Haut« hervorgegangen ist.

Das Haus als Haut des Menschen. Allerdings ist es bereits die dritte Haut Die zweite Haut bilden unsere Kleider. Da sprach man ursprünglich vom Gewand. Diese Bezeichnung führt uns zu den Wänden des Hauses. Das Wort »Wand« geht auf das Verb »winden« zurück. Eine Wand ist ursprünglich etwas Gewundenes, etwas Geflochtenes, aus Weidenruten nämlich, die dann mit Lehm beworfen wurden. Die Gewänder wurden auch geflochten, aber aus Wolle oder Flachs.

Das Haus mit seinen Wänden und seinem Dach (in letzterem Wort steckt »decken«, meint also dasselbe wie »Haus«) umhüllt den Menschen und bietet ihm Schutz. Damit das Gefühl der Geborgenheit entstehen kann, muss noch etwas dazu kommen: der Herd mit dem Herdfeuer. In alten Schilderungen des häuslichen Lebens ist vom Herd immer als dem Mittelpunkt und der Seele des Hauses die Rede. Im germanischen Kulturbereich war der Herd auch Opferherd. Daraus wurde dann in christlicher Zeit der Hausaltar. Zum Herd kamen, mit ähnlicher Bedeutung, Kerze oder Öllampe. Herd, Kerze und Öllampe erzeugten Wärme und Licht. Damit wurden Bedürfnisse des Leibes befriedigt, noch mehr aber Bedürfnisse der Seele. Der Leib hatte eine Hülle, die Seele ein Zuhause.

In einem Aufsatz schildert Reginald Luijf (siehe Anmerkung 16) die Entwicklungen, die seiner Meinung nach dazu führten, dass das Haus und die Gegenstände in ihm aufhörten, vertraute Weggefährten des Menschen zu sein. An erster Stelle wird auf die im 19. Jahrhundert sich allmählich durchsetzende Gasbeleuchtung verwiesen. »Der Anschluss des Hauses an ein System der zentralen Gasversorgung bedeutete das Ende seiner Autarkie. (…) Mit der öffentlichen Gasversorgung trat die häusliche Beleuchtung in ihr industrielles Stadium. Das Haus, das aufhörte, seine eigene Beleuchtung und Heizung zu produzieren, entmündigte sich gleichsam, indem es sich mit einer Nabelschnur an den industriellen Energieproduzenten anschloss. Denn nun gab das Haus ab, was seit Urzeiten als sein Herzstück und Lebenszentrum galt, das Herdfeuer. Wie immer dieses in den vergangenen Jahrhunderten in Form von Öfen, Kochherden, Öllampen und Kerzen spezialisiert und zivilisiert war, es war doch stets in der sinnlichen Deutlichkeit nicht nur Produkt, sondern Seele des Hauses geblieben.«

Solche Schilderungen provozieren heute leicht Urteile wie »romantisch«, »technikfeindlich« oder »konservativ«. Es geht aber gar nicht darum, einen früheren Zustand gegen einen gegenwärtigen auszuspielen. Es geht darum, sich für die Phänomene, von denen hier die Rede ist, zu sensibilisieren. In diesem Sinne sei empfohlen, sich an Erfahrungen zu erinnern, die man vielleicht einmal im Urlaub gemacht hat. Da kann es sein, dass eine einfache Hütte ein Gefühl der Geborgenheit schenkte, das man sonst kaum noch kannte. Wenn man dann der Sache nachgeht, wird man finden, dass abends eine Kerze angezündet wurde, irgendwo eine Kanne mit Wasser stand und auf einem Feuer gekocht wurde, das man selbst entzündet hatte.

Bringt man sich solche Erfahrungen zum Bewusstsein, dann kann einem klar werden, dass die »Entortung«, von der gegenwärtig im Zusammenhang mit dem Internet und ähnlichen Erscheinungen die Rede ist, schon lange begonnen hat. Schon längst haben viele Menschen legitime Ansprüche an Räume und Dinge aufgegeben, haben vielleicht sogar die Wahrnehmungsfähigkeit für die entsprechenden Qualitäten, wenn sie vorhanden sind, verloren, sodass die als Beispiel angeführte Hütte auch durchaus Angst einflößen kann.

Blicken wir an den Anfang der hier geschilderten Entwicklung zurück, dann fällt auf, wie rasch auf das Gaslicht weitere Neuerungen mit ähnlicher Wirkung folgten. Im Jahr 1889 erfand Edison die Glühbirne, die allmählich das Gaslicht verdrängte. Mit der Glühbirne kam die Elektrizität in die Häuser. Die Elektrizität wurde auch bald dazu benutzt, Haushaltsgeräte anzutreiben.

Es ist wohl offensichtlich, dass auch dem Telefon in diesem Zusammenhang entscheidende Bedeutung zukommt. Der anfängliche Widerstand hängt sicher auch damit zusammen, dass das Telefon als Störenfried empfunden wurde, der in der Lage war, die Privatheit des Hauses, den Ort, wo man für sich und unter sich sein konnte, zu zerstören. Das Telefon eröffnet einen Zugang ins Innere des Hauses, der vorher undenkbar war. Wer nicht zum Hause gehörte, musste als Gast um Einlass bitten. Dazu klopfte er an die Tür. Darauf wurde die Tür geöffnet, und wenn der Gast willkommen war, wurde er gebeten, über die Schwelle zu treten.

Wer sich des Telefons bedient, klopft nicht außen an. Sein »Klopfen« ertönt oder schrillt mitten im Wohnbereich. Damit ist auch schon die Schwelle übersprungen. Wer den Hörer abnimmt, muss bereit sein, sich auf ein Gespräch einzulassen, ohne zu wissen, mit wem er sprechen wird. Das war anfänglich eine ungeheure Zumutung und ist es eigentlich immer noch. Wenn sie nicht mehr als solche empfunden wird, dann deshalb, weil man sich daran gewöhnt hat, ein Gespräch zu beginnen, ohne vorher die Möglichkeit zu haben, sich auf den Gesprächspartner einzustellen.

Inzwischen ist das Telefon in vielen Häusern zu einem richtigen Tyrann geworden, der sich jederzeit Zutritt verschaffen und alles unterbrechen kann. Dazu kommt das Bedürfnis der Bewohner, von sich aus zu telefonieren. Gemeinschaftliche Aktivitäten sind unter solchen Bedingungen kaum möglich. Man denke etwa an Geburtstagsfeiern, bei denen das Geburtstagskind alle paar Minuten von Freunden oder Verwandten angerufen wird, die wenigstens telefonisch gratulieren wollen. Allerdings darf auch hier nicht vergessen werden, dass das Medium Ursache und Wirkung zugleich ist. Es stört, aber es gibt auch Gründe, weshalb eine Störung willkommen ist.

Was kann aus der Darstellung, die ihren Ausgangspunkt von der Feststellung Rilkes nahm, wir seien mehr und mehr von leeren und gleichgültigen Dingen umgeben, gelernt werden? Die Schilderung der geschichtlichen Entwicklung wurde nicht unternommen, um nun ein Klagelied anzustimmen. Es geht darum, wach zu werden für Fragen. Was ist verloren gegangen? Handelt es sich um Wesentliches? Müssen wir uns an den Verlust gewöhnen oder gibt es Möglichkeiten, das Verlorene zurück zu gewinnen?

Bei dem für viele Menschen bereits weitgehend Verlorenem handelt es sich, so sei hier behauptet, um etwas, auf das die Menschheit nicht längerfristig verzichten kann, ohne in die allergrößten Schwierigkeiten zu kommen. Wer sich dem Problem, um das es hier geht, nicht stellt, wird früher oder später die Beziehung zum dreidimensionalen Raum ganz und gar verlieren und in computererzeugten Wirklichkeiten (Cyberspace, virtuelle Realität) landen. Dabei setzt Widerstand, wie gezeigt werden soll, keineswegs die Rückkehr zu vorindustriellen Verhältnissen voraus. Allerdings wird es nicht gehen, ohne dass einiges von dem, was als Fortschritt daherkommt, zurückgewiesen wird. Bei anderem, etwa dem Umgang mit der Elektrizität, ist wenigstens eine Mäßigung nötig.

Nun gibt es durchaus so etwas wie eine Nostalgiebewegung, in der man den Versuch sehen kann, ein Gegengewicht gegen die Technisierung und ihre Folgen für das Lebensgefühl zu schaffen. Solche Bemühungen sind jedoch ganz unfruchtbar, auch wenn sie kurzfristig Entlastung bringen, wenn sie nicht begleitet sind von einer gedanklich erarbeiteten Einsicht in das Problem, vor dem man steht. Diese Tatsache ist eine Folge des Standes, den menschliche Bewusstseinsentwicklung inzwischen erreicht hat.

Mit Rücksicht auf diese Situation sei einiges zur Verdeutlichung angeführt. Zum einen stehen wir vor Problemen, die ganz allgemein mit der Technik zusammenhängen. Zu Beginn wurde dargestellt, dass die zweite und die dritte Haut, das Gewand und die Hauswand, das Ergebnis einer handwerklichen Technik, nämlich des Flechtens, sind. Werner Haverbeck schreibt dazu: »Gewand und Wand, im Namen zugehörig, sind Erzeugnisse einer Urtechnik, die als Bedeckung seiner (d.h.: des Menschen) Schutzlosigkeit dienen. Die Urtechnik ist die Antwort auf die Unvollkommenheit des Menschen bei seiner Geburt, auf seine Hilflosigkeit und sein Ergänzungsbedürfnis.«[38] Nun gehört es zum Wesen des Menschen und seinem Verhältnis zur Technik, dass er sich mit der einmal gefundenen Antwort auf seine Unvollkommenheit nicht lange zufrieden gibt. So gibt es eine Entwicklung, die irgendwann einen Punkt erreicht, an dem die Nachteile der Technik die Vorteile überwiegen. Dieser Übergang wird in aller Regel verschlafen. Man nehme zum Beispiel das Verkehrswesen. Der Preis für das sich noch immer steigernde Tempo ist inzwischen so hoch, dass die Nachteile die Vorteile bei weitem überwiegen, Im Bereich des Hauses und des Wohnens produziert die Technik seit der Elektrifizierung Nebenwirkungen, die mehr und mehr die Vorteile überwiegen. Jedenfalls gilt ganz grundsätzlich, dass bei jeder technischen Entwicklung damit gerechnet werden muss, dass sie aufhört, dem Menschen zu dienen.

Zur Rückgewinnung oder zur Festigung einer lebendigen Beziehung zu Orten und Dingen gehört es auch, zu erkennen, worauf eine solche Beziehung beruht. Rilke spricht einerseits von vertraulichen, mitwissenden, belebten Dingen, andererseits von Lebens-Attrappen, die dem Menschen gleichgültig bleiben.

Will man Nostalgie und Mystifizierungen vermeiden, dann muss sich das, worum es hier geht, benennen lassen. Um diesem Ziel näher zu kommen, sei die Beispielsreihe Kerze, Gaslicht, Glühbirne und Sparlampe (Leuchtstoffröhrenlicht) betrachtet. In dem oben angeführten Aufsatz heißt es mit Bezug auf das Gaslicht, den ersten Betrachtern sei vor allem das Fehlen des Dochtes aufgefallen. In diesem Zusammenhang wird dann auch gesagt, das Gaslicht habe die Selbstständigkeit und Unabhängigkeit des Hauses zerstört.

Gaslicht wird heute kaum noch verwendet. Manche kennen es noch vom Camping oder als Zündflamme, etwa beim Gasbadeofen. Die Gasflamme hat etwas hastend Verströmendes. Sie ist nicht gefasst. Das Licht macht zwar hell, verbreitet aber Nachtstimmung. Eine Kerze wirkt dagegen ruhig und gehalten. Ihr Licht ist warm. Es entsteht eine Höhle, die bereit ist, den Menschen aufzunehmen. Das Licht der nackten Glühbirne wirkt leblos, fast melancholisch. Durch Lampenschirme und ähnliche Hilfsmittel ist aber doch ein freundliches und nützliches Licht zu gewinnen. Beim Leuchtstoffröhrenlicht gelingt das nicht. Es macht alles hell, nimmt den Dingen aber ihren Charakter und rückt sie auf Distanz.

Die nur kurz angedeuteten Unterschiede haben ihren Ursprung in der Art, wie das Licht entsteht. Bei der Kerze lässt sich das am besten beobachten. Da ist zunächst das feste Wachs. Durch die Hitze des Streichholzes wird es flüssig, dann gasförmig, und das entzündete Gas verbreitet dann Wärme und Licht. Das Besondere liegt darin, dass alles, was zur Entstehung des Lichtes nötig ist, an dem Ort, an dem die Kerze entzündet wird, vorhanden ist beziehungsweise geschieht.

Beim Gaslicht wird der Vorgang, der zur Flamme führt, auseinander getrennt. Die Erzeugung des Gases aus zunächst festen

Körpern geschieht in einer Zentrale, die viele Häuser beliefert. In den Lampen kommt das fertige, in der Zentrale aufgespeicherte Gas an.

Bei der Glühlampe ist es der von einer Zentrale kommende elektrische Strom, der das Licht erzeugt, indem er einen Faden zum Glühen bringt. Leuchtstoffröhren heißen auch Gasentladungslampen, womit schon mehr gesagt ist. Die Röhren haben an den Enden einen Plus- beziehungsweise Minuspol, zwischen denen elektrische Funken ausgetauscht werden. Dadurch wird die Gasmischung, die die Röhre füllt, zum Leuchten gebracht.

Bis zur Industrialisierung der Beleuchtung war Licht, das der Mensch entzündete, um das Sonnenlicht zu ersetzen, immer das Ergebnis eines Verbrennungsvorganges. Die Entstehung des Lichtes war eingebettet in einen Vorgang, bei dem Materie verging und neben dem Licht auch Wärme entstand. Dieses Prinzip gilt auch noch für das Gaslicht, allerdings wird der ursprüngliche Vorgang durch technische Mittel auseinander getrennt. Bei der Glühbirne gelingt es zum ersten Mal, den Verbrennungsvorgang, der bis dahin allem Licht zugrunde lag, zu stoppen. Das Glühen ohne Verbrennen wird dadurch möglich, dass sich der lichtspendende Draht in einem Vakuum befindet. Dabei entsteht immer noch Wärme. Es ist sogar so, dass der weitaus größere Teil der Energie in Wärme umgewandelt wird und nur ein Bruchteil in Licht. Die Leuchtstoffröhren oder Sparlampen sind da, wie der Name sagt, sparsamer. Sie erzeugen Licht ohne Verbrennung und ohne die Entstehung von Wärme, also kaltes Licht.[39]

Vergleicht man die verschiedenen Beleuchtungsarten unter dem Gesichtspunkt ihrer Wirkung auf den Menschen, dann wird deutlich, dass Bezeichnungen wie »warm« und »kalt« mehr sind als physikalische Größen. Jeder weiß, dass ein Kerzenlicht eine andere Atmosphäre verbreitet als eine Leuchtstoffröhre. Es kommt heute aber darauf an zu wissen, warum das so ist. Der Hinweis auf die Entstehung der verschiedenen Lichtarten gibt eine erste Antwort. Die Dinge müssen aber noch genauer betrachtet werden.

Als Beispiel diene die Kerze. Die Flamme erhebt sich über dem

Wachs, verbunden und getrennt durch den Docht, in dem das flüssig gewordene Wachs nach oben steigt, um dann als Gas zu brennen. Wenn eine Kerze leuchtet, beruht das auf einem Vorgang, an dem alle vier Elemente beteiligt sind, und zwar in der Weise, dass ein ständiger Umwandlungsprozess stattfindet, in dessen Verlauf aus dem Festen über zwei Zwischenstufen das Feuer entsteht.

Wenn wir allerdings verstehen wollen, warum Kerzenlicht in bestimmten Situationen so sehr geschätzt wird, dann muss noch ein weiterer Schritt getan werden, ein Schritt allerdings, der heute für viele Menschen befremdlich wirkt. Zu den Elementen gehören die Elementarwesen, die in und mit den Elementen wirken. Sie sind besonders dort anzutreffen, wo die Elementarreiche sich berühren und ineinander übergehen, was bei einer brennenden Kerze in besonders intensiver Weise der Fall ist. Bei allem, was wir als Stimmung, Atmosphäre oder Anmutung erleben, sind Elementarwesen beteiligt. Im Grunde genommen haben wir ständig mit ihnen zu tun, insofern wir ihre Wirkungen wahrnehmen. Sie selbst bleiben für die meisten Menschen im Verborgenen. (Bei vielen Kindern ist das zunächst noch anders.)

Blicken wir von hier auf den Brief Rilkes zurück, dann kann die Rede von belebten, mitwissenden, den Menschen begleitenden Dingen auf neue Weise verstanden werden. Was da geschildert wird, hängt, wie die Qualitäten des Hauses insgesamt, mit der Anwesenheit oder Abwesenheit von Elementarwesen zusammen. Es wäre doch auch eine schlimme Mystifizierung der Materie, wenn man annehmen wollte, sie allein könnte der Ursprung von Wirkungen sein, die zutiefst mit dem Wesen des Menschen zu tun haben.

Durch die Industrialisierung des Wohnens, die industrielle Herstellung von Gegenständen und die Zunahme der Arbeit an Maschinen hat sich das Verhältnis des Menschen zur elementarischen Welt verändert. Elementarwesen, die dem Menschen wohlgesonnen sind, müssen sich in durchtechnisierten Umgebungen zurückziehen. Sie überlassen das Feld anderen Wesen, die sich mehr mit technischen Vorgängen verbinden und dem

Menschen eher Schaden zufügen wollen. Die dadurch entstandenen Verhältnisse stehen am Anfang der Entwicklung, die dazu geführt hat, dass der Mensch immer häufiger den Eindruck hat, zu dem Ort, an dem er sich gerade befindet, keine gedeihliche Beziehung zu haben.

Wem der Gedanke, dass es so etwas wie Elementarwesen geben könnte, zu fern liegt, der hat die Möglichkeit, sich dem Problem, um das es hier geht, mit Begriffen wie »Atmosphäre«, »Stimmung«, »Anmutung« oder »Ausstrahlung« zu nähern. Man glaube nicht, damit verliere man sich unweigerlich im Subjektiven. Die philosophische Phänomenologie hat gezeigt, dass sich diese Dinge sehr wohl erforschen lassen.[40]

Was ist zum Beispiel gemeint, wenn von der Atmosphäre eines Raumes die Rede ist? Jeder hat erlebt, dass ihn ein Raum in besonderer Weise anspricht und einbezieht. Geht man solchen Erlebnissen beobachtend und forschend nach, stellt man fest, dass die Atmosphäre nicht zu einem Raum gehört wie ein Stuhl oder ein Bild an der Wand. Atmosphäre ist etwas, das durch den entstehen muss, der sie erlebt, indem seine Aufmerksamkeit und seine Erlebnisfähigkeit auf bestimmte Qualitäten treffen. Es gibt somit eine subjektive und eine objektive Seite. Man kann auch sagen: Es ist ein Gespräch mit der Umgebung entstanden, ein Gespräch, das nebenbei auch Gewissheit darüber verschafft, dass man dort, wo man ist, wirklich anwesend ist und dazugehört.

Atmosphären trifft man an, man kann sie aber auch selbst gestalten. Um letztere Möglichkeit geht es hier. Viele Menschen erwarten schon gar nicht mehr, mit dem Eintritt in ihr Haus oder in ihre Wohnung an einen Ort zu kommen, der sie empfängt und aufnimmt, der zur Ruhe kommen lässt und Vertrauen und Ermutigung ausstrahlt.

Da sollte man aufmerksamer und anspruchsvoller sein und sich mit Joseph Beuys sagen: »Jeder Mensch ist ein Künstler« und daran gehen, zu experimentieren und zu gestalten. Alles, was eine deutliche Ausstrahlung hat, wie Pflanzen oder die Ergebnisse künstlerischer Tätigkeit, wird dabei eine Hilfe sein. Nachhaltig belebend wirken auch menschliche Tätigkeiten, seien sie nun nützlich, künstlerisch oder spielerisch. Die Trennung von Wohnen und Arbeiten hat, in marxistischer Terminologie ausgedrückt, die Trennung von Produktion und Reproduktion nach sich gezogen. Tatsächlich ist heute für viele die Wohnung ein Ort, wo man schläft, isst und irgendwie konsumierend einen Teil seiner Freizeit verbringt. Dadurch droht eine Verödung des Hauses, durch die der Wunsch nach Ablenkung weiter verstärkt wird.

Nach den Überlegungen zum Haus und den Anfängen der Ortlosigkeit sei noch einmal zum Telefon zurückgekehrt. Zu welchen Veränderungen im Umgang mit dem Telefon könnten die Überlegungen dieses Kapitels Anlass geben? Dazu einige Anregungen und Ermutigungen. Insgesamt wäre es gut, sich so etwas wie einen leisen Widerwillen gegen das Telefonieren anzuerziehen. Solch ein Widerwille würde die Zeit, die man am Telefon verbringt, verringern. Er könnte auch dafür sorgen, sich auf sachliche Themen zu beschränken.

Weiter sollte darauf geachtet werden, Gespräche zu meiden, bei denen es darum geht, heikle und strittige Fragen zu klären. Ein Beispiel: Ein Kind, sagen wir dritte Klasse, kommt weinend aus der Schule und beklagt sich bei der Mutter über seinen Lehrer. Je länger die Mutter zuhört, umso stärker werden ihre Zweifel am Verhalten des Lehrers. Schließlich ruft sie den Lehrer an. Der ist gerade nach Hause gekommen, erschöpft von einem langen Vormittag in der Schule. Wie viel Groll und wie viel Missverständnisse, die das soziale Leben vergiften, sind nicht durch solche Gespräche entstanden! Eine Gemeinschaft, die mit sozialen Problemen zu ringen hat, sollte sich einmal auferlegen, einige Wochen lang am Telefon nicht über Probleme zu sprechen, schon gar nicht über diejenigen, um derentwillen man sich streitet. Da würde manches ganz von selbst zurechtgerückt.

Zu empfehlen ist auch, ein wenig Selbstbeobachtung zu treiben. Wann greift man, wäre eine Frage, besonders gern zum Telefon? Vielleicht bemerkt man die weiter oben geschilderte Situation, dass man etwas Nützliches tun möchte, aber keine Energie mehr hat.

Die Beschäftigung mit dem Telefon hat zu der Feststellung geführt, dass es im Bereich des privaten Wohnens besonders unangebracht ist. Daraus die nötige Konsequenz zu ziehen, werden die meisten Menschen scheuen, zumal – wie die Dinge inzwischen liegen – erhebliche Nachteile mit solch einem Schritt verbunden sein können. Dann sollte man das Telefon aber wenigstens in den Flur oder den Eingangsbereich verbannen. Da darf es ruhig etwas ungemütlich sein. Auf keinen Fall sollte man sich von den verlockenden Angeboten der Werbung verführen lassen und jedes Zimmer mit einem Telefon ausstatten. Zum angemessenen Umgang mit dem Telefon gehört auch, dass es Anlässe gibt, bei denen es abgestellt wird, weil man nicht gestört werden will.

6. Film

Auf das Telefon folgte gegen Ende des 19. Jahrhunderts der Film als nächste große Neuerung im Bereich der Medien. Im 20. Jahrhundert kamen Radio und Fernsehen dazu. Da zu diesen Medien bereits Publikationen von mir vorliegen, sollen hier nur einige Bemerkungen angeführt werden, die sich insbesondere auf Fragestellungen der vorangehenden Kapitel beziehen.[41]

Der Film hängt mit dem Wunsch zusammen, mithilfe von Bildern einen Effekt zu erzielen, der dem Eindruck beim Anblick der Wirklichkeit möglichst nahe kommt. Am Beginn dieser Bemühungen steht das Panorama, jene Rundbilder, die zum Beispiel einen Anblick von Paris gewähren, so als schaue man von einem der Türme von Notre Dame auf die Stadt herab. Mit dem Diorama gelingt es, Bewegung und den Wechsel der Lichtverhältnisse wiederzugeben. Die Fotografie leistet die detailgetreue Abbildung der äußeren Wirklichkeit. Das Prinzip der Projektion schließlich wird im Zusammenhang mit der Laterna Magica entwickelt. Aus alledem entsteht der Film, nachdem die Wissenschaft die Gesetze des Sehens erforscht hat. Der entscheidende Anstoß ging dabei von der Entdeckung des stroboskopischen Effektes durch den Engländer P.M. Roget aus (1824). Roget bemerkte, dass ein Netzhautbild für einen kurzen Augenblick, nachdem der abgebildete Gegenstand bereits verschwunden ist, erhalten bleibt. (Man spricht gewöhnlich von einem Trägheitseffekt, obwohl es sich um eine Aktivität des Auges handelt, die uns zum Beispiel erlaubt, trotz des Lidschlags kontinuierlich zu sehen.) Die Entdeckung Rojets führte zu einer Reihe optischer Spielzeuge, die sich großer Beliebtheit erfreuten (zum Beispiel Taumatrop und Stroboskop). Die Faszination beruhte darauf, dass Bilder gezeigt wurden, auf denen Gegenstände zu sehen waren, die sich bewegten.

Abbildung 7: Schnellseher von O. Anschütz, 1890. Holzschnitt.

Unter kunstgeschichtlichem Aspekt ist der Film ebenso wie die Fotografie ein Phänomen des Illusionismus. Man versteht darunter die Absicht, mit den Mitteln der Malerei da, wo in Wirklichkeit nur eine Fläche ist, die Existenz realer Gegenstände möglichst vollkommen vorzutäuschen. Als Beispiele denke man an Deckenbemalungen in Kirchen der Renaissance oder des Barock, die den Eindruck erwecken, als öffnete sich das Kirchenschiff zu einem von Engeln bevölkerten Himmelsgewölbe. Die Mittel, die zu diesem Zweck eingesetzt werden, sind die detailgetreue Wiedergabe von Gestalt, Oberflächenbeschaffenheit und Beleuchtung. Dazu kommt natürlich die Anwendung der Gesetze der Perspektive.

In der Bezeichnung »Illusionismus« steckt das Wort »Illusi-

on«. Es geht zurück auf das lateinische Wort »illudere«, das soviel wie »täuschen«, »sein Spiel treiben« bedeutet. Das Verb
stammt wiederum von lateinisch »ludus« gleich »Spiel«.

Wenn ich mich einer malerisch erzeugten Illusion hingebe,
treibt der Maler sein Spiel mit mir. Zum Spielen gehören Regeln,
die man kennt und denen man sich freiwillig unterwirft. In der
Kirche kann man sich der Illusion hingeben, man kann sich aber
auch auf die Mittel konzentrieren, die der Maler angewendet hat.
Sie liegen offen, und es ist Sache des Betrachters, wohin er seine
Aufmerksamkeit lenkt.

Im Kino ist die Situation anders. Die Bewegungsillusion wird
auf eine Weise erzeugt, die man nicht durchschauen und der
man sich nicht entziehen kann. Das sei an folgendem Beispiel
verdeutlicht. Nehmen wir an, ein Mensch wirft einen Ball. Konzentrieren wir uns auf die Phase des Vorgangs, wo die Hand mit
dem Ball nach hinten geführt wird und dann nach vorn schnellt,
wobei zuletzt der Ball losgelassen wird. Diese Phase könnte in
etwa eine Sekunde dauern (Abb. 8).

Ein Beobachter der Szene sähe eine kontinuierliche Bewegung, in deren Verlauf die Hand verschiedene Positionen im
Raum einnimmt. Eine Filmkamera würde in der einen Sekunde,
um die es hier geht, 24 Fotos machen. Dadurch wird die sichtbare
Wirklichkeit, die für den Beobachter ein Kontinuum ist, fragmen-
tiert. Es entstehen 24 einzelne, unbewegte Bilder, die bestimmte
Bewegungsmomente fixieren. Andere Positionen, die von der
Hand in solchen Augenblicken eingenommen werden, in denen
die Aufnahmekamera kein Bild macht, weil der Film transportiert wird und das Objektiv verschlossen ist, werden nicht aufgenommen.

Abbildung 8: Von den 2 x 24 pro Sekunde projizierten Bildern zeigt die
Skizze sechs Phasenbilder.

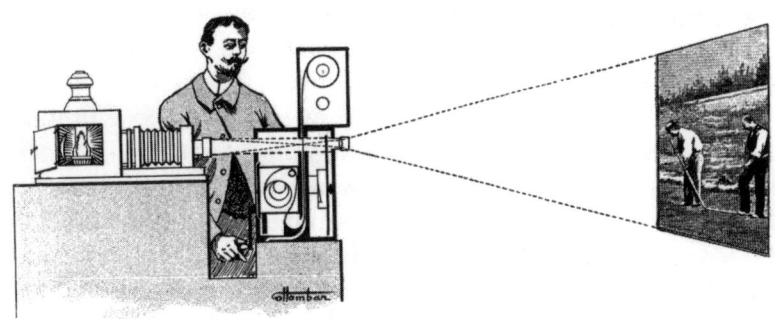

Abbildung 9: »Cinematographe« von Lumière bei der Vorführung, 1895.

Dass der entsprechende Film beim Betrachter dennoch den Eindruck einer zusammenhängenden Bewegung erzeugt, liegt an der Art, wie die Bilder projiziert werden. An der Stelle, an der die Filmkamera zwecks Filmtransport geschlossen war, wird bei der Projektion zwecks Bildwechsel der Lichtstrahl unterbrochen. Auf diese Weise findet auf der Leinwand ein ständiger Wechsel von projiziertem Einzelfoto und Dunkelphase statt. Lässt man den Projektor langsam laufen, kann man diesen Wechsel deutlich sehen. Bei einer Steigerung des Tempos bleibt von der Dunkelphase zunächst noch ein Flimmern übrig, das bei 48 Bildern pro Sekunde auch noch verschwindet. Man spricht in diesem Zusammenhang von einer Verschmelzungsfrequenz oder kritischen Frequenz, die bei einer mittleren Beleuchtungsstärke bei 48 Bildern pro Sekunde liegt (Abb 9).

Die Bewegungsillusion beruht auf der Ausnutzung des stroboskopischen Effektes durch die Technik der Projektion. Die Tatsache, dass auf der Projektionsfläche immer nur ein Wechsel von starren Bruchstücken und Dunkelheit stattfindet, wird durch das optische Nachbild für das subjektive Erleben zum Verschwinden gebracht. Diese Erklärung, die man so in allen Darstellungen der Grundlagen der Filmtechnik finden kann, ist einerseits zutreffend, andererseits führt sie aber auch dazu, dass Wichtiges übersehen wird. Betrachten wir genauer, was geschieht, wenn das optische Nachbild die Dunkelphase der Projektion überbrückt.

Das Auge hält nicht einfach das vor der Dunkelphase gelegene Bild während der Dunkelphase fest, es wird außerdem so verändert, dass es in den Bewegungsfluss passt. Dadurch »sieht« der Betrachter die werfende Hand auch an der Stelle im Raum, an der die Kamera gar keine Aufnahme gemacht hat.

Es gibt eine weitere Merkwürdigkeit. Der Filmprojektor macht 24 Bilder pro Sekunde. Da die Verschmelzungsfrequenz bei 48 Bildern pro Sekunde liegt, wird jedes Bild zweimal gezeigt, was dadurch erreicht wird, dass die Projektion durch eine Dunkelphase unterbrochen wird. Aus der Zahl von 48 Bildern und 48 Dunkelphasen ergibt sich für jedes Bild eine Betrachtungszeit von etwa einer hundertstel Sekunde.

Zeigt man einem Menschen einen Gegenstand für die Dauer einer hundertstel Sekunde, dann wird dieser nicht bemerkt. Es entsteht ein Eindruck, der aber unbewusst bleibt, das heißt, es entsteht keine Wahrnehmung. Angesichts dieser Tatsache muss man sich ernsthaft fragen, wieso man im Kino auf der Leinwand überhaupt etwas sieht. Der Grund liegt darin, dass die einzelnen Filmbilder untereinander ganz ähnlich sind. Die Haltekraft des Auges überbrückt nicht nur die Dunkelphase der Projektion. Sie führt auch dazu, dass auf die Leinwand geblitzte Bilder, die an sich unsichtbar sind, wahrgenommen werden können. Eine Bestätigung für diese Erklärung kann darin gesehen werden, dass Filmbilder, die weder mit dem vorhergehenden noch dem nachfolgenden Bild eine Ähnlichkeit haben, nicht gesehen werden. Wenn man zum Beispiel unter die 24 Bilder, die den Wurf zeigen, ein einzelnes Bild mit dem Gesicht des Werfenden einfügte, so könnte das nicht gesehen werden.

Die vom Film erzeugte Illusion unterscheidet sich von der malerischen Illusion dadurch, dass man während der Vorführung keine Möglichkeit hat zu durchschauen, worauf die Täuschung beruht. Außerdem kann man sich ihr nicht entziehen. Während die Malerei freilässt, weil sich der Betrachter jederzeit entschließen kann, statt des Himmelsgewölbes Malgrund und Farbe zu sehen, ist man im Kino gezwungen, nur das Vorgetäuschte zu sehen. Die Illusion ist nicht mehr freiwillig.

Ein weiterer Unterschied zur Malerei und überhaupt allem, was zum Gegenstand optischer Wahrnehmung werden kann, ist das erstaunliche Ineinandergreifen von unbewussten Eindrücken und bewusster Wahrnehmung. Die Hälfte dessen, was man im Kino sieht, sieht man, obwohl es gar nicht abfotografiert wurde, und was abfotografiert wurde, wird so kurz gezeigt, dass man es normalerweise gar nicht sehen könnte. Was im Kino wirklich gezeigt wird, kann gar nicht zum Bewusstsein kommen. Wirklich präsentiert wird eine Welt, die aus starren Fragmenten besteht, die von Dunkelheit durchschossen sind. Der Zuschauer wird durch die Eigenschaften seines Auges gezwungen, daraus etwas aufzubauen, was dann zum Bewusstsein kommt und so aussieht wie die Welt, die man kennt. Die Bezeichnung »Illusion« verliert beim Film ihre ursprüngliche Bedeutung. Statt von einem Spiel muss eher von einer Lüge gesprochen werden (Abb.10).

Es ist zu fragen, wie sich dabei das Verhältnis des Menschen zu dem von ihm Wahrgenommenen verändert. Zunächst kann man feststellen, dass im Vergleich zur Malerei und auch zur Fotografie aus dem Betrachter ein Zuschauer wird. Wie das Theater, ist der Film eine Darbietung, die sich in der Zeit entfaltet. Allerdings unterscheidet sich die Zuschauerrolle, in die der Mensch im Kino kommt, von allem, was es vorher gab.

Bisher gab es immer ein Wechselverhältnis. Die Schauspieler stellen das Stück für die Zuschauer dar, was aber in befriedigender Weise nur gelingen kann, wenn sie dabei von dem Miterleben der Zuschauer getragen werden. Auch wenn ich einem Menschen bei einer ganz alltäglichen Arbeit zuschaue, habe ich durch meine Anwesenheit Anteil an dem, was geschieht. Der Beobachter ist, in unterschiedlichem Grade, immer auch Teilnehmer.

Der Film macht den Menschen zum unbeteiligten Zuschauer. Damit kann offensichtlich nicht gemeint sein, dass der Kinobesucher teilnahmslos der Vorführung folgt. Mit »unbeteiligt« ist gemeint, der Zuschauer hat keinen Anteil an dem, was vor seinen Augen und Ohren geschieht. Im Kino entsteht mit Maschinenhilfe eine Welt, für die das Seelenleben des Menschen bedeutungs-

Abbildung 10: Kinestoskop von Edison, 1893, geöffnet.

los ist. Das kommt zum Beispiel darin zum Ausdruck, dass die Dauer der Vorführung nicht zu beeinflussen ist. Im Theater hat jede Aufführung ihre eigene Zeit. Was an seelischen Regungen entsteht, wird durch die Mittel des Mediums aus Erinnerungen herbeigezwungen.

In dieser Situation verändert sich auch das Innenleben des Zuschauers. Im Leben entsteht es durch tätige Auseinandersetzung mit dem, was von außen wahrgenommen wird. Ein gesundes Innenleben antwortet auf das, was von außen kommt, durch eigene Gefühle, Gedanken und Willensimpulse. Dabei nehmen innerer Reichtum und Empfänglichkeit zu.

Durch den Film entstehen ganz andere Verhältnisse. Das, was weiter oben das mediale Urphänomen genannt wurde, verschärft sich und tritt in seiner eigentlichen Gestalt auf. Die Dunkelheit während der Vorführung verstärkt die Konzentration auf das medial Gebotene. Durch den Aufbau der Filmwelt aus unbewusst bleibenden Fragmenten wird das tätige Ich aus dem Wahrnehmungsvorgang zurückgedrängt. Dazu tragen auch noch das durch die Projektionsfläche erzwungene Starren und die Trennung von Erscheinung und Wesen bei. Der Zuschauer wird Opfer einer doppelten Entfremdung. Er ist von der Welt, die er wahrnimmt, getrennt, und er wird von seinem eigenen Wesenskern, seinem Ich, abgeschnitten. Mit dem Kino ist ein Ort entstanden, an dem die Menschen ein autistisches Verhältnis zur Welt einüben.

7. Fernsehen

Der Film zeigt, wie die Fotografie, Bilder, die etwas Vergangenes festhalten. Das Fernsehen liegt dagegen auf der Linie von Telegraf, Telefon und Radio. Zu dem Fernschreiben und dem Fernhören kommt noch das *Fernsehen*. Wie beim Telefonieren ist der Fernsehzuschauer mit dem, was ihm gezeigt wird, durch den gemeinsamen Augenblick verbunden. Das Zauberwort dafür heißt »live«.

Der Bildschirm wird gern als Fenster zur Welt bezeichnet. Zu den Fenstern des Hauses, durch die man in die Nachbarschaft schaut, ist, so scheint es, ein weiteres Fenster gekommen, durch das man sich von dem Ort, an dem man sich befindet, unabhängig macht.

Nun gibt es im Zusammenhang mit diesem »Fenster« einige Merkwürdigkeiten. Seit zu Beginn der fünfziger Jahre die ersten Fernsehgeräte in den Wohnungen aufgetaucht sind, nimmt die Zeit, die auf den Bildschirm geschaut wird, ständig zu. Inzwischen sind es drei Stunden und 21 Minuten, die der erwachsene Bundesbürger täglich dem Fernsehen widmet. Mit zunehmendem Alter steigt die Sehdauer. Die über 50 Jahre alten Menschen schauen täglich 245 Minuten, die über 65 Jahre alten sogar 265 Minuten (die Zahlen gelten für 1998).

Bemerkenswert ist auch, was gesehen wird. Die mit Abstand meisten Zuschauer, nämlich jeweils 24 Millionen, hatten im Jahre 1998 zwei Übertragungen, die die Spiele der deutschen Fußballmannschaft während der Weltmeisterschaft zeigten. Die Beliebtheit des Sports kommt auch darin zum Ausdruck, dass unter den 100 meistgesehenen Sendungen 68 Sportsendungen waren. Auf Informationssendungen entfallen bei den öffentlich-rechtlichen Sendern 34,9 % (ARD) beziehungsweise 33,1 % (ZDF), der Zeit, die dem Fernsehen gewidmet wird. Bei den kommerziellen Sendern liegen diese Zahlen erheblich niedriger (SAT 1 – 13,4 %; RTL

– 21,9 %; Pro 7 – 12,5 %). Schaut man sich Informationssendungen an, kann man feststellen, dass auch diese einen hohen Unterhaltungswert haben. Das »Fenster zur Welt« befriedigt offensichtlich Interessen, die mehr mit dem Unterhaltungsbedürfnis der Zuschauer zu tun haben als mit ihrem Wunsch, etwas über die Welt zu erfahren.

Zur Beurteilung des Fernsehens ist entscheidend, welche Folgen es für die Zeit hat, in der nicht ferngesehen wird. Dazu folgende Beobachtung. An einem Tag im späten August fuhr ich auf dem Weg zur Universität mit dem Fahrrad durch den Bremer Bürgerpark. Während ich mich an der Schönheit des Parks freute, hatte ich zu meiner eigenen Überraschung plötzlich die Empfindung: Da sind ja schon Vorboten des Herbstes. Das gab dem Park einen besonderen Reiz.

In der Universität sah ich mir, um ein Seminar über Medienwirkungen vorzubereiten, einige Video-Bänder an. Die Zeit, die ich aus ziemlich großer Entfernung auf den Bildschirm schaute, betrug etwa 15 Minuten. Danach machte ich, bevor ich wieder in mein Büro ging, einen kleinen Umweg durch die Natur, um dem Frühherbst wieder zu begegnen. Ich konnte ihn aber nicht mehr sehen. Die Sonne schien immer noch, alles war wie vorher, aber für mich blieb die Natur stumm. Wo ich vorher etwas von der Eigenart der sich ankündigenden Jahreszeit erlebte, da waren jetzt stumpfe Farben, irgendwie beleuchtete Oberflächen. Nichts mehr, was mich anrührte.

Ich brachte die Veränderung mit dem Bildschirm in Verbindung. Das Starren auf die Mattscheibe hatte mein Sehen geschwächt, hatte es irgendwie unempfindlich gemacht. Um Gewissheit zu bekommen, machte ich mit den Teilnehmern des Seminars, für die ich die Video-Bänder ausgesucht hatte, ein kleines Experiment. Bevor wir mit der Bearbeitung der Medienthematik begannen, ging ich mit ihnen in einen nahe gelegenen Wald. (Das war an einem Sonntagmorgen im September, am Stadtrand von Aarhus in Dänemark). Ich bat, sich der Eigenart des Ortes erlebend zu öffnen. Wie spricht der Ort, wie sprechen Tageszeit und Jahreszeit?

Danach gingen wir wieder in den Seminarraum. Nach einer Weile schauten wir dort eine Nachrichtensendung an, die ich aufgezeichnet hatte. Unmittelbar darauf gingen wir wieder in den Wald und suchten dort dieselbe Stelle auf. Die Teilnehmer waren erschüttert. Sie verstanden sofort, warum ich sie zweimal an diese Stelle geführt hatte. Nichts von dem, was sie vorher erlebt hatten und was ihnen eine Freude gewesen war, wollte sich wieder einstellen. Wie zum Spott sahen sie obendrein Dinge, die sie vorher gar nicht bemerkt hatten. Wir waren auf einer asphaltierten Straße in den Wald gegangen; diese Straße nahm jetzt die Aufmerksamkeit in Anspruch. Außerdem wurden die Autos wahrgenommen, die man hier geparkt hatte. Vor allem ihre Farbe stach ins Auge. Ähnlich war es mit Straßenschildern, Fernsehantennen und anderen technischen Gegenständen, die man vorher gar nicht bemerkt hatte.

Seitdem habe ich den Versuch viele Male wiederholt. Die Unterschiede der Wahrnehmungsfähigkeit treten immer mit aller Deutlichkeit hervor und lösen Betroffenheit aus. Wer fernsieht, so lehrt das Experiment, kann das, was die Welt interessant macht, nicht mehr sehen. Kein Wunder, dass dann lieber ferngesehen wird.

Um das Ergebnis des Experiments besser verstehen zu können, muss untersucht werden, mit welchen Mitteln das Fernsehbild erzeugt wird. Betrachten wir zunächst die Fernsehkamera (Videokamera). Das optische System dieser Kamera erzeugt, genau wie bei dem Fotoapparat und bei der Filmkamera, ein Lichtbild, das auf eine Fläche projiziert wird. Beim Fotoapparat und bei der Filmkamera wird diese Fläche durch den lichtempfindlichen Film gebildet, dass heißt, die Projektionsfläche wird durch das Bild so beeindruckt, dass sie es festhält.

Die Projektionsfläche der Videokamera ist so geartet, dass durch die einfallenden Lichtstrahlen nicht chemische, sondern elektrische Reaktionen ausgelöst werden. Man spricht daher von einem optisch-elektrischen Wandler. Auf der Vorderseite der Platte, das heißt auf der Seite, die dem Objektiv zugewandt ist, entsteht ein Lichtbild. Daraus wird auf der Rückseite ein Ladungsbild. Es findet eine Umwandlung der Helligkeitswerte (beim Schwarzweiß-Fernsehen) oder der Farbtöne und deren Sättigung (beim Farb-Fernsehen) in elektrische Signale statt. Diese Signale werden durch einen Kathodenstrahl zeilenweise abgelesen. Der Fernsehapparat ist in der Lage, aus diesen Informationen ein Bild aufzubauen, das dem Bild auf der Vorderseite des Bildwandlers entspricht.

Für die Wirkung des Fernsehbildes ist entscheidend, wie die Signale des Ladungsbildes übertragen werden. Folgendes wäre denkbar: Der Bildwandler hat etwa eine halbe Million Bildpunkte der Vorderseite in analoge elektrische Spannungen umgewandelt. Das Fernsehbild könnte nun so entstehen, dass eine halbe Million Signale gleichzeitig übertragen werden und auf dem Bildschirm eine halbe Million Punkte mit unterschiedlicher Intensität und Farbigkeit zum Leuchten bringen.

Diese Lösung, die im Hinblick auf die Bildqualität wünschenswert wäre, ist technisch nicht zu realisieren, da eine halbe Million Übertragungskanäle nötig wären. In der Praxis steht nur ein Übertragungskanal zur Verfügung, was bedeutet, dass immer nur die Information für einen Bildpunkt übertragen werden kann. Aus dem räumlichen Nebeneinander des Bildes macht der Kathodenstrahl, der Punkt für Punkt die Zeilen auf der Rückseite des Bildwandlers »abliest«, ein zeitliches Nacheinander von Signalen.

Auf dem Bildschirm geschieht damit Folgendes. Auf der Innenseite der Mattscheibe sind 625 Zeilen aufgetragen. Auf jede Zeile trägt der Kathodenstrahl die Informationen auf, die er von dem Bildwandler der Video-Kamera erhält. Damit bringt er die Zeile Punkt für Punkt mit unterschiedlicher Intensität und Farbigkeit zum Leuchten. Von dem Lichtbild, das auf der Vorderseite des Bildwandlers entstanden ist, erscheint auf dem Bildschirm des Fernsehgerätes immer nur ein Bruchstück (ziemlich genau ein fünfhunderttausendstel des ganzen Bildes). Bildhaft ausgedrückt, könnte man sagen: Bei der Übertragung wird das von der Kamera aufgenommene Bild in ein Puzzle aus einer halben Million Teile zerlegt. Da immer nur ein Puzzle-Teil übertragen werden kann, ist auf dem Bildschirm nie mehr als dieses eine Teil zu sehen.

Dass der Fernsehzuschauer trotzdem ein vollständiges Bild sieht, liegt an der Geschwindigkeit, mit der die Puzzle-Teile präsentiert werden. Die Video-Kamera nimmt 25 Bilder pro Sekunde auf. Würden diese Bilder auf dem Bildschirm erscheinen, käme ein Flimmereffekt zustande, weil, wie im Zusammenhang mit dem Film bereits dargestellt, die Bildverschmelzungsfrequenz nicht erreicht würde. Beim Film hilft man sich, indem einfach jedes Bild zweimal gezeigt wird. Da bei der Fernsehübertragung in keinem Augenblick ein vollständiges Bild existiert, ist diese Lösung des Problems nicht möglich. Stattdessen benutzt man das so genannte Zeilensprungverfahren. Jedes der aus 625 Zeilen bestehenden Bilder wird halbiert, indem man immer nur jede zweite Zeile zeigt. Auf diese Weise treten an die Stelle von 25 Vollbildern 50 Halbbilder mit jeweils 312,5 Zeilen.

Die Geschwindigkeit, mit der die technischen Prozesse ablaufen, übersteigt unser Vorstellungsvermögen. Es seien wenigstens einige Zahlen genannt. 50 Mal pro Sekunde wechselt das Bild. Bei jedem Bild (Halbbild) wechselt der Kathodenstrahl 312,5 Mal die Zeile. Das ergibt pro Sekunde 15.625 Zeilensprünge. Dazu kommt noch, dass der Kathodenstrahl, während er eine Zeile entlangrast, etwa 800 Mal die Intensität wechselt.

Verglichen mit dem Film, wird beim Fernsehen die Zerstörung der abgebildeten Wirklichkeit noch weiter getrieben. Der fernsehende Mensch wird gezwungen, den auf dem Bildschirm erscheinenden Weltausschnitt aus unbewusst bleibenden Bruchstücken aufzubauen. Die Bruchstücke sind um ein Vielfaches kleiner als beim Film.

Vergleicht man die Wahrnehmung, wie sie in der natürlichen Welt stattfindet, mit dem Blick auf den Bildschirm, dann ergibt sich folgender Unterschied. Betrachte ich einen Baum, dann ist das ein aktiver Vorgang, mit dem ich einen ruhenden Gegenstand ergreife, wie das in dem Abschnitt über die Fotografie bereits geschildert wurde. Sofern ich nicht vor mich hinstarre oder meinen Blick träumerisch schweifen lasse, ergreife ich mit meinen Augen aus der Welt des Sichtbaren genau das, was ich aufgrund meiner Interessen sehen möchte. Das findet auch dann statt, wenn ich meinem subjektiven Empfinden nach den Blick auf einen Gegenstand ruhen lasse. Mithilfe neuerer Untersuchungsmethoden (Augenkameras) konnte festgestellt werden, dass sich die Augen auch in solchen Augenblicken bewegen. Man spricht von Saccaden (Sprüngen) und Fixationen. Eine Saccade dauert etwa 10 bis 80 Millisekunden. Die Fixationszeit zwischen zwei Saccaden ist erheblich länger (150 bis 400 Millisekunden), allerdings kommt es während der Fixation zu einem Mikrotremor von 20 bis 150 Sprüngen pro Sekunde. [42]

Die Beobachtung der Saccaden ergibt, dass die winzigen Abtastbewegungen des Auges, obwohl sie gar nicht bewusst gesteuert werden können, den gesehenen Gegenstand sinnvoll ergreifen. Bei einem Gesicht zum Beispiel interessieren vor allem die Augen und der Mund. Hier wird ganz deutlich am häufigsten fixiert.

Beim Fernsehen verkehrt sich das natürliche Verhältnis von wahrnehmendem Menschen und wahrgenommenem Gegenstand. Der Gegenstand wird aufgelöst und in wirbelnde Bewegung versetzt. Das Auge reagiert darauf mit Erstarrung. Das bewirken zum einen äußere Faktoren wie der kleine und flache Bildschirm. Kopf- und Körperbewegungen, die man normalerweise zur Intensivierung der Beobachtung unternimmt, unterbleiben, weil sie bei flächigen Gegenständen nichts bewirken. Noch wirksamer ist wahrscheinlich die Art der Bildentstehung. In rasendem Tempo durchläuft der Kathodenstrahl die Bildzeilen. Dadurch entsteht ein ständiges Aufleuchten und Verglühen. Jedes neue Bild, dessen Entstehung im oberen Teil des Bildschirms beginnt, schiebt sich über das vorhergehende. So entsteht ein Chaos, in dem Aufbau und Zerstörung vermischt sind. Dieses Chaos kommt nicht zum Bewusstsein, aber es prägt den Blick auf den Bildschirm. Was man dort sieht, will man nicht prüfend und gelassen anschauen, weil im Unbewussten flüchtige, sich ständig auflösende Bilder auftreten, die dazu auffordern, ihnen mit höchster Anspannung hinterherzustarren, damit einem nichts entgeht.

Durch die Fernsehübertragung wird die Welt zu feinem Pulver zerrieben, das der Bildschirm in die Augen der Zuschauer presst. Die Schwächung der Augen, die dadurch bewirkt wird, ist so einschneidend, dass sie nach dem Fernsehen nicht gleich vorüber ist. Das kommt in den Experimenten zum Ausdruck, die den Ausgangspunkt dieser Untersuchungen bildeten.

Eine weitere Wirkung des Fernsehens wird deutlich, wenn man sich klar macht, dass die Art, wie auf dem Bildschirm die Welt entsteht, dem alten Weltbild der Atomistik entspricht. Ihr Begründer, der griechische Philosoph Demokrit (5. Jahrhundert v.Chr.), fasste die Wirklichkeit auf als aufgebaut aus dem Vollen und dem Leeren. Die erfahrbaren Erscheinungen, namentlich die Verschiedenheit und Veränderlichkeit der Dinge, finden nach Demokrit ihre Erklärung in den verschiedenen Konfigurationen und Bewegungsmöglichkeiten unsichtbarer Bausteine (der Atome), die selbst als unveränderlich und unteilbar postuliert werden. Die Atome zeigen keinerlei qualitative, wohl aber quantitative Unterschiede, wie solche der Gestalt und Größe, und zwar in unendlichen Variationen. Ihre bedeutendste Eigenschaft ist die Fähigkeit, sich im Raum zu bewegen.[43]

Die Atomistik gibt eine Erklärung für die Entstehung der Welt, bei der geistige Wesen als Schöpferkräfte keine Rolle spielen. Die Götter sind nach Demokrit selbst aus Atomen gebildet. Ein weiteres Merkmal der Atomistik ist in der Annahme zu sehen, dass die Teile vor dem Ganzen da seien. Ein Baum, ein Tier, ein Mensch entstehen demnach dadurch, dass die Atome, aus denen sie bestehen, verschieden kombiniert werden.

Der Atomismus liegt im Streit mit einer Auffassung, für die geistige Wesen, also Ganzheiten, den Ausgangspunkt alles Seienden bilden. Für die spirituelle Weltsicht steht ein Gedanke am Anfang, aus dem alles Weitere hervorgeht: die Worte, die Anordnung der Worte, die grammatikalisch bedingten Veränderungen der Worte; bei einem geschriebenen Text die sichtbaren Buchstaben. Die auf dem Papier erscheinende Druckerschwärze ist der letzte Ausfluss des am Anfang stehenden Gedankens und wird nur von hier aus verständlich.

Die atomistische Sicht richtet den Blick auf die 32 Buchstaben des lateinischen Alphabets. Alle Texte der Welt lassen sich mithilfe dieser Buchstaben aufschreiben. Der Atomist ist fasziniert von der Möglichkeit, alle Texte zu verstehen, indem er sich mit 32 Buchstaben und den Regeln ihrer Verknüpfung beschäftigt.

Die entsprechende Denkweise ist heute außerordentlich verbreitet. Sie liegt zum Beispiel der Auffassung zugrunde, der einzelne Mensch verdanke seine Einzigartigkeit der Art und Weise, wie in der Doppel-Helix seiner DNS (Desoxyribonucleinsäure) die Gene angeordnet seien. Das Ganze, der Mensch, wird von den Teilen her gedacht. Die Gentechnologie ist gegenwärtig das wohl bedeutendste Beispiel einer atomistischen Denkweise.

Der Film und vor allem das Fernsehen haben diese Denkweise durch Einflüsse, die aus dem Unbewussten aufsteigen, begünstigt. Die Welt entsteht auf dem Bildschirm aus dem Vollen und aus dem Leeren. Es gibt nur Halbbilder, bei denen jede zweite Zeile leer bleibt. Außerdem sind Bildentstehen und Bildvergehen ständig vermischt. Grundlage dieser Vorgänge ist die wechselnde Anordnung farbig leuchtender Punkte. Die Punkte unterscheiden sich nach Farbe und Intensität, sind qualitativ aber nicht verschieden.

Bereits in den sechziger Jahren des vorigen Jahrhunderts stellte der Medienphilosoph Marshal McLuhan die These auf, die Wirkung des Fernsehens beruhe weniger auf seinen Inhalten als auf den Eigenschaften des Mediums selber. McLuhan prägte die berühmt gewordene Formel: »Das Medium ist die Botschaft.« Zu diesen Botschaften des Mediums gehört, dass jeder Bildschirm verkündet: »Der Atomismus hat Recht! Die Welt entsteht durch immer neue Kombinationen kleinster Teilchen!« Das Verkünden dieser Botschaft geschieht ganz ohne Argument und komplizierte Gedanken. Der Zuschauer *sieht*, dass es so ist.

Weitere Einflüsse des Fernsehens, die auch auf dem Medium selber beruhen, haben mit der bereits von der Fotografie her bekannten Trennung von Erscheinung und Wesen zu tun. Das Fernsehen bringt die Oberfläche, hinter der alles Wesenhafte getilgt ist, in Bewegung. Dadurch wird es möglich, die reine Oberfläche belebt und beseelt darzustellen. Es werden zum Beispiel

Menschen gezeigt, die Gedanken austauschen, die lachen und weinen. Indem der Zuschauer verstehend und erlebend in diese Welt eintaucht, entstehen in ihm selber Gedanken und Gefühle. Diese innere Tätigkeit geht aber so vor sich, dass keine Verbindung zu dem individuellen Wesenskern, dem Ich, besteht. Durch das Starren der Augen, das Tempo des Bildwechsels und das Fehlen des Wesenhaften wird das Ich gehindert, sich zu beteiligen. Mit anderen Worten, der Zuschauer wird im Hinblick auf sein Seelisch-Geistiges von außen gesteuert. Damit wird der Mensch in solchen Augenblicken selbst zur Maschine. Selbstverständlich kann man sich dagegen bis zu einem gewissen Grade wehren, indem man sich gegen die Eindrücke des Bildschirms panzert und ständig im Bewusstsein hat, was tatsächlich vor sich geht. Das ist aber sehr anstrengend. Bedenkt man, wie lange ferngesehen wird und welche Sendungen besonders beliebt sind, dann muss man wohl davon ausgehen, dass solche Bemühungen nicht oft unternommen werden.

Abschließend sei gefragt, ob das Fernsehen das leistet, was ein Medium leisten muss, um zur Lösung der Probleme, vor denen wir als Menschen der Moderne stehen, beitragen zu können. Schafft das Fernsehen einen weiten Weltblick? Äußerlich betrachtet ist das selbstverständlich der Fall. Bedenkt man aber, dass der weite Weltblick dazu dienen soll, die Welt so zu kennen und zu verstehen, dass man sinnvoll in ihr handeln kann, dann ist das Fernsehen völlig ungeeignet. Es profitiert von dem Wunsch, mit der ganzen Welt verbunden zu sein, indem diese Verbundenheit vorgetäuscht wird, und zugleich verhindert es, was gesucht wird.

Wie steht es mit den Informationen und Entscheidungshilfen, die den mündig gewordenen Individuen dazu dienen sollen, ihre Angelegenheiten selbst in die Hand zu nehmen? Das Fernsehen dient eher der großen Manipulation. Nicht umsonst stecken die politischen Parteien bei Wahlkämpfen Millionenbeträge in die Fernsehwerbung. Die Wähler sollen mit den gleichen Mitteln beeinflusst werden, die auch die kommerzielle Werbung benutzt, um Einfluss auf die Kaufentscheidungen zu nehmen.

Das Fernsehen als einigendes Band, das die sich immer stärker individualisierenden Menschen zusammenführt? Die Grundlage der Individualisierung, der geistige Wesenskern des Ich, wird durch die Fernsehübertragung zum Verschwinden gebracht. Das Fernsehen kann durch die Emotionen, die es erregt, einzelne Menschen nur zu einer Masse verbinden, wobei jeder getrennt vom anderen bleibt. Der Philosoph Günter Anders prägte dafür die Bezeichnung »Masseneremit«.

8. Der Computer

Seit einigen Jahren haben die Medien Verstärkung und Ergänzung durch den Computer bekommen. Es ist üblich geworden, von beiden in einem Atemzug zu sprechen. Dem liegt das außerordentlich folgenreiche Zusammenwachsen der Medientechnik und der Computertechnik zugrunde. Die Nachrichtentechnik spielt dabei die verbindende Rolle. Sie stellt vor allem die weltweiten Netze her, über die Medien- und Computerinhalte ausgetauscht werden können. Durch das Zusammenwirken der drei Bereiche sind Internet, Multimedia und Cyberspace, um nur einiges zu nennen, entstanden, Neuerungen, die dabei sind, unsere Lebensverhältnisse in einem in der Geschichte beispiellosen Tempo zu verändern.

Was den Computer betrifft, so gilt für ihn, sofern er im Zusammenhang mit einem Medium auftritt, dasselbe, was auch für das Telefon gilt: Er wird leicht übersehen. Wer ins Internet geht, um Informationen oder Gesprächspartner zu suchen, betätigt Keybord und elektronische Maus und heftet den Blick auf den Bildschirm. Der Computer? Man muss gar nicht wissen, wo er sich befindet. Und selbst wenn man es weiß und ihm von Zeit zu Zeit aufmerksam anschaut, man erfährt auf diese Weise nichts über ihn.

Tatsächlich spricht einiges dafür, den Computer im Zusammenhang mit einer Theorie der Medien unberücksichtigt zu lassen. Stattdessen könnte man sich gleich den verschiedenen Medien, bei denen er eine Rolle spielt, zuwenden. Dieser Weg soll hier aber doch nicht beschritten werden, weil der Computer den verschiedenen Anwendungen seinen Charakter aufprägt. Es soll also der Versuch gemacht werden, etwas über den Computer selbst auszusagen. Dabei wird nicht der Weg beschritten, den Ingenieure und Informatiker beschreiten müssen, wenn sie einen

Computer entwerfen und bauen wollen. Stattdessen soll untersucht werden, wozu der Computer verwendet wird, wie er seine Aufgaben bewältigt und wozu er besonders geeignet ist.

Im Folgenden soll eine ganz einfache Computeranwendung beschrieben werden.

Man stelle sich eine Terrasse vor, die an der Rückseite eines Hauses gelegen ist und den Übergang zum Garten bildet. An der Rückwand ist eine Markise angebracht, die zum Schutz vor Regen und Sonne ausgerollt werden kann. Das Ausrollen geschieht in Beispiel A mithilfe einer Kurbel, die von Hand betätigt wird, in Beispiel B steuert ein Computer die Markise.

Betrachten wir zunächst Beispiel A. Ein Mensch sitzt auf der Terrasse, liest, sinnt und schaut gelegentlich in den Garten und in den Himmel. Er bemerkt, dass Regenwolken aufziehen. Als der erste Regen fällt, hofft er, weil noch so viele blaue Stellen am Himmel zu sehen sind, es würde bei einigen Tropfen bleiben. Der Regen fällt aber immer stärker, und so steht der Mensch auf, um die Markise herabzulassen. Eigentlich freut ihn der Regen, denn im Garten ist es sehr trocken.

Beispiel B könnte so aussehen. Ein Sensor verwandelt die auftreffenden Regentropfen in Daten. Wenn eine bestimmte Menge von Tropfen pro Quadratzentimeter erreicht ist, lösen die dadurch erzeugten Daten das Programm »Markise ganz ausrollen« aus, das heißt, ein Elektromotor bekommt von einem Chip, auf dem das Programm installiert ist, einen entsprechenden Steuerungsbefehl. Es wäre auch denkbar, den Wind als Faktor einzubeziehen. Dann würde die Markise, falls der Regen mit starkem Wind einhergeht, nur halb ausgerollt oder vielleicht auch gar nicht.

Es soll nun Beispiel A und Beispiel B daraufhin verglichen werden, wie das Ausrollen der Markise zustande kommt. Im ersten Fall würde der Mensch die Wolken wahrnehmen und bald darauf die Tropfen, die auf unangenehme Weise nass machen. Er würde dann eine Verbindung herstellen zwischen dem Regen und der Markise und sie daraufhin herunterlassen. An dem simplen Vorgang wäre der Mensch mit seinem Wahrnehmen und seinem Denken beteiligt. Beides wäre von Gefühlen begleitet. Alles drei würde das menschliche Bewusstsein als den Ort haben, an dem es auftreten kann. Der Wille würde den Entschluss in die Tat umsetzen.

Bei Beispiel B würde die Markise ausgerollt, als hätte jemand den Regen bemerkt und sich dann gesagt, davor soll die Markise schützen. Durch den Computer wird ein zweckmäßiges Funktionieren möglich, ohne dass dazu Wahrnehmung, Denken und Wollen nötig wären. Das hat, solange man sich noch nicht daran gewöhnt hat, etwas Unheimliches. Man stelle sich vor, die Markise würde bei wechselhaftem Wetter einen ganzen Tag lang immer wieder aus- und eingerollt, ohne dass sich überhaupt jemand auf der Terrasse befindet.

Der Computer übernimmt in unserem Leben Aufgaben, die bis dahin nur von Menschen ausgeführt werden konnten. Er tut das, ohne über die Fähigkeiten zu verfügen, auf die sich der Mensch bei seinen Handlungen stützt. Dem Computer fehlt zum Beispiel das, was wir Wahrnehmung nennen. Zur Wahrnehmung gehören Bewusstsein und die Fähigkeit, Sinnesqualitäten erlebend zu unterscheiden, zum Beispiel das Blau des Himmels und das Schwarz der Regenwolke. Es wäre ganz verfehlt, den erwähnten Sensor als Sinnesorgan zu bezeichnen. Er tut nichts anderes, als auftreffende Tropfen in elektrische Impulse umzuwandeln. Das hat mit Wahrnehmung nichts zu tun. Die Impulse würden auch ausgelöst, wenn jemand oberhalb des Sensors seine Blumen gießt und dabei ein paar Tropfen herunterfallen.

Der Computer kann auch nicht wie ein Mensch denken. Das zeigt sich daran, dass er keinen Zusammenhang herstellen kann zwischen der Tätigkeit, die er auslöst, und der Situation, in der sie stattfindet. Das führt zum Beispiel zu dem unsinnigen Aus- und Einrollen. Das ließe sich selbstverständlich durch einen weiteren Sensor verhindern. Der Computer würde dann wie gewünscht steuern, mit Denken hätte das aber nach wie vor nichts zu tun.

Die Unfähigkeit des Computers, Zusammenhänge herstellen zu können, führt beim Flugzeugbau dazu, dass computergesteuerte Flugzeuge zwei oder drei Computersysteme haben, die sich gegenseitig kontrollieren. In großen Höhen ist die Intensität der kosmischen Strahlung so groß, dass die feinen Schaltungen, die auf den Chips angebracht sind, verändert werden können. Das Flugzeug steuert dann zum Beispiel nicht New York an, sondern den Nordpol.

Oberflächlich betrachtet mag es aussehen, als tue der Pilot, wenn er steuert, auch nichts anderes, als Daten zu verarbeiten. Er weiß aber, welchem übergeordneten Sinn seine Tätigkeit dient. Er weiß, dass sich der Kurs, den er steuert, aus dem Wunsch der Passagiere, New York zu erreichen, ergibt. Dieser Zusammenhang kann nur durch eine geistige Tätigkeit wie das Denken hergestellt werden.

Wenn so betont wird, was der Computer nicht kann, fragt man sich, wieso er überhaupt in der Lage ist, zweckmäßige Vorgänge zu veranlassen. Da ist entscheidend, dass jedem Funktionieren eines Computers Überlegungen eines Menschen vorausgehen. Im Fall der Markise hat sich jemand gefragt, welche Außeneinflüsse zu berücksichtigen sind (Wind, Regen, Sonne, Menschen), wo Elektromotoren angebracht werden müssen und welche Steuerungsbefehle nötig sind, um ein zweckmäßiges Funktionieren zu erreichen.

Diese Intelligenzleistung kann im Computer in Form eines Programms installiert werden. Das bedeutet, dass menschliche Intelligenz, ähnlich wie bei der Schrift, mechanisch fixiert wird. Die Fixierung im Computer geschieht allerdings so, dass die Intelligenz mithilfe der Elektrizität aktiviert werden kann. Statt dass ein intelligenter Mensch eine Maschine von außen über Schalter steuert, löst sich die Intelligenz von ihm, wandert in der Maschine und steuert von innen.

Für das Verständnis des Computers – Verständnis im Sinne von Wesenserkenntnis – ist entscheidend, dass die Intelligenz beim Übergang in die Maschine ihre Einbettung in andere menschliche Fähigkeiten verliert. Aus der wahrnehmenden Intelligenz wird eine blinde Intelligenz, aus der fühlenden Intelligenz wird eine kalte Intelligenz, aus der sinngeleiteten Intelligenz wird eine dumme Intelligenz, und aus der verantwortenden Intelligenz wird eine gleichgültige Intelligenz.

Das Unheimliche, das bei Computersteuerungen erlebt werden kann, hat seinen Grund in dieser Eigenart der automatenhaften Intelligenz. Ein intelligentes Agieren läuft ab, das in die Situation, in der es auftritt, hineinpasst und dort trotzdem ein Fremdkörper ist. An dieser Stelle ist auch der Begriff »Atmosphäre« hilfreich. Atmosphäre entsteht dadurch, dass Wahrnehmender und Wahrgenommenes sich einander zuwenden und eine Beziehung eingehen. Was ist, wenn das Wahrgenommene seinen Ursprung einer intelligent steuernden Maschine verdankt, die blind, kalt und gleichgültig ist?

Diese Frage wird brisant, wenn der Computer als Partner des Menschen auftritt. Ich gebe ein Beispiel. In einem Büro bemüht sich eine Sekretärin, den Inhalt einer Diskette auf die Festplatte zu übertragen. Nach einigen vergeblichen Versuchen führt ein weiterer Versuch dazu, dass auf dem Bildschirm folgende Frage erscheint: »Wollen Sie die Diskette wirklich löschen?«

Die Frage soll die Sekretärin davon abhalten, einen gravierenden Fehler zu begehen. Eine Maschine fragt!? Selbstverständlich gibt es eine nüchterne Erklärung. Der Programmierer hat den entsprechenden Fall vorausgesehen. Die Sekretärin hat durch einen Tastendruck eine Kette von Steuerungsbefehlen ausgelöst. Diese Steuerungsbefehle dirigieren einen Kathodenstrahl so, dass auf dem Bildschirm Helligkeitsphänomene entstehen, die wir als Schrift deuten.

Man kann sich das alles klar machen, dennoch fühlt man sich angesprochen. Es entsteht eine Beziehung, eine Beziehung allerdings, in die das, was einen Menschen von einer intelligenten Maschine unterscheidet, nicht eingehen kann. Für die Maschine hat der Mensch nur Bedeutung, insofern er ein Tastendrücker ist. Die Frage »Wollen Sie die Diskette wirklich löschen?« hätte auch von einem Hund ausgelöst werden können.

Der Computer zwingt den Menschen auch, sich auf einen Bereich zu beschränken, in dem er der Maschine unterlegen ist.

Die im Hinblick auf den Computer geschilderten Phänomene

hätten wenig Bedeutung, wenn die gegenwärtig lebenden Menschen ein starkes, auf Selbsterkenntnis gegründetes Selbstbewusstsein hätten; wenn sie in der Lage wären, den Computer nüchtern zu betrachten und wenn sie mit ihm nicht mehr Zeit verbrächten, als wirklich nötig ist. Diese Bedingungen sind jedoch nicht erfüllt. Dafür einige Belege.

Wie das Telefon benutzt wurde, um die Richtigkeit der rein naturwissenschaftlichen Erklärung von Sprechen und Hören zu demonstrieren, so dient jetzt der Computer als Modell, mit dessen Hilfe erklärt werden soll, wie das Gehirn Gedanken hervorbringt. Seit den ersten öffentlich geführten Debatten über den Computer ist vom Elektronengehirn die Rede. Der erste Beitrag, den »Der Spiegel« über den Computer brachte, ist überschrieben: »Maschinengehirn. Beängstigend menschlich« (1950, Nr. 28). Im Text ist von »Denkmonster«, »Supergehirn« und »Elektronengehirn« die Rede. Der Computer arbeite selbstständig, heißt es, und habe ein »Willenszentrum«.

In den sechziger Jahren tritt die Bezeichnung »Elektronengehirn« zurück. Stattdessen nennt man Computer »denkende Maschinen«. Ihr Denken sei logischer, schneller und reibungsloser als beim Menschen.[44] Solche Vorstellungen regen einige Vertreter der KI-Forschung (KI = Künstliche Intelligenz) seit den achtziger Jahren dazu an, den Computer wegen seines unzerstörbaren »Körpers« aus Maschinenteilen zu beneiden. In Analogie zu Hardware und Software des Computers wird der menschliche Leib als Wetware – mit dem Makel der Vergänglichkeit – bezeichnet.[45] Eine wachsende Zahl von Computerwissenschaftlern und Computerliebhabern wünscht sich nichts sehnlicher, als den menschlichen Geist vom menschlichen Leib trennen zu können, um ihn dann auf die Festplatte eines Computers laden zu können.

Menschen, die sich intensiv mit dem Computer verbunden haben, sind nicht die Einzigen, die sich durch ihn zu allerlei Fantasien anregen lassen. Ein an der Universität Bremen durchgeführtes Forschungsprojekt, das die Einführung des Computers in die Verwaltung der Stadt Bremen verfolgt hat, ist in Gesprächen mit den Betroffenen zu dem Ergebnis gekommen, dass der Computer insofern einzigartig ist, als bisher keine technische Erfindung die Menschen in einem solchen Maße zu Vorstellungen, Fantasien, Hoffnungen und Ängsten angeregt hat. Dabei ist ganz deutlich eine Neigung zur Anthropomorphisierung und Personifizierung des Computers festzustellen. [46]

Zur Verdeutlichung dieser Tendenz sei betrachtet, wie in der Presse über das Spiel von Schachmeister Garri Kasparow gegen einen Schachcomputer berichtet wurde. Das Ereignis, das im Mai 1997 stattfand, sorgte zehn Tage lang für Schlagzeilen.

Vor dem Wettkampf konnte man folgende Überschrift lesen: »Mensch gegen Elektronenhirn. Gelingt es einem Computer, Schachweltmeister Kasparow zu besiegen?« (»Die Welt« vom 3./4. Mai 1997). In einem Artikel hieß es: »Die endgültige Kapitulation vor den Elektronenhirnen erwartet Garri Kasparow erst im Jahr 2010. Allzu gerne würde sich der 13. Weltmeister der Schachgeschichte seinen zwei Kindern als letzter unumschränkter Schach-Herrscher aus Fleisch und Blut präsentieren« (»Frankfurter Rundschau« vom 6.5.1997).

Die Texte zeigen, und das ist auch in vielen anderen Beispielen zu finden, dass eine Verwandtschaft und ein Gegensatz zum Computer konstruiert wird. Dabei überwiegt die von Kasparow vertretene Auffassung, dass der Vorrang des Menschen gegenüber der Maschine zu Ende gehe.

Die weitere Berichterstattung ist von der Unfähigkeit geprägt, den Computer nüchtern zu beurteilen. Nach dem ersten Sieg des Rechners geht es laut Kasparow in den weiteren Spielen um die Würde des Menschen. Der Computer habe, so lässt der Schachmeister die Menschheit wissen, für Augenblicke wie Gott gespielt. Diese Äußerungen werden von den Medien millionenfach verbreitet und dabei nicht kritisch beleuchtet. Die endgültige Niederlage Kasparows bringt einige Kommentatoren dazu, von dem Beginn eines neuen Zeitalters zu sprechen.

Dabei bringen die Medien, vor allem die Presse, durchaus Fakten, die geeignet wären, das Bild des Computers zurechtzurücken. So ist zu erfahren, dass hinter dem Computer ein ganzes Heer von Programmierern und Schachmeistern steht. Sie haben dem Computer sämtliche Spiele Kasparows eingespeichert, dazu 600.000 weitere Partien. Der Computer ist in der Lage, in jeder Sekunde 200 Millionen Positionen zu bewerten; innerhalb von drei Minuten werden 40 Milliarden Züge durchgespielt.

Hinter dem Computer stehen also Menschen, ohne die er nichts tun kann. Seine Leistung besteht darin, menschliche Fähigkeiten zu komprimieren, sodass sie in winzigen Zeiträumen zur Verfügung stehen. Man könnte auch sagen, der Schachcomputer ist so etwas wie eine Tarnkappe für Tausende von Schachspielern, gegen die Kasparow antreten musste.

Das Erstaunliche der Berichterstattung liegt in der Neigung, den Computer nicht im Zusammenhang mit den Menschen zu sehen, die ihn hergestellt haben und die ihn betreiben. Die Rechenmaschine wird, fast möchte man sagen, gewaltsam, zu einem selbstständigen Wesen gemacht, dem dann auch noch Fähigkeiten zugesprochen werden, die es über den Menschen erheben. Von den Fähigkeiten, die im Vergleich zum Menschen eindeutig fehlen, insbesondere Fühlen und Bewusstsein, heißt es, der Computer werde bald darüber verfügen.

Während dem Computer wesenhafte Züge angedichtet werden, bemühen sich Teile der Wissenschaft, allen voran die Hirnforschung, den Nachweis zu führen, dass der Mensch nichts anderes als eine Maschine sei. Auf derselben Seite der »Frankfurter Rundschau«, auf der Kasparow mit der Äußerung zitiert wird, er spiele um die Würde des Menschen und der Computer habe wie Gott gespielt, befindet sich die Besprechung eines Buches mit dem Titel: »Die Seelenmaschine – Eine philosophische Reise ins Gehirn.«[47] In der Rezension heißt es: »Churchland nennt sein Buch im Untertitel ›eine philosophische Reise ins Gehirn‹. Die experimentellen Ergebnisse der Neurowissenschaften und die sich daraus ableitenden Theorien über den Menschen und sein Gehirn werden erläutert und ihre mögliche Bedeutung für unser aller Leben beleuchtet. Churchland glaubt, dass sich mit der Gehirn- und Kognitionsforschung bald ein anderes Selbstbild des Menschen wird durchsetzen müssen, denn in absehbarer Zeit werde es möglich, das Gehirn und seine geistigen, emotionalen und sozialen Leistungen in Netzwerken künstlich nachzubauen. »Durch dieses Nachbauen, so meint man, werde endgültig bewiesen, dass der Mensch nichts als eine Maschine sei.«

Solche Auffassungen sind wenig geeignet, um Selbstbewusstsein und Selbstsicherheit des Menschen zu stärken. Sie stehen auch einer nüchternen Betrachtung des Computers im Wege. Damit wächst die Wahrscheinlichkeit, dass Computerbenutzer sich durch das Eingehen einer Beziehung zu einer automatenhaften Intelligenz verändern. Da dem tatsächlich so ist, dafür gibt es inzwischen viele Belege.

Ein weiterer Grund, weshalb der Mensch Gefahr läuft, sich im Umgang mit dem Computer zu verändern, hängt mit seiner Vielseitigkeit zusammen. Was damit gemeint ist, kann ein Blick auf den Automaten, der in gewisser Beziehung ein Vorläufer des Computers ist, deutlich machen. Mit dem griechischen Wort »automaton« ist das aus eigenem Antrieb, das von selbst Gehende oder Geschehende gemeint. Aristoteles nennt den Zufall als Beispiel.

Die Neuzeit versteht unter einem Automaten ein sich selbst bewegendes Werk. Die Faszination, die der Automat hervorruft – Uhren, Tänzerinnen, Geigenspieler –, hängt zusammen mit dem Traum vom künstlichen Menschen. Die Philosophen des 17. Jahrhunderts benutzen den Automaten, um Pflanze, Tier und Mensch zu erklären und zugleich voneinander zu unterscheiden. Für Descartes ist ein Automat dadurch charakterisiert, dass er nur über eine beschränkte Zahl von speziellen Dispositionen verfügt. Der Mensch gehe darüber hinaus, weil ihm durch Sprache und Denken eine unbeschränkt universelle Handlungsfähigkeit möglich sei.[48]

Im Unterschied zum Automaten bekommt der Computer durch die verschiedenen Programme, die auf ihm laufen können, etwas von dieser universellen Handlungsfähigkeit. Das führt dazu, dass Computer immer mehr Arbeit übernehmen, die bisher von Menschen getan wurde.

Diese Entwicklung ist einerseits begrüßenswert. Bei vielen Arbeiten kann man froh sein, wenn sie den Menschen künftig erspart bleiben. Es muss aber auch Folgendes bedacht werden. Der Mensch entwickelt die in ihm veranlagten Fähigkeiten und Möglichkeiten nur, wenn er in geeigneter Weise lernend und übend tätig wird. Das beginnt beim Kind, das sich das Gehen, Sprechen und Denken nur erwirbt, wenn es sich, angeregt durch das Vorbild anderer Menschen, unablässig darum bemüht.

Diese Bedingung einer menschengemäßen Entwicklung hat Konsequenzen für die Erziehung und darüber hinaus für die gesamte Lebensführung. Kein Geringerer als Wilhelm von Humboldt hat bereits vor 200 Jahren die hier gemeinten Notwendigkeiten benannt. In seiner Schrift »Ideen zu einem Versuch, die Grenzen der Wirksamkeit des Staates zu bestimmen« (geschrieben 1792, Erstveröffentlichung 1806) schreibt er:

»Der wahre Zweck des Menschen – nicht der, welchen die wechselnde Neigung, sondern welche die ewig unveränderliche Vernunft ihm vorschreibt – ist die höchste und proportionierlichste Bildung seiner Kräfte zu einem Ganzen. Zu dieser Bildung ist Freiheit die erste und unerlässliche Bedingung. Allein außer der Freiheit erfordert die Entwicklung der menschlichen Kräfte noch etwas anderes, obgleich mit der Freiheit eng Verbundenes: Mannigfaltigkeit der Situationen. Auch der freieste und unabhängigste Mensch, in einförmige Lagen versetzt, bildet sich minder aus.«[49]

Mit dem Computer hat sich der Mensch eine Maschine geschaffen, die ihm, in Verbindung mit Programmen und anderen Maschinen, so gut wir alle Tätigkeiten abnehmen kann. In Verbindung mit den Bild- und Tonmedien kann er sogar zum Partner werden. Das heißt, ein intensiver Einsatz des Computers kann dazu führen, dass von den vielfältigen Tätigkeiten, zu denen das Leben normalerweise Anlass gibt, nur diejenigen übrig bleiben, die mit dem Computer im Zusammenhang stehen.

Zur Beurteilung der Folgen, die daraus entstehen können, muss gesehen werden, dass den mithilfe des Computers ausgeführten Arbeiten gemeinsam ist, dass sie dem Menschen nur einen Bruchteil der Möglichkeiten abverlangen, die ihm zur Verfügung stehen. Von den Sinnesorganen wird nur das Auge angesprochen. Es gerät obendrein ins Starren und sieht überwiegend Zahlen und Buchstaben. Der Bewegungsorganismus wird auf eine ganz einmalige Weise zur Ruhe gebracht. Das Starren der Augen setzt sich, wenn auch in abgeschwächter Form, in den übrigen Leib fort. Nur die Fingerspitzen müssen aus dieser Bewegungslosigkeit herausgerissen werden. Es entstehen Spannungen und Abnutzungen, die mit starken Schmerzen einhergehen können (Repetitive Strain Injury). Die seelische Erlebnisfähigkeit findet wenig Anregungen, und der Geist muss sich auf festgelegten Bahnen bewegen.

Ungeachtet dieser Tatsachen hat sich der Computer in wenigen Jahren über die ganze Welt ausgebreitet. Viele Menschen verbringen täglich mehrere Stunden an dem neuartigen Gerät. Die Gründe dafür sind vielfältig und können hier nicht alle benannt werden. Es soll lediglich der Frage nachgegangen werden, warum von dem Computer eine derartige Faszination ausgeht. Im Folgenden sei der Personalcomputer betrachtet. Da ist einmal der Bildschirm, eine vibrierende, von innen leuchtende Fläche, auf der Zahlen, Buchstaben und Bilder erscheinen und wieder verschwinden. Der Bildschirm saugt den Blick an. Der Betrachter sitzt davor und fühlt sich zugleich aufgefordert, wie durch ein Fenster in eine andere Welt einzusteigen.

Die besonderen Eigenschaften eines Personalcomputers kommen in dem folgenden Hinweis eines Benutzerhandbuches zum Ausdruck. Der Bildschirm wird als Arbeitsoberfläche (Benutzeroberfläche) bezeichnet. Darüber heißt es: »Die Arbeitsoberfläche, in Windows 95 als Desktop bezeichnet, können Sie wie Ihren Schreibtisch benutzen.« Der neue »Schreibtisch« hat allerdings nur zwei Dimensionen. Der Benutzer kann die neue Arbeitsoberfläche auch gar nicht selbst berühren.

Charakteristisch ist auch, wie von Objekten die Rede ist. Ausdrücklich heißt es, etwas, das nur elektronisch existiert, also eine bestimmte Funktion (zum Beispiel ein »Pinsel« oder ein »Papierkorb«), werden genauso als Objekt bezeichnet wie ein realer Drucker oder ein reales Diskettenlaufwerk. Daraus ergibt sich dann die Objektorientierung des Programms. Obwohl der Benutzer nur die elektronische Maus und die Tastatur betätigen kann, soll er den Eindruck bekommen, mit den verschiedensten Objekten umzugehen. In einer Übersicht über die grundlegenden Funktionen des Programms wird unter anderem Folgendes genannt: Dokument erstellen; Objekte öffnen; Objekte verschieben; Datei suchen; Fenster anordnen; Fenster schließen; Hilfe anrufen.

Beim Arbeiten am Personalcomputer (PC) begibt sich der Benutzer unmerklich aus dem dreidimensionalen Raum hinaus. An die Stelle des Raumes tritt die Fläche. Durch seine Tätigkeit bringt der Benutzer das, was im Zusammenhang seiner Arbeit nötig ist, auf der Fläche hervor. Das sieht oberflächlich wie Schreiben aus. Während aber beim Schreiben auf dem Papier nur das erscheint, was der Mensch mit dem Stift selbst hervorbringt, regen die Bewegungen, die mit der elektronischen »Maus« und der Tastatur gemacht werden, Programmfunktionen an. Dadurch heften sich an die menschlichen Bewegungen riesige Kräfte. Da der Benutzer in der Regel nicht weiß, wie diese Kräfte entstehen, wirken sie auf ihn magisch. Das wird noch dadurch unterstützt, dass auf dem Bildschirm der Eindruck von Lebendigkeit entsteht. Der Text-Cursor blinkt, Zahlen verändern sich, bei automatisch ablaufenden Vorgängen wird ständig angezeigt, bis zu welchem Punkt der Vorgang vorangeschritten ist.

Im Folgenden soll ein Blick auf das zu dem Betriebssystem Windows 95 gehörende Malprogramm »Paint« geworfen werden. Die Abbildung 11 zeigt das so genannte Anwendungsfenster, das auf dem Bildschirm erscheint, wenn das Programm aufgerufen wird. Es bietet eine Werkzeugleiste, eine Farbpalette und einen Bereich für die Feinabstimmung des gewählten Werkzeugs. Als Werkzeuge beziehungsweise Gegenstände stehen zur Verfügung: Radiergummi, Farbtopf, Pipette, Lupe, Stift, Pinsel, Spraydose. Die Farbpalette bietet 28 Farben. Es gibt neun verschiedene Möglichkeiten, die Form und Größe des Farbauftrags zu bestimmen. Außerdem bietet das Programm die Möglichkeit, Linien und Figuren geometrisch exakt zu zeichnen.

Die Möglichkeiten des Programms könnten in der folgenden Weise benutzt werden. Man führt den Cursor (ein auf dem Bild-

Das Paint-Anwendungsfenster

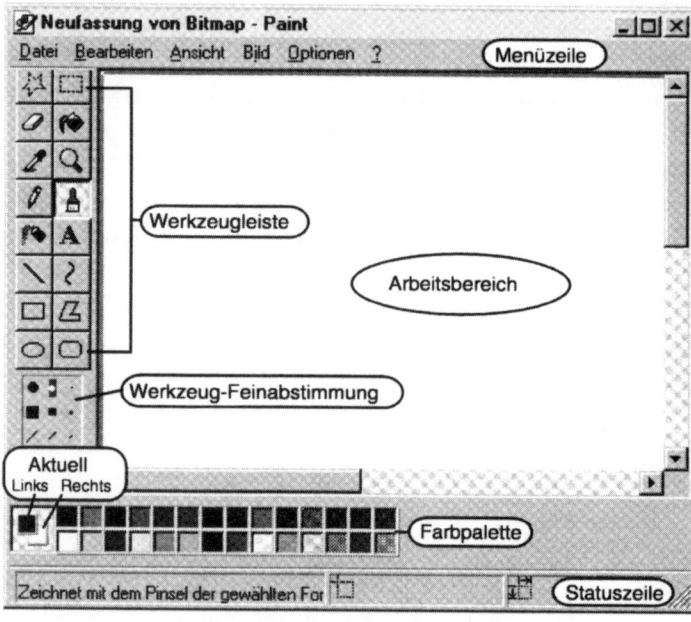

Abbildung 11

schirm sichtbares Zeichen, meistens ein Pfeil) mit der »Maus« auf das Symbol für Pinsel und klickt den Pinsel an. Damit hat man sein Werkzeug gewählt. Auf dieselbe Art kann man Form und Stärke des Pinsels und die Farbe wählen. Wenn man nun die »Maus« bewegt, entsteht auf dem Bildschirm ein Strich mit den gewählten Eigenschaften. Man kann jetzt zum Beispiel die Umrisslinien eines Hauses zeichnen. Für die einzelnen Flächen, die dabei entstehen, kann man Farben wählen. Ein Mausklick führt dazu, dass eine komplizierte Fläche in Sekundenbruchteilen rot ausgefüllt ist. Mit einem »Radiergummi« kann ich das, was mir nicht gefällt, wieder entfernen. Bestimmte Formen lassen sich, wenn man sie mit dem Cursor auf der Werkzeugleiste angeklickt hat, geometrisch exakt zeichnen. Ich zeichne dann mit der »Maus« einen wackeligen Kreis, auf dem Bildschirm wird er aber

136

ganz exakt. Das Programm macht die »Maus« zum Zauberstab, mit dessen Hilfe sich die verschiedensten Effekte und Dinge hervorrufen lassen.

Bei der Benutzung des Programms gewöhnt man sich daran, zwischen wirklichen und imaginären oder virtuellen Gegenständen nicht zu unterscheiden. Es findet so etwas wie eine Vertauschung statt. Die wirklichen Gegenstände treten zurück, die virtuellen leisten die Arbeit.

Die Ergebnisse, etwa das auf dem Bildschirm gezeichnete Haus, haben eine merkwürdige Perfektion – merkwürdig deshalb, weil der Grund dieser Perfektion nur schwer zu erkennen ist. Vielleicht hängt es mit der Homogenität der Farbflächen zusammen, die von Hand so niemals herstellbar wäre. Der »Pinselstrich« hat an den Rändern eine stets gleichbleibende Struktur. Auch hier ein Element, das die menschliche Hand nicht hervorbringen könnte. Diese technische Perfektion bildet einen interessanten Kontrast zu den Unvollkommenheiten, die sich aufgrund der mangelhaften Beherrschung der »Maus« ergeben.

Ich habe das Bildschirmhaus noch einmal mit der Hand direkt auf Papier gezeichnet. Da sieht es ziemlich langweilig aus. Mein zeichnerisches Unvermögen springt unangenehm in die Augen. Während des Zeichnens ist mir allerdings angenehm aufgefallen, dass Auge, Hand, Stift und das Papier mit der entstehenden Zeichnung auf einer Linie liegen. Ich handle in einem Raumkontinuum, das an den größeren Raum des Zimmers, in dem ich mich befinde, anschließt.

Beim Arbeiten am PC löst sich die zusammenhängende Wirklichkeit auf. Durch Enträumlichung entstehen Unstetigkeitsstellen. Das hat zum Beispiel zur Folge, dass es ganz gleichgültig ist, wo sich die Hand befindet, die die »Maus« betätigt. Während ich auf den Bildschirm starre, bewege ich außerhalb meines Blickfeldes die »Maus«. Aber selbst wenn ich dort hinschaue, muss ich feststellen, dass kein beobachtbarer Zusammenhang zwischen dem Geschehen auf dem Bildschirm und den Bewegungen meiner Hand, die es auslösen, besteht.

Man könnte einwenden, das sei etwas ganz Alltägliches. Wenn

ich den Zündschlüssel drehe und dadurch mein Auto starte, kann ich den Zusammenhang zwischen meiner Bewegung und dem, was sie bewirkt, auch nicht beobachten. Dennoch besteht in bedeutsamer Unterschied. Beim Auto bleiben die technischen Vorgänge etwas mir weitgehend Äußerliches. Beim Arbeiten mit der »Maus« begebe ich mich in das System hinein. Der Pfeil, den ich über den Bildschirm führe, ist so etwas wie mein Stellvertreter, der in der Maschinerie tätig wird. Dadurch werde ich zu einem Bestandteil des Systems. Ich werde in die Apparatur integriert.

Die Eigenschaften und Leistungen des Personalcomputers führen dazu, dass beim Benutzer der Eindruck entsteht, dass die Beschränkungen aufgehoben werden, denen er unterliegt, weil er im Raum und in der Zeit lebt und sich dabei mit dreidimensionalen Körpern auseinandersetzen muss. Das Programm »Paint« stellt ein ganzes Atelier zur Verfügung, ohne dafür mehr als eine Fläche von ein paar Quadratzentimetern zu benötigen. Aber selbst diese Fläche wird nicht dauerhaft in Anspruch genommen. Ein Klicken mit der »Maus« genügt, und das Atelier macht einem Büro mit unzähligen Aktenordnern Platz. Man kann Dokumente suchen, entnehmen, bearbeiten, verschicken und wieder ablegen. Man kann sich aber auch so etwas wie einen privaten Bereich schaffen. Da kann man ein Tagebuch schreiben, die Telefonnummern seiner Freunde speichern, eine Sammlung mit Gedichten, die einem besonders gefallen, anlegen, ein Notizbuch einrichten und vieles mehr. Bei manchen Menschen ist die Neigung zu beobachten, sich hier richtig einzurichten. Sie schaffen sich so etwas wie ein zweites Zuhause.

Was die Zeit betrifft, so hebt der Computer diejenigen Beschränkungen auf, die dadurch entstehen, dass ich als Mensch für alle Tätigkeiten eine bestimmte Zeitspanne benötige. Für die Zeilen, die ich gerade schreibe, benötige ich im Durchschnitt knapp dreißig Sekunden. Ich könnte schneller schreiben, käme aber doch rasch an den Punkt, dass die Schrift unleserlich würde. Allenfalls ließen sich, wie ich soeben ausprobiert habe, zehn Sekunden einsparen. Der Computer kann Textseiten, die zum Beispiel neu formatiert wurden, so schnell schreiben, dass es kaum möglich ist, mit den Augen zu folgen. Da man weiß, wie viel Zeit man selbst benötigt hätte, entsteht der Eindruck, die Zeit würde aufgehoben.

Die Überwindung der Grenzen, die uns durch Raum und Zeit gesetzt sind, gehört zu den großen Sehnsüchten unserer Zeit. Die Medien kommen dem entgegen, indem sie das Entfernte und das Vergangene ins Hier und Jetzt holen. Die Sehnsucht geht aber weiter. Sie richtet sich auf das Überräumliche und Überzeitliche. Die Grenzen der sinnlichen Welt sollen überschritten werden. Der Computer erweckt, mehr noch als die ihm vorausliegenden Medien, den Eindruck, als würde er einen Weg zu diesem Ziel eröffnen. Mit seiner Hilfe sind Tätigkeiten möglich, bei denen im Erleben der Benutzer Raum und Zeit keine Rolle spielen.

Zur Charakterisierung des Computers gehört auch, dass betrachtet wird, für welche Aufgaben er besonders geeignet ist und mit welchen Absichten er eingesetzt wird. In Bremen wurde der Computer Ende der achtziger Jahre in der Verwaltung eingeführt, um die Personalkosten einzudämmen und um die Arbeit effizienter zu machen. Dieses Ziel hätte man auch anders erreichen können, nämlich durch Dezentralisierung und ein Zurücknehmen der Bürokratisierung. Der Computer machte es möglich, mit einer Fehlentwicklung fortzufahren, indem er half, die Folgen dieser Fehlentwicklung zu bewältigen.

In der Wirtschaft hat der Computer eine ähnliche Rolle. Überproduktion auf der einen und Gewinnmaximierung auf der anderen Seite führen dazu, dass sich die Unternehmen dazu verleiten lassen, sich Wettbewerbsvorteile durch Preissenkungen zu verschaffen. Dazu müssen die Herstellungskosten gesenkt werden. Der Computer hilft dabei, vor allem dadurch, dass durch ihn die Automatisierung vorangetrieben wird, was bedeutet, dass Arbeitskräfte eingespart werden können. Der Computer steigert auch das Tempo, mit dem neue Produkte auf den Markt kommen. Dadurch entstehen immer neue Kaufanreize, die den Konsum ankurbeln. Schließlich laufen auf dem Computer auch so genannte Optimierungsprogramme. Sie machen Vorschläge, wie der Gewinn gesteigert werden kann. Da werden dann zum Beispiel unrentable Aktivitäten benannt. Wenn das erst einmal geschehen ist, ist es sehr schwer, solch eine Aktivität fortzuführen, mögen auch noch so viele andere Gründe dafür sprechen. Insgesamt dient der Computer in der Wirtschaft dazu, den mörderischen Kampf aller gegen alle, der hier entbrannt ist, weiter anzuheizen.

Bei all diesen Anwendungen wird die Ausbreitung des Computers auch dadurch begünstigt, dass die entsprechenden Lebensbereiche auch vorher schon auf eine starre und schematische, eben maschinenhafte Weise organisiert waren. Die Benutzung des Computers ist dann nur die konsequente Fortsetzung des bereits eingeschlagenen Weges.

Ein weiterer Gesichtspunkt zur Beurteilung des Computers ergibt sich, wenn noch einmal auf Rudolf Steiners Auseinandersetzung mit dem Buch zurückgeblickt wird. Bei der kritischen Betrachtung des Buches wird hervorgehoben, dass sich mit seiner Hilfe die Intelligenz vom Menschen löst. Die Möglichkeiten, die Intelligenz anderer zu missbrauchen, nehmen dadurch sehr zu. Ein weiteres Problem entsteht dadurch, dass durch das Anstarren der Buchstaben eine Dämpfung des Bewusstseins eintreten kann.

Es springt in die Augen, dass die von Steiner genannten Probleme beim Computer in verstärkter Form auftreten. Die Intelligenz, die mit dem Programm in die Maschine installiert wird, büßt jeden Bezug zu dem, der das Programm geschrieben hat, ein. Darüber hinaus werden sogar alle Hinweise darauf, dass Intelligenz etwas mit Sprache, Denken und geistbegabten Wesen zu tun hat, gelöscht. Die Ergebnisse, die der Computer produziert, bekommen dadurch den Anschein, als seien sie über alles Persönliche erhaben, sozusagen von allen menschlichen Schwächen geläutert.

In der Praxis kann das zu Folgendem führen. Der Leiter eines riesigen Konzerns, der weltweit tätig ist, beschließt, alle sozialen und ökologischen Rücksichten über Bord zu werfen und nur noch nach mehr Macht und Profit zu streben. Er sucht Optimierungsprogramme aus, die seinen Absichten dienen, und schreibt ihre Anwendung in allen Unternehmungsbereichen vor. In der Folge kommt es zu Betriebsschließungen, veränderten Arbeitsbedingungen und dergleichen mehr. Obwohl die Folgen für die Betroffenen verheerend sind und auch die Umwelt leidet, gibt es wenig Widerstand. Gegen wen sollte er sich auch richten? Das wäre anders, wenn der Leiter des Konzerns die von ihm beschlossene Strategie selbst vertreten müsste. Um seine Ziele zu erreichen, müsste er andere Menschen dafür gewinnen. Er würde auch auf Menschen treffen, die ihm Widerstand leisten, und müsste sich damit auseinandersetzen. Die Umstrukturierung eines Konzerns würde auf diese Weise, wenn sie überhaupt gelänge, Jahre dauern.

Zur Eigenart des Computers gehört auch, dass die Intelligenz in ihm wirksam wird, das heißt, sie schafft Fakten. Das ist bei der menschlichen Intelligenz anders. Da muss, bevor es zur Tat kommt, ein Entschluss gefasst werden. Zu seiner Ausführung muss der Intelligenz der Wille zu Hilfe kommen und den Leib ergreifen. Beim Computer treten an die Stelle von Wille und Leib Elektrizität und programmgesteuerte Maschinen.

Rudolf Steiner nannte das Buch einen würdigen Stellvertreter des gesprochenen Wortes. Man muss hinzufügen: Es handelt sich um einen Stellvertreter, der sich vervielfältigen kann. Mithilfe des Buches kann ein einzelner Mensch seine Gedanken an viele andere Menschen herantragen. Wirken tun die Gedanken allerdings nur, wenn sie aufgenommen und umgesetzt werden. Der hier als Beispiel angeführte Konzernchef ist auf die Mitwirkung anderer Menschen nicht angewiesen. Es sind Optimierungsprogramme denkbar, die es nicht bei Empfehlungen belassen, sondern selbstständig entsprechende Maßnahmen einleiten. Die Mitarbeiter werden dadurch zu Handlangern, die Computerentscheidungen ausführen müssen. Tatsächlich verhilft der Computer einzelnen Menschen in Machtpositionen dazu, an vielen Orten gleichzeitig zu *handeln*.

Die zweite Eigenschaft, die Steiner beim Buch hervorhebt, tritt beim Computer ebenfalls in gesteigerter Form auf. An die Stelle des bedruckten Papiers tritt beim Computer der Bildschirm mit den darauf projizierten Zeichen. Seine bewusstseinsdämpfende Wirkung übersteigt bei weitem diejenige, die von einem Buch ausgehen kann. Unter diesem Gesichtspunkt betrachte man einmal die Situationen, in denen heute – vor allem im militärischen Bereich – weitreichende Entscheidungen getroffen werden. Da sitzen Menschen in abgedunkelten Kommandozentralen und starren auf Dutzende von Bildschirmen. Das wache Tagesbewusstsein ist da nicht aufrechtzuerhalten. Es entsteht die Neigung, die Entscheidungen dem Computer zu überlassen.

An dieser Stelle ist zu fragen, welche Fähigkeiten zu entwickeln sind, damit es gelingen kann, den Computer so einzusetzen, dass er einen positiven Beitrag leistet. Da muss sich zuerst einmal um eine nüchterne Betrachtung des Computers bemüht werden. Alle Leistungen des Computers lassen sich auf die Mathematik und das Wirken der Naturgesetze zurückführen. Diese Tatsache muss immer aufs Neue dem Eindruck, den der Computer erweckt, entgegengehalten werden. Es muss auch bedacht werden, dass die Leistungen von Programmen grundsätzlich darauf beruhen, dass räumliche und zeitliche Faktoren durch eine Wenn-dann-Beziehung miteinander verknüpft werden. Wenn Regen, dann Ausrollen der Markise – das simple Markisen-Beispiel ist durchaus typisch. Der Eindruck von Magie oder von der Überwindung von Raum und Zeit muss auf seine technischen, mathematischen und naturgesetzlichen Grundlagen zurückgeführt werden. Wobei zu einer nüchternen Betrachtungsweise auch die Feststellung gehört, dass durch Miniaturisierung und Temposteigerung tatsächlich Grenzbereiche beschritten werden können.

Die Entzauberung des Computers kann allerdings nur gelingen, wenn man dem Zauber nicht verfällt. Die Überwindung der Grenzen von Raum und Zeit ist ein berechtigter Wunsch. Seine Verwirklichung setzt allerdings einiges voraus. Man kann sich zum Beispiel klar machen, dass man bereits mit jedem Gedanken einen Bereich betritt, in dem Raum und Zeit nichts bedeuten. Durch meditatives Üben ist eine Bewusstseinserweiterung möglich, die erlaubt, in diesen Bereich tiefer einzudringen. Wer diesen Weg beschreitet, ist geschützt vor illusionären Befriedigungen, wie sie unter anderem der Computer und seine verschiedenen Anwendungen verschaffen.

142

Der Überschätzung des Computers durch seine Vermenschlichung muss durch ein dem Menschen wirklich gerecht werdendes Selbstverständnis begegnet werden. Denkt mein Gehirn oder denke ich mithilfe meines Gehirns? Nur wer durch Denkanstrengung und Erfahrung zu der Überzeugung kommt, dass ein rein geistiges Ich den eigenen Mittelpunkt bildet, der ist geschützt vor der Mystifizierung des Computers. Insofern stellt der Computer eine gewaltige Herausforderung dar, die wir wahrscheinlich auch brauchen. Er stellt jeden Benutzer vor die Frage: Wer bin ich?

Zum richtigen Selbstverständnis gehört auch, dass man weiß, auf welchem Wege man zu dem Menschen wird, der in einem veranlagt ist. Geht man dieser Frage nach, trifft man auf unverzichtbare Tätigkeiten und Erfahrungen. Niemand lernt zum Beispiel das Sprechen, der es nicht bei anderen Menschen erlebt und dazu angeregt wird, ihnen nachzueifern. Viele andere Fähigkeiten entwickeln sich auch nur im Umgang mit anderen Menschen. Wird der Ausbreitung des Computers – vor allem seiner Anwendung in Form des Personalcomputers – nicht Einhalt geboten, dann wird er fortfahren, systematisch die Gelegenheiten zu zerstören, bei denen wir anderen Menschen begegnen können. Noch vor wenigen Jahren war es gar nicht möglich, seine tägliche Arbeit zu verrichten, ohne mit anderen zusammenzuwirken. Heute führen Bildschirm-Arbeitsplätze dazu, dass sich täglich Millionen von Menschen mit ihren Fähigkeiten und ihrer Aufmerksamkeit einer Maschine zuwenden. In der Freizeit besteht eine ähnliche Tendenz, wobei Computer und Medien zusammenwirken.

Dieser Fehlentwicklung muss mit der Einsicht in die Lebens- und Entwicklungsbedingungen des Menschen entgegengetreten werden. Es muss auch klar sein, dass bei allem, was mit dem Pädagogischen, dem Therapeutischen und dem Künstlerischen zu tun hat, der Computer nichts zu suchen hat. Aber auch handwerkliche Tätigkeiten dürfen nicht verloren gehen.

Allerdings sind zur Zähmung des Computers auch ganz neue Impulse nötig. Dazu ein kleines Beispiel. Seit zwei Jahrzehnten gehe ich in eine Filiale der Sparkasse, um dort die Dinge zu erledigen, die mit Geld und Zahlungsverkehr zu tun haben. Inzwischen hat sich die Technologie so entwickelt, dass man für die meisten Angelegenheiten die in der Filiale aufgestellten Maschinen in Anspruch nimmt. Die Mitarbeiter kümmern sich nur noch um Problemfälle oder Sonderwünsche. Diese Situation hat bei mir dazu geführt, dass ich mit den Mitarbeitern, die ich zum Teil seit zwanzig Jahren kenne, fast nichts mehr zu tun habe.

Ich habe das zunächst als einen Verlust betrachtet, für den ich die fortschreitende Computerisierung verantwortlich gemacht habe. Ich bin dann aber doch einen Schritt weiter gegangen und habe mich gefragt, wie es um mein Interesse für die Mitarbeiter der Filiale bestellt ist, wenn ich sie jetzt, nur weil es Automaten gibt, nicht mehr sehe. Mein Interesse bedurfte offenbar der Unterstützung durch praktische Zwecke, damit es zu einer Begegnung kam.

Wenn die Computer zur Vereinsamung führen, dann ist das ein Hinweis darauf, dass das Interesse für andere Menschen zu gering ist. Bisher haben sich menschliche Begegnungen überwiegend mit einer gewissen Notwendigkeit ergeben, sie waren fast so etwas wie ein Nebeneffekt. Solche äußeren Hilfen werden künftig mehr und mehr wegfallen. An ihre Stelle muss ein gesteigertes Interesse am anderen Menschen treten. Dieses Interesse muss erst noch errungen werden. Wo die Menschen wenigstens auf dem Weg zu diesem Ziel sind, entsteht ein wirksames Gegengewicht gegen das Verdrängen und Ersetzen von Menschen durch Maschinen.

Ein weiterer Impuls, ohne den ein sinnvoller Einsatz des Computers kaum möglich ist, hängt mit der Gestaltung der sozialen Verhältnisse im Sinne der von Rudolf Steiner beschriebenen sozialen Dreigliederung zusammen. Damit ist ein Rahmen gemeint, der es den Menschen ermöglicht, ihr Zusammenleben so zu gestalten, dass dabei kein Machtzentrum, dem sich alle zu fügen hätten, nötig wäre. Für die Wirtschaft bedeutet die soziale Dreigliederung Folgendes. Gegenwärtig bilden Bedürfnisbefriedigung und Gewinnmaximierung eine Einheit. Die in der Wirtschaft Tätigen sagen sich, sie können ihre Bedürfnisse am besten befriedigen, wenn der Gewinn möglichst hoch ist, weil sie dann über das nötige Geld verfügen. Eine im Rahmen der sozialen Dreigliederung arbeitende Wirtschaft verfolgt einzig und allein das Ziel, die Bedürfnisse der Konsumenten zu befriedigen. Gewinne werden in Aufgabenbereiche geleitet, die selbst keine Gewinne machen können (Bildung, Forschung, Kultur). An die Stelle der Konkurrenz treten Absprachen zwischen Herstellern, Händlern und Verbrauchern. In einer solchen Situation fehlt der Anreiz, den Computer zur Senkung von Personalkosten einzusetzen. Mit dem Fehlen von Machtzentren fällt ein weiterer Bereich weg, in dem der Computer besonders effektiv ist.

Abschließend ein Vorschlag. Er hat mit Folgendem zu tun: Sobald irgendwo Computer eingeführt werden, entsteht früher oder später eine Abhängigkeit, weil Aufgaben übernommen werden, die von Menschen gar nicht oder nur mit Mühe ausgeführt werden können. Bis vor einigen Jahren galt der Grundsatz, die Computerisierung nur so weit zu treiben, dass beim Ausfall der Rechner Menschen die entsprechenden Aufgaben übernehmen konnten. Dieser Grundsatz ist inzwischen aufgegeben worden. Damit ist so etwas wie eine natürliche Grenze überschritten, die besser respektiert worden wäre. Jetzt kann nur noch die Einsicht in die Lebensbedingungen des Menschen mäßigend wirken. In einer Gesellschaft, die nicht nach den Grundsätzen der sozialen Dreigliederung gestaltet ist, hat diese Einsicht – etwa gegenüber den Interessen der Wirtschaft – wenig Gewicht. Daher sei, wenn das gegenwärtig auch noch so unrealistisch sein mag, der Vorschlag gemacht, die natürliche Grenze zu respektieren. Bei Neugründungen von Unternehmen mag das vielleicht gelingen. Man sollte dann von Zeit zu Zeit Notfallübungen durchführen, bei denen alle Computer abgeschaltet werden. Man wird dann sehen, ob es, natürlich mit einem erheblichen Mehraufwand an Zeit, möglich ist, die Arbeit der Computer zu übernehmen. Solch eine Übung schafft auch ein Gegengewicht gegen das untergründige Gefühl der Abhängigkeit. Außerdem schärft sie das Bewusstsein für die Existenz der Computer.

Der zweite Vorschlag greift eine Idee von Joseph Weizenbaum auf, die er im Mai 1998 in einem Interview äußerte, das er der Zeitung »Die Welt« gab. Dort heißt es: »Vor 30 Jahren habe ich vorgeschlagen, ein Moratorium zu erklären, fünf Jahre lang keine neuen Computersysteme zu entwickeln. Schon damals war es so, dass lange bevor wir einen Computer völlig ausbeuten und richtig gut nutzen können, die nächste Generation da ist. Heute ist es doch immer zu früh, einen Computer zu kaufen. Wenn Sie den neuesten PC nach Hause bringen, dann finden Sie im Briefkasten schon die Reklame für den noch besseren, noch schnelleren Computer.«

Ich möchte einen weiteren Grund für das von Weizenbaum geforderte Moratorium nennen. Statt Energien in immer neue Computersysteme zu stecken, sollten wir diese Energien darauf verwenden, unser Verhältnis zu den Computern zu klären, indem wir gründlich und vorurteilslos darüber nachdenken. Wenn das wirklich gelingt, dann werden wir schließlich darauf kommen, dass es viele Arten von Fortschritt gibt, nicht nur den auf dem Gebiet der Technik. Es wird auch deutlich werden, dass die Aufgabe des Menschen vor allem darin besteht, mit der Entwicklung menschlicher Fähigkeiten und Qualitäten voranzukommen. Wer diesen Weg beschreitet, für den wird technischer Fortschritt zweitrangig.

In diesem Zusammenhang sei abschließend ein Blick auf einen Vortrag Rudolf Steiners aus dem Jahre 1921 geworfen, in dem Gedanken entwickelt werden, die es nahe legen, sie heute auf die Folgen einseitiger Computernutzung anzuwenden. Steiner spricht in dem Vortrag unter anderem von der Verstandestätigkeit des Menschen und der darauf gegründeten Verstandeskultur. Die Verstandeskultur beschreibt er als weitgehend unindividuell. Sie müsse persönlich werden, fordert er. Das Wissen dürfe nicht in unpersönlicher Weise aufgespeichert werden; denn dann könne es nicht mit dem Herzen, dem Gemüt verbunden werden. Wörtlich heißt es dann:

»Und wenn die Menschen lange, lange fortbetreiben das Unpersönliche der so genannten Wissenschaft, dann wird die Folge diese sein, dass die Menschen ihre Seelenhaftigkeit überhaupt verlieren. Diese unpersönliche Wissenschaft ist die Mörderin des menschlichen Seelenhaften und Geisteshaften; sie vertrocknet den Menschen, sie dörrt ihn aus. Sie macht zuletzt aus der Erde dasjenige, was man nennen kann einen toten Planeten mit automatenhaften Menschen darauf, die ihr Geistig-Seelisches auf diesem Wege verlieren. Auch da muss man sagen: Die Dinge müssen schon ernst betrachtet werden. Es darf nicht zugeschaut werden diesem kosmischen Mord durch den abstrakten Betrieb, den unpersönlichen Betrieb des Wissens auf der Erde.«[50]

9. Die Digitalisierung der Medien

Vorbemerkung
Die Digitalisierung des Buches

Seit Jahrzehnten erheben sich Stimmen, die das allmähliche Verschwinden des Buches prophezeien. Als Marshall McLuhan 1962 seinen Bestseller »Die Gutenberg-Galaxis. Das Ende des Buchzeitalters« schrieb, stützte er sich auf die Annahme, die elektronischen Medien würden die Dominanz des Auges beenden und dem Ohr wieder mehr Geltung verschaffen. Seitdem hat die Zahl der jährlich veröffentlichten Bücher immer noch zugenommen. Allerdings zeichnet sich inzwischen eine andere Entwicklung ab. Druckschrift erscheint immer häufiger nicht auf dem Papier, sondern auf dem Bildschirm. Dabei ist es ein Leichtes, der Schrift Bilder und Töne hinzuzufügen.

CD-ROM

Als Beispiel sei eine CD-ROM mit dem Titel »Vincent van Gogh. Der Mann, sein Leben, sein Werk« untersucht. Dem scheibenförmigen Datenträger von 12 cm Durchmesser liegt ein Zettel mit Hinweisen bei. Ihm ist zu entnehmen, dass es sich um ein »interaktives Multimedia-Programm« handelt. Man erfährt auch, welche Abspielgeräte erforderlich sind und wie der Datenträger installiert wird. Die Bezeichnung »CD-ROM« wird benutzt, aber nicht erklärt. (Es handelt sich um eine Abkürzung: Compact disc – Read only memory. Die Bezeichnung gibt einen Hinweis darauf, dass es sich bei dem Datenträger um ein reines Speichermedium handelt, dem nichts hinzugefügt werden kann.)
Der Hinweiszettel enthält auch folgende Inhaltsangabe:

»Erforschen Sie das Leben des Vincent van Gogh: seine Kunst, sein Wort und die Musik seiner Zeit.

Folgen Sie dem Lebensweg dieses brillanten Malers nach Holland, Paris und in die Provence, wo er viele seiner meistgefeierten Werke schuf.

Unternehmen Sie einen virtuellen Spaziergang durch das malerische Dorf Auvers-sur-Oise, das sich nur wenig verändert hat, seit van Gogh 1890 dort seine letzten Tage verbrachte.

Diese CD-ROM stellt Ihnen über 200 seiner Arbeiten aus Sammlungen und Museen der ganzen Welt vor und fasziniert Sie mit Videoclips und zeitgenössischen Originalaufnahmen der Musik von Debussy, Franck, Satie und Ravel. Während Ihnen professionelle Schauspieler wichtige Personen aus dem Umfeld des berühmten Künstlers vorstellen, wird Sie van Gogh persönlich mit seinen eigenen Worten durch das Programm führen – Grundlage hierfür bilden die über 700 Briefe an seinen Bruder Theo.«

Die CD-ROM beginnt mit einer Eröffnungssequenz, die in raschem Wechsel Selbstporträts van Goghs in chronologischer Folge zeigt. Dazu erklingt zeitgenössische Musik; außerdem wird ein erläuternder Text gesprochen. Die Sequenz führt zu dem Bild »Place Lamartine«. Von hier findet man den Einstieg in die verschiedenen Programmteile, zum Beispiel »Atelier«, »Schaffensperioden«, »Orte seines Lebens«. Führt man den Cursor (Pfeil) mit der elektronischen Maus über das Bild, leuchten an bestimmten Stellen die Überschriften der Programmteile auf. Ein Mausklick verschafft dann zum Beispiel Zugang zum »Atelier«. Da hat man wieder eine Fülle von Auswahlmöglichkeiten. Man kann sich für den Lebenslauf interessieren oder für das künstlerische Werk. Dabei kann man ständig zusätzliche Erläuterungen, Ergänzungen und weiterführende Informationen in Anspruch nehmen. Es gibt ein Künstlerlexikon und ein Lexikon kunstwissenschaftlicher Begriffe. Sämtliche Briefe van Goghs werden bereitgehalten. Man kann in ein »Fenster« ein Datum eingeben und bekommt dann die Briefe dieser Zeit präsentiert. Man kann auch Anfragen an die Rubrik »Chronologie« richten, um etwa zu erfahren, wo sich van Gogh an einem bestimmten Tag aufhielt, mit wem er zusammentraf und an welchem Bild er malte. Interessiert man sich für ein bestimmtes Bild, hat man in vielen Fällen die Möglichkeit herauszufinden, welche Rolle die verwendeten Motive in der Kunstgeschichte spielen. Die Abbildungen der Hauptwerke ermöglichen es, Details in Vergrößerung zu betrachten.

Die CD-ROM ist eine Zusammenstellung von Texten, Gemälden, Zeichnungen, Fotografien, Filmen und Aufnahmen von musikalischen und sprachlichen Äußerungen. All das ist so gespeichert, dass es fast keinen Raum einnimmt. Daher braucht man auch fast keine Zeit, um von einem Inhalt zum anderen zu kommen. Außerdem bereitet es keine Mühe, in der riesigen Fülle etwas Gesuchtes zu finden.

Angesichts der Möglichkeiten, die bisher zur Verfügung standen, wenn man sich für ein entsprechendes Thema interessierte, wirkt die CD-ROM auf den ersten Blick wie ein gewaltiger Fortschritt. Die bisherigen Überlegungen legen jedoch eine genauere Prüfung nahe. Das Ergebnis der Prüfung wird natürlich davon abhängen, was als Motiv einer Beschäftigung mit van Gogh angenommen wird.

Hier sei von Folgendem ausgegangen. Van Gogh gehört zu den Künstlern des 19. Jahrhunderts, die es vermochten, die Tür zum 20. Jahrhundert aufzustoßen. Er war dazu in der Lage, weil er die Herausforderungen, denen die Menschen in der zweiten Hälfte des 19. Jahrhunderts begegneten, in ungewöhnlicher Tiefe und Intensität durchlebte und durchlitt. Außerdem war er ein genialer Maler mit erstaunlicher Schöpferkraft. Er erfand Ausdrucksmittel, die es ihm ermöglichten, seine Erfahrungen, seine Leiden und seine Visionen für andere Menschen wahrnehmbar und erlebbar zu machen. Auf diese Weise ist das Werk van Goghs zu einer Inspirationsquelle für nachfolgende Generationen geworden.

Wie erschließt man sich heute diese Quelle? Es wird keine Mühe bereiten, sich Abbildungen der Werke van Goghs zu beschaffen. Dazu werden die meisten Menschen auch noch die Begegnung mit einigen Originalen benötigen. Außerordentlich eindrucksvoll sind auch die vielen Briefe, die van Gogh geschrieben hat. Für ein tieferes Verständnis wird es auch unerlässlich sein, sich mit dem 19. Jahrhundert, insbesondere seiner Malerei, zu beschäftigen. Hier kann wissenschaftliche Literatur der verschiedenen Fachrichtungen eine Hilfe sein.

Sieht man einmal von dem Fehlen der Originale ab, dann vereinigt die CD-ROM alles, was für eine intensive Beschäftigung mit van Gogh nötig ist. Zugleich werden die Dinge aber so präsentiert, dass eine tiefere Begegnung eher unwahrscheinlich ist. Das hat verschiedene Gründe. Zum einen wird die Aufmerksamkeit aufgespalten und dadurch geschwächt. Fast ständig werden Bilder, Musik und gesprochene Sprache gleichzeitig angeboten. Das ist so, als säße jemand in einem Konzert, blätterte dabei in einem Kunstbildband und bekäme außerdem von seinem Nachbarn etwas erzählt.

Ein Problem ist auch die Fülle des Gebotenen und die Leichtigkeit der Verfügbarkeit. Mit einer Materialsammlung ist erst die Voraussetzung für ein tieferes Verständnis gegeben. Die gewünschte Wirkung tritt erst in dem Augenblick ein, in dem der Benutzer die verschiedenen Bestandteile miteinander in Beziehung setzt, sodass sie sich gegenseitig beleuchten. Das erfordert Zeit und innere Aktivität. Die CD-ROM verleitet dazu, die für Eigenaktivität nötigen Freiräume durch immer neues Material zu füllen. Die Bezeichnung »interaktives Medium« lenkt davon ab. Die von dem Medium angebotene Aktivität liegt auf einer ganz äußerlichen Ebene und besteht in der Möglichkeit, die Reihenfolge zu bestimmen, in der die Angebote der CD-ROM in Anspruch genommen werden.

Ein weiterer Nachteil der CD-ROM besteht darin, dass Bildschirm und Lautsprecher nivellierend wirken. Sie nehmen den Dokumenten das, was an ihnen einmalig und charakteristisch ist. Von der Bildwirkung her besteht zum Beispiel zwischen einem Foto und einem Gemälde, werden sie mithilfe des Bildschirms präsentiert, kaum ein Unterschied. Aus diesem Grunde ist es wohl auch kaum möglich, auf die Verteilung der Aufmerksamkeit auf parallel laufende Angebote zu verzichten. Ein Bild zum Beispiel, von dem nicht zugleich durch anderes abgelenkt wird, weckt für sich allein nicht genug Interesse.

Um die Vorteile der CD-ROM ins rechte Licht zu rücken, wird gern geschildert, wie man bisher vorgehen musste. Ist das Interesse geweckt, etwa durch eine Ausstellung, beginnt die Suche nach weiteren Bildern und anderen Materialien. Es kann zum Beispiel sein, dass die Ausstellung auch Zitate aus Briefen van Goghs präsentierte. Das führt vielleicht dazu, dass sich jemand eine Ausgabe sämtlicher Briefe van Goghs besorgt. Dazu können dann kunstgeschichtliche Darstellungen kommen. Die lassen sich möglicherweise nur verstehen, wenn Hilfsmittel zu Rate gezogen werden, für deren Benutzung der betreffende Mensch die Bibliothek aufsuchen muss.

Das ist alles zeitraubend und wirkt sehr umständlich. Bei einem Vergleich mit einer CD-ROM muss jedoch berücksichtigt werden, wie eine bereichernde Begegnung mit dem Werk eines Künstlers überhaupt zustande kommt. Da muss man sich klar machen, dass es sich bei so etwas um einen Prozess handelt, der innere Aktivität erfordert, und Zeit, wobei jeder seine Zeit braucht. Da macht es unter Umständen gar nichts, wenn ein Buch nicht gleich zur Hand ist. Dadurch entstehen Erwartungen, wir stimmen uns ein.

Aufnahmebereitschaft und Erlebnisfähigkeit sind nicht unbegrenzt. Übergänge und Zwischenräume sind nötig, in denen Erlebnisse nachklingen und in denen wir uns auf neue Eindrücke einstellen können. Die CD-ROM macht es möglich, ein Bild van Goghs zu sehen und im nächsten Augenblick ein Musikstück von Ravel zu hören, das für das Bild bedeutsam ist. Da droht ein Eindruck den anderen auszulöschen. Der innere Nachvollzug bleibt auf der Strecke. Schließlich ist die Aufmerksamkeit hauptsächlich bei dem technischen Medium und seinen fantastischen Möglichkeiten.

Der kritischen Betrachtung der CD-ROM muss der Deutlichkeit wegen hinzugefügt werden, dass dieses Medium unter technischem Aspekt gesehen etwas Neues darstellt, ansonsten aber eine Entwicklung fortgesetzt wird, die längst begonnen hatte. Ausstellungen, bei denen man an Hunderten von Bildern vorbeigeht, gibt es seit dem 19. Jahrhundert. Inzwischen tragen viele Ausstellungsbesucher Kopfhörer. Die flüstern bei jedem Bild Stichworte ins Ohr, die als Schlüssel benutzt werden können, um das Bild zu verstehen. (»Beachten Sie den virtuosen, expressiven Pinselduktus.« – »Die schwarzen Vögel sind ein Hinweis auf Todesahnungen.« – »Die Farbe Blau wird in diesem Bild verwendet, um auf Unendlichkeit und Ewigkeit zu deuten.«) Solche Hinweise können auch hilfreich sein. Sie bleiben jedoch totes Wissen, wenn existenzielle Begegnungen ausbleiben. Was hilft es, den Symbolwert der Farbe Blau zu kennen, wenn ein entsprechendes Bild den Betrachter nicht, und sei es nur einmal in seinem Leben, vor die Frage stellt, was das Ewige und das Unendliche ihm selbst bedeutet.

Es sei betont, dass hier niemandem seine Erlebnisse und Begegnungen mit der Kunst streitig gemacht werden sollen. Für viele Menschen zählen die Erlebnisse, die sie auf diesem Gebiet machen, zu den wichtigsten in ihrem Leben. Allerdings wird die These vertreten, dass der vorherrschende Kunst- und Bildungsbetrieb solche Begegnungen nicht immer begünstigt. Die untersuchte CD-ROM liegt auf dieser Linie.

Abschließend noch einige Bemerkungen zum Verhältnis von Original und Kopie. Auf der einen Seite bieten die Ausstellungen, die von Museen und Kunsthallen organisiert werden, viele Gelegenheiten, um Originalen zu begegnen. Auf der anderen Seite erzeugen die elektronischen Medien eine derartige Verfügbarkeit über Bilder, dass das an einen bestimmten Ort gebundene Original zurückgedrängt wird.

Bei dieser Entwicklung spielt ein weiterer Grund eine Rolle, der gern übersehen wird. In einem Seminar, bei dem es um das Verhältnis von Kunst und Technik ging, bat ich eine Studentin, ein Bild nach ihren Vorstellungen zu malen. Die einzige Auflage war, ein Format zu wählen, das es erlauben würde, das Bild einzuscannen. Die Studentin brachte dann das Original und den

Ausdruck des eingescannten Bildes mit. Beides wurde nun nebeneinander gelegt und verglichen. Dabei ergab sich Folgendes. Das Original wirkte unfertig und vorläufig. Die deutlich sichtbaren Spuren von Pinsel und Spachtel gaben dem Bild etwas Zufälliges und nicht ganz Gelungenes. Die Kopie wirkte demgegenüber abgeschlossen und vollkommen. Der technische Prozess spannte so etwas wie einen unsichtbaren Lack über das Bild, der den Eindruck von Perfektion erzeugte. Das Original wirkte sperrig, die Kopie gefällig.

Dieselbe Studentin hatte sich auch in der Bremer Kunsthalle vor van Goghs Bild »Mohnfeld« gesetzt, auf ihren Knien einen Kunstband mit einer Reproduktion dieses Bildes. Während sie Original und Kopie verglich, kamen Ausstellungsbesucher vorbei und warfen dabei auch einen Blick auf das Buch. Eine Besucherin äußerte spontan: »Oh, das Bild im Buch ist ja viel schöner.«

Man wird bei der Kunstvermittlung auf Kopien nicht verzichten können. Es sollte jedoch bedacht werden, dass jede Kopie im Hinblick auf das Original eine Abschwächung, eine Abschattung darstellt. Damit entsteht die Frage, ob ein Ausgleich geschaffen werden kann. In Seminaren, in denen es um die Annäherung an Bilder ging, habe ich die Erfahrung gemacht, dass es hilft, wenn in einer gemeinsamen Bemühung von verschiedenen Seiten etwas zum Verständnis beigetragen wird. Wenn ein Prozess in Gang kommt, in dessen Verlauf sich die Beteiligten in das Bild hineindenken und hineinfühlen, dann kann im Austausch darüber Wesentliches greifbar werden. Oft genug berührt das fremd und unvertraut. Umso mehr kann es dazu führen, die eigene Situation zu beleuchten und zu prüfen. Jedenfalls hängt die Qualität der Begegnung nur zum Teil von der Zahl und der Güte der zur Verfügung stehenden Dokumente ab. Viel wichtiger sind die Art der Annäherung und das Ziel, das damit verfolgt wird.

Digitalisierung der Fotografie

Seit einigen Jahren ist von einem Phänomen die Rede, für das es eine Reihe von Bezeichnungen gibt und das hier Digitalisierung der Fotografie genannt werden soll. Im Unterschied zur bisherigen Fotografie tritt bei der neuen Art an die Stelle des Films, auf dem das Licht chemische Reaktionen hervorruft, ein Chip, der Zahlen speichert, die durch das Vermessen des von dem Kameraobjektiv hergestellten Bildes entstanden sind. Werden diese Zahlen in einen Computer eingelesen, kann mit einem entsprechenden Programm daraus ein Bild errechnet werden, das wie bei der herkömmlichen Fotografie das abbildet, worauf das Kameraobjektiv gerichtet war.

Würde die Digitalisierung der Fotografie in nichts anderem als dem geschilderten technischen Vorgang bestehen, dann wäre es, trotz gewichtiger Unterschiede, berechtigt, weiterhin von Fotografie zu sprechen. Die Brisanz und Popularität des neuen Verfahrens hängt aber damit zusammen, dass das in Zahlen verwandelte und dem Computer eingegebene Bild mit Leichtigkeit verändert und mit anderen Fotografien kombiniert werden kann, ohne dass dabei der Bildeindruck, den man von einer Fotografie gewöhnt ist, verloren geht.

Es gibt eine Fülle von Veröffentlichungen zu diesem Thema.[51] Eine Richtung beklagt das Ende der Glaubwürdigkeit der Fotografie. Eine andere, wahrscheinlich stärkere Richtung stellt fest, schon die herkömmliche Fotografie sei nicht glaubwürdig gewesen. Bei der digitalen Fotografie werde der Anteil des Fotografen oder Bilderzeugers am Bild nur deutlicher. Die Auseinandersetzungen leiden darunter, dass man sich auf eine gründlichere Untersuchung der herkömmlichen Fotografie nicht einlassen will. Es rächt sich auch, dass es bisher nie für nötig befunden wurde, den Gegenstandsbereich »Fotografie« genauer zu umreißen.

Zunächst soll der Frage nachgegangen werden, wie sich die bisherige Fotografie von der digitalisierten Fotografie unterscheidet, wenn auf nachträgliche Bearbeitung mithilfe des Computers verzichtet wird. Einige Autoren unterscheiden zwischen analoger und digitaler Fotografie und sehen das Besondere der digitalen Fotografie darin, dass das vom Objektiv projizierte Bild in Bildpunkte (Pixel) aufgelöst wird, wobei dann nur diese Punkte vermessen werden. Demgegenüber liefere, so wird gesagt, die analoge Fotografie ein kontinuierliches Bild.

Das ist nicht ganz richtig. Das zeigt sich daran, dass auch bei der herkömmlichen Fotografie von Bildauflösung gesprochen wird. Ein feinkörniger Silbersalzfilm ergibt eine hohe Auflösung, ein grobkörniger Film eine niedrige Auflösung. Die Auflösung hängt damit zusammen, dass nicht der ganze Film auf das durch das Objektiv einfallende Licht reagiert, sondern nur die in die Trägerschicht eingelagerten Silbersalzkristalle. Das zwischen sie fallende Licht wird verschluckt. Der Ausdruck »Bildauflösung« ist daher irreführend. Richtiger wäre es, von Wirklichkeitsauflösung zu sprechen. Die maschinelle Abbildung der äußeren Wirklichkeit gelingt von Anfang an nur um den Preis, dass die dreidimensionalen Gegenstände der räumlichen Welt in Punkte zerfallen. Fotografierte Gegenstände entsprechen dem Weltbild der Atomistik. Das Oberflächenkontinuum ist eine Einbildung des Betrachters. Die Dunkelphasen des Films haben in der Fotografie durchaus ihre Vorläufer.

Ein Chip, der an die Stelle des Silbersalzfilms tritt, kann so viele Bildpunkte haben, wie der feinkörnigste Film Kristalle hat. In einer dem Thema »Electronic Imaging« gewidmeten Sondernummer der Zeitschrift »Profi-Foto« (4/93) findet sich in diesem Zusammenhang die folgende aufschlussreiche Formulierung (Seite 76):

»Was dem herkömmlichen Film das Silberkorn, ist dem elektronischen Foto das Pixel, sprachlich eine Wortschöpfung aus ›picture elements‹ und faktisch der kleinste Bestandteil jedes digitalen Bildes – ein Bild-Atom sozusagen. Die Anzahl der Pixel pro Längeneinheit nennt man Bildauflösung.«

Jedem Pixel entspricht ein in Zahlen ausgedrückter Messwert. Auf der Grundlage dieser Zahlen kann mithilfe des Computers ein Bild errechnet werden, das einer herkömmlichen Fotografie in nichts nachsteht. Daneben bestehen aber ganz andere Möglichkeiten. Die Silbersalzkristalle sind auf der Oberfläche des Films fixiert. Sie lassen sich nicht austauschen oder auch nur verschieben. Bildpunkte, die durch Zahlenwerte definiert sind, verlieren ihre Verankerung in der dreidimensionalen Wirklichkeit. Mithilfe von Bildbearbeitungsprogrammen können Bilder erzeugt werden, bei denen das Ausgangsmaterial nur noch die Rolle von Bausteinen spielt. Wird in dieser Weise gearbeitet, sollte man aufhören, von Fotografie zu sprechen. Auch die Bezeichnung »digitale Fotografie« ist dann irreführend.

Im Folgenden soll ein Beispiel betrachtet werden, bei dem die durch maschinelle Abbildung der Wirklichkeit gewonnenen Daten zu etwas Neuem zusammengefügt wurden. Vor mir liegt ein Bild, das wie ein Foto wirkt. Der Gegenstand, den das Bild zeigt, kommt in der natürlichen Welt aber nicht vor. Ich sehe etwas, das aus einer Vermischung von Banane und Fisch besteht. Die »Banane« ist bis zur Hälfte von der Schale befreit. Die Schalen sind zurückgebogen, wie man es macht, wenn man solch eine Frucht essen will. Was durch das Entfernen der Schale freigelegt wird, ist nach Form, Farbe und Oberflächenstruktur eindeutig Banane. Der übrige, nicht geschälte Teil ist Fisch mit Schuppen und Flossen. Die »Schalen« sind innen Banane, außen Fisch. Neben dem Bild steht folgender Text:

»Banane trifft Fisch – nicht mehr als ein optischer Kalauer und doch schon fast erschreckend in seiner technischen Perfektion.«[52]

Worin liegt das Erschreckende? Wir kennen derartige Motive längst aus surrealistischen Bildern. Da ist die Wirkung keineswegs so befremdend, unter anderem deshalb, weil die merkwürdigen Gegenstände als Trauminhalte gedeutet werden. Die Wirkung des Bildes »Fisch trifft Banane« beruht darauf, dass das Bild Eigenschaften einer Fotografie hat. Dadurch entsteht der Eindruck, als würde ein wirklich existierender Gegenstand gezeigt. Damit verstößt das Bild gegen unser Wissen, das besagt, dass es keine Bananen mit Schuppen und Flossen gibt. Der Widerspruch geht aber noch tiefer. Es wird nicht nur etwas gezeigt, das es nicht gibt. Es wird etwas gezeigt, das nach den Gesetzen der Schöpfung auch gar nicht möglich ist, weil diese Gesetze jedem Gegenstand und jedem Wesen eine ihm eigene Stimmigkeit geben. Flossen und Schuppen passen zusammen und stimmen gemeinsam mit der Funktion überein, der sie dienen, der Bewegung im Wasser nämlich. Schuppen und Flossen an einer Frucht, die in der Luft, zwischen Zweigen und Blättern an Stauden wächst, sind eine Missgeburt, ein Spott auf die Schöpferkräfte.

Warum tut man so etwas? Der Artikel, dem das Bild »Banane trifft Fisch« entnommen ist, hat die Überschrift »Die Dressur der Wirklichkeit«. Im Text finden sich folgende Formulierungen: »Seit Fotos mit dem Computer verändert werden können, brauchen Bilder-Macher ihrer Fantasie keine Schranken mehr aufzuerlegen. (…) Denn in einer Strenge, die keinem Sterblichen erreichbar ist, befolgt der Computer das Jesuswort der Bergpredigt: Eure Rede aber sei: Ja, ja – Nein, nein, was darüber ist, das ist von Übel. (…) Das Foto hat sich in reinen Geist aufgelöst, und der Geist schwebt über allen Wassern. Ein Mausklick genügt, um ihn zu rufen.«

Die Bilder, die dem Artikel beigegeben sind, versuchen auf die eine oder andere Weise zu überraschen, indem sie Unerwartetes ins Bild setzen. Eine alte Frau, von unsichtbaren Lichtquellen magisch beleuchtet, hängt in einer weiten Landschaft an endlos langen Wäscheleinen Babys zum Trocknen auf.

Nun gibt es verschiedene Möglichkeiten, durch Unerwartetes überrascht zu werden. Ich kann unverhofft einem lieben Menschen begegnen, den ich lange nicht gesehen habe. Ich kann überrascht sein, dass ein Mensch, den ich für ängstlich hielt, sich nicht so verhält, wie ich das erwartet habe.

Es ist sicher gut, im Leben immer wieder vor Unerwartetes gestellt zu werden. Das Durchkreuzen von Erwartungen kann dazu beitragen, dass man flexibel bleibt. Es gibt aber auch berechtigte Erwartungen. Es ist zum Beispiel berechtigt, davon auszugehen, dass an einer Wäscheleine Wäsche aufgehängt wird. Es macht doch wohl keinen Sinn, sich an die Möglichkeit zu gewöhnen, dass eine Wäscheleine dazu genutzt wird, um Babys daran aufzuhängen.

Von hier sei noch ein Blick auf den Katalog »Fotografie nach der Fotografie« geworfen, der sowohl mit wissenschaftlichem als auch mit künstlerischem Anspruch antritt. Im Bildteil, der auch mit Kommentaren versehen ist, finden sich folgende Äußerungen (aus: Anthony Azis / Sammy Cucher, »Nachrichten aus Dystopia«):

»Mit den Fortschritten in der digitalen Technologie und der Robotertechnik etabliert die Biotechnik eine Verbindung zwischen dem Natürlichen und dem Künstlichen. Auf vergleichbare Weise hat die aktuelle fotografische Praxis Zugang zum Bereich der Imagination gefunden und feiert nun das Virtuelle und Fiktive. (…)

Und während die ewige Auseinandersetzung um die Erscheinungsweise von Wahrheit und ›Wahrheit selbst‹ mit unverminderter Heftigkeit weitertobt, ist die Simulation die einzige Wahrheit, auf die wir uns verlassen können. (…)

In einer globalen elektronischen Kultur, die vom Bedürfnis nach einer effizienten Informationsverteilung bestimmt wird, steht der Körper immer weniger im Vordergrund und wird quasi zum Relikt der Vergangenheit, so wie ›das Natürliche‹ sich dem Technologischen unterordnet. (…)

Durch die Entwicklungen der digitalen Technologie wurde die Fotografie ein für alle Mal von der starren Konvention des Realismus befreit. Wie das Leben selbst ist sie jetzt dazu imstande, nicht nur das zu repräsentieren, was wirklich ist, sondern auch das, was möglich ist.«

Bei den Bildern handelt es sich um eine Serie von Porträts, mit denen die Urheber in der letzten Zeit bekannt geworden sind. Die Bilder zeigen Haare, Stirn und Ohren mit fotografischer Genauigkeit. Das eigentliche Gesicht ist wie weggeschmolzen. Am meisten ist noch von der Nase zurückgeblieben. Dabei wirken die Veränderungen nicht wie eine Verstümmelung. Das Gesicht sieht aus, als sei es so gewachsen.

In dem letzten Zitat wird deutlich, dass die Möglichkeiten, die sich mit der Digitalisierung eröffnen, von den Autoren im Zusammenhang mit der Gentechnik gesehen werden. In beiden Fällen wird der Schritt vom Wirklichen zum Möglichen getan.

Für die Beurteilung dieser Entwicklung ist entscheidend, wie der Schritt vom Bestehenden zum Möglichen getan wird. Zwei

Vorgehensweisen, die bisher praktiziert wurden, seien zum Vergleich angeführt. Beim Züchten werden die Möglichkeiten ausgelotet, die die Natur zulässt, ohne sie selbst auszuschöpfen. Dabei stößt der Züchter auf Grenzen, die er mit seinen Methoden nicht überspringen kann. Die Gentechnologie respektiert diese Grenzen nicht und betritt damit den Bereich der Missbildungen. Wie so oft in diesem Jahrhundert geht die Kunst oder das, was sich dafür hält, solchen Entwicklungen voraus und bereitet ihnen den Weg.

Das zweite Verfahren, das hier erwähnt sei, wurde von Goethe angewendet. Nachdem er nach langem Suchen die Urpflanze gefunden hatte und nun in der Lage war, sie vor sein inneres Auge zu holen, konnte er mit ihrer Hilfe Pflanzen erfinden, die es nicht gab, die aber möglich waren. Bei diesen erdachten Pflanzen konnte man nie sicher sein, ob sie nicht doch irgendwo wuchsen, ohne bisher entdeckt worden zu sein, denn bei seinen Erfindungen folgte Goethe den Gesetzen und Kräften der Urpflanze. Goethe nannte das rationelle Organik.

Gentechnologie und digitale Bildherstellung haben die Möglichkeit, ganz der Willkür zu folgen. Allerdings wird wohl in den meisten Fällen der Gesichtspunkt des Nutzens oder, im Falle der Bilder, der Gesichtspunkt, etwas möglichst Auffälliges zu machen, eine wichtige Rolle spielen.

Letzteres dürfte auch für die Beispiele gelten, die noch angeführt seien. Da gibt es eine Serie mit dem Titel »Chimären« (von Nancy Burson), bei denen es sich auf den ersten Blick um fotografische Porträts handelt. Das erste Bild mit dem Titel »Big Brother« ist zusammengesetzt aus Fotos von Stalin, Mussolini, Mao, Hitler und Khomeini. Über die Zusammensetzung von »Warhead I« erfährt man: Reagan 55 %, Breschnew 45 %, Thatcher weniger als 1 %, Mitterand weniger als 1 %, Deng weniger als 1 %. Es gibt auch ein Bild »Mankind«, über dessen Entstehung es heißt: ein Orientale, ein Kaukasier und ein Schwarzer, gemittelt aus aktuellen Bevölkerungsstatistiken.

Die Bilder sind auf den ersten Blick völlig nichtssagend. Bei längerer Betrachtung wirken sie beunruhigend, weil jeder Versuch, sich ihnen verstehend zu nähern, ins Leere geht. Die Porträts ohne Physiognomie machen mit ihrer Mischung von Realistik und Fantastik den Eindruck, als prophezeiten sie den Untergang der Menschheit.

Der Medienphilosoph Vilém Flusser hat zu diesen Bildern einen Text geschrieben, der folgendermaßen beginnt: »Eine umwälzend neue Denkart ist im Entstehen: Wir zersetzen die Welt, um sie nach Herzenswunsch wieder zusammenzusetzen. (…) Etwas weniger poetisch gesagt: Wir kalkulieren die Welt, um sie neu zu komputieren.« Der weitere Artikel lässt offen, wie Flusser diese Entwicklung beurteilt. Interessant ist, dass er digitale Bilderzeugung und Gentechnologie ganz selbstverständlich als Einheit sieht.

Das letzte hier erwähnte Beispiel (»Openings« von Inez van Lamsweerde) zeigt unter anderem eine Frau in Bikini und Stöckelschuhen, die auf einem weißen Ledersofa kniet. Kopf und Blick sind dem Betrachter zugewendet. Unterhalb des Kopfes ist dann aber eine Rückenansicht zu sehen.

Betrachtet man die besprochenen Bilder insgesamt, dann können sie einen gerade durch das, was ihnen fehlt, darauf hinweisen, was die natürliche Schöpfung auszeichnet. Jeder Stein, jede Pflanze und jedes belebte Wesen hat seine ihm eigene Gestalt. Dazu gehören die Farbe, der Stoff, der die Form bildet, und seine Oberflächenstruktur. Alles passt zusammen, sodass man aus einem Fuß, der von einem vorgeschichtlichen Tier gefunden wird, das Tier insgesamt rekonstruieren kann. Diese Stimmigkeit drückt der Schöpfung so etwas wie ein Siegel auf, das auf den Urheber verweist. Harmonie der Teile im Hinblick auf ein Ganzes kann nur das Werk einer höheren Intelligenz sein. Dieses Siegel ist es auch, das uns immer wieder dazu anregt, die Natur als Buch zu nehmen, in dem wir zu lesen versuchen.

Die digitalen Bilder können das Siegel zersprengen. Statt einer höheren Intelligenz begegnet der Betrachter dann seinem eigenen Wunsch nach Zerstreuung. Zugleich wird er mit Kräften konfrontiert, die mit der automatenhaften Intelligenz des Computers verbunden sind. Wer häufig solche Bilder betrachtet, wird schließlich gar nicht mehr mit Harmonie und Stimmigkeit der Schöpfung rechnen und auch die Fähigkeit verlieren, Derartiges wahrzunehmen.

Von der digitalisierten Bilderzeugung sei noch einmal ein Blick auf die bisherige Fotografie geworfen. In der bisherigen Diskussion besteht die Neigung, zwischen beiden Verfahren keinen grundsätzlichen Unterschied zu sehen. Dazu trägt auch die Tatsache bei, dass es nie eine allgemein akzeptierte Übereinkunft darüber gegeben hat, welche Merkmale das im 19. Jahrhundert entwickelte Verfahren auszeichnen und wie es von anderen Verfahren zu unterscheiden sei. Bedenkt man, welche Bedeutung den ersten maschinell hergestellten Abbildern der äußeren Natur zukommt, dann ist es unerlässlich, die Einzigartigkeit dieses Verfahrens – auch im Hinblick auf seine weitere Geschichte – in den Blick zu bekommen.

Im Jahr 1972 hat der Verfasser einen Versuch in dieser Richtung unternommen, der in der Zeitschrift »Kamera und Schule« (1972/4 und 1973/2) erschienen ist. Der Beitrag wird hier noch einmal wiedergegeben.

Zur Abgrenzung der Fotografie von Fotomontage und manuellen Abbildungstechniken

Beschreibung der fotochemischen Vorgänge

Damit eine fotografische Abbildung entstehen kann, müssen folgende Faktoren in einem technischen System zusammenarbeiten:

1. Lichtdichter Kasten.
2. Objektiv + Verschluss mit diskret einstellbaren Belichtungszeiten.
3. Film + Träger für das fotografische Material.
4. Objekt vor dem Objektiv.
5. Licht, das vom Objekt ausgeht in Richtung des Objektivs.[53]

162

Die einzelne Aufnahme entsteht durch einen fotochemischen Prozess, in dessen Verlauf Objekte vor dem Objektiv mithilfe von Lichtstrahlen Reaktionen auf der lichtempfindlichen Schicht eines Films hervorrufen.[54] Diese Reaktionen werden fixiert, und durch einen weiteren fotochemischen Aufnahmevorgang können dann von dem entwickelten Film die eigentlichen Fotografien gewonnen werden. Das Endprodukt, die Fotografie, ist somit das Ergebnis eines durch Naturgesetze determinierten technischen Prozesses.

Einflussmöglichkeiten des Fotografen

Trotz der naturgesetzlichen Determination kann der Fotograf, der ein bestimmtes Objekt fotografiert, die Aufnahme beeinflussen. Diese Möglichkeit besteht, weil das technische System, in dessen Rahmen die Naturgesetze wirken, variabel gehalten ist. Zum einen hat der Fotograf Einfluss auf die Elemente des Systems (Wahl von Objektiv, Filmmaterial, Filter usw.), zum anderen kann er den Ablauf des fotochemischen Prozesses steuern (Wahl von Blende, Belichtungszeit usw.). Auf diese Weise entsteht ein Spielraum, den der Fotograf entsprechend seinen eigenen Vorstellungen nutzen kann. (Die Wahl von Motiv und Perspektive, die gleichfalls Sache des Fotografen ist, aber nicht auf technischen Variablen beruht, bleibt an dieser Stelle noch unberücksichtigt.)

Vielfalt der fotografischen Möglichkeiten

Die fotografische Praxis zeigt, dass der Spielraum, den das technische System der Aufnahmeapparatur gestattet, genügt, um eine verwirrende Vielfalt fotografischer Abbildungen entstehen zu lassen. Angesichts dieser Vielfalt stellt sich die Frage, ob es sinnvoll und möglich ist, Produkte mit so unterschiedlichen Bildwirkungen zum Gegenstand einer alle Möglichkeiten umfassenden Theorie zu machen.

Fotografien und Malbilder mit gleicher Bildwirkung

Insbesondere gibt es fotografische Aufnahmen, die man von grafischen oder malerischen Darstellungen nicht ohne weiteres unterscheiden kann. Bei solchen Aufnahmen zweifelt man, ob sie Merkmale besitzen, die spezifisch fotografisch sind und die eine eindeutige Unterscheidung zwischen Fotografie und Malerei zulassen.

Objektbezug als unterscheidendes Kriterium

Geht man vom fotografischen Verfahren aus, dann ergibt sich für die Unterscheidbarkeit von Malerei und Fotografie Folgendes. Ein Gemälde kann angesichts eines Vorbildes, angesichts einer Abbildung des Vorbildes, nach der Erinnerung an das Vorbild oder als Produkt freier Erfindung entstehen. Eine Fotografie entsteht nur, wenn sich vor der Kamera Objekte befinden, von denen Lichtstrahlen ausgehen, die durch das Objektiv auf den Film fallen. Dieses Angewiesensein auf Objekte und Licht, im Folgenden als Objektbezug bezeichnet, bildet eine fundamentale Eigenschaft aller Fotografien, aus der sich auch der Unterschied zu den Produkten der übrigen Abbildungsverfahren ergibt.

Ein Foto lässt eine Kausalerklärung zu

Für die einzelne Aufnahme bedeutet der Objektbezug, dass jedem Bildpunkt mindestens ein Punkt im Gegenstandsbereich entspricht. Aus der Naturgesetzlichkeit des fotochemischen Vorgangs folgt außerdem, dass die Beziehungen zwischen Vorbild und Abbild nicht zufällig sind. Die Korrelationen zwischen Foto und Objektbereich beruhen vielmehr auf immer denselben Gesetzen, was bedeutet, dass für jede Aufnahme eine erschöpfende Kausalerklärung möglich ist.

Malerei gestattet nur eine Finalerklärung

Zieht man zum Vergleich noch einmal das Malbild heran, dann stellt man fest, dass selbst bei der möglichst naturgetreuen Abbildung eines Baumes z.B. keine Kausalerklärung des Bildes möglich ist. Durch Interpretation können allenfalls mehr oder weniger plausible Finalerklärungen geliefert werden. Daran ändert nichts, dass es möglich ist, nachzuweisen, warum Farbe einer bestimmten Zusammensetzung in Verbindung mit einem bestimmten Untergrund diesen oder jenen optischen Eindruck hervorrufen muss. Die Kausalerklärung, um die es hier geht, betrifft die Korrelation zwischen Darstellung und Dargestelltem, und diese Korrelation ist nur bei der Fotografie eindeutig und nachvollziehbar.

Historischer Rückblick

Der Objektbezug der Fotografien und die naturgesetzliche Determination der Korrelation zwischen Abbildung und Vorbild stellen die grundlegenden Merkmale jeder fotografischen Aufnahme dar, von denen die Theorie folglich auszugehen hat. Bevor jedoch weitere Überlegungen zur Theoriebildung angestellt werden, soll ein historischer Rückblick unternommen werden, der zeigen kann, dass die genannten grundlegenden Merkmale keineswegs zufällige Ergebnisse eines in einem beliebigen Augenblick erfundenen technischen Verfahrens sind, sondern das Endprodukt zielgerichteter Versuche waren und von den Zeitgenossen auch erwartet und sofort erkannt wurden.

Zitate von Niepce

Als frühestes schriftliches Zeugnis zur Geschichte der Fotografie kann man den Vertrag ansehen, den Nicéphore Niepce 1829 mit Daguerre schloss. Der Vertrag beginnt folgendermaßen: »M. Niepce, der mithilfe eines neuen Mittels ohne Inanspruchnahme eines Zeichners, Ansichten, welche die Natur bietet, fixieren wollte, hat zu diesem Zweck Forschungen angestellt ...«[55]

Dem Vertrag fügte Niepce eine Beschreibung seiner bisherigen Ergebnisse bei. Sie lautet zu Beginn: »Die Erfindung, die ich gemacht habe und der ich den Namen Héliographie gebe, besteht darin, die Bilder der Camera obscura durch Einwirkung des Lichts, mit den Abstufungen der Farben vom Schwarz zum Weiß, spontan zu reproduzieren.«[56]

Der Kennzeichnung der Fotografie durch die Merkmale Objektbezug und naturgesetzliche Determination entspricht bei Niepce die Feststellung, seine Erfindung arbeite ohne Inanspruchnahme eines Zeichners und reproduziere spontan die Bilder der Camera obscura. Der ausdrückliche Hinweis darauf, bei der Héliographie, wie Niepce seine Erfindung nennt, komme man ohne einen Zeichner aus, verdeutlicht, dass die Fotografie, entwicklungsgeschichtlich gesehen, den Endpunkt einer allmählichen Mechanisierung der Abbildung bildet. Spätestens seit der Mitte des 18. Jahrhunderts bemühte man sich intensiv um Techniken, die das direkte Eingreifen der menschlichen Hand in den Abbildungsvorgang überflüssig machten. Niepce weiß genau, dass die Erreichung dieses Ziels eine der Errungenschaften seiner Erfindung darstellt.

Die Ausschaltung des Malers oder Zeichners wird dadurch möglich, dass Niepce die Objekte dazu bringt, sich selbst – und zwar mithilfe des Lichts – zu reproduzieren. Niepce spricht in diesem Zusammenhang von spontaner Reproduktion, eine Kennzeichnung, die das Charakteristische des Vorgangs trifft und die in der einige Jahre später ausgelösten Diskussion auch wieder auftaucht. So bezeichnet Jules Janin, der bekannteste französische Feuilletonist der Zeit, ein Daguerreotyp als spontanes Porträt der lebendigen Natur (1839).[57] Andere Äußerungen betonen mehr das Ergebnis dieser Spontaneität, den Objektbezug. Eine englische

Zeitung schreibt über eine Aufnahme von Notre Dame: »Halte das Bild in das hellste Sonnenlicht, nahe beim Fenster, und betrachte seine winzigen Schönheiten mit der Lupe. Da ist kein Stein abgebildet, der nicht sein Urbild in dem Gebäude hat. Diese quadratischen Türme, diese gotischen Bogen und Spitzen; das reine Maßwerk und der unternehmungslustige Tourist, der auf Paris herabblickt; da waren sie und sind sie!«[58] Im Moniteur Universel meint der Betrachter einer Aufnahme, die ebenfalls Paris darstellt, nachdem er begeistert alle Einzelheiten der Aufnahme aufgezählt hat: »Alle Fäden des leuchtenden Gewebes sind vom Objekt in das Bild übergegangen.«[59]

Die Merkmale Objektbezug und naturgesetzliche Determination sind für die Fotografie so entscheidend, dass sie benutzt werden können, um festzulegen, welche Art von Bildern unter den Begriff Fotografie fallen sollen und welche nicht. Unter den Bezeichnungen »experimentelle Fotografie«, »Fotografik«, »Lichtgrafik«, »Fotomontage«, um nur einige zu nennen, sind, ausgehend von dem ursprünglichen fotografischen Verfahren, eine Vielzahl der unterschiedlichsten Techniken der Bildherstellung entwickelt worden, an denen allen irgendwie ein fotochemischer Prozess beteiligt ist. So nutzlos es wäre, an dieser Stelle über die Rangfolge oder gar Berechtigung dieser Verfahren zu streiten, so entschieden muss doch festgestellt werden, dass es um der Klarheit der Begriffe willen nicht sinnvoll ist, Bildtechniken mit so verschiedenen Eigenschaften und Bildwirkungen unterschiedslos als »Fotografie« zu bezeichnen (Abb. 1–6).

Am Beispiel der Bilder 1 bis 6 soll versucht werden, in der Praxis die Trennungslinie zwischen der Fotografie und den übrigen Verfahren zu ziehen. Die Aufnahmen sind deutlich so angeordnet, dass die Übereinstimmung mit uns vertrauten Wahrnehmungen abnimmt. Um feststellen zu können, welche der sechs Bilder sinnvollerweise als Fotografien bezeichnet werden sollten, muss allerdings, ganz unabhängig vom Eindruck der Vertrautheit oder Fremdheit, nach dem jeweiligen Herstellungsprozess gefragt werden. Die beiden ersten Bilder (Abb. 1 u. 2) sind das Ergebnis eines ganz normalen fotografischen Aufnahmevorgangs. Die großen Unterschiede in der Wiedergabe der dargestellten Objekte und damit zusammenhängend die großen Unterschiede in der Bildwirkung ergeben sich allein aus der erwähnten Tatsache, dass die Elemente des Fotoapparates und des fotochemischen Prozesses variabel sind. Beim dritten Bild (Abb. 3) weicht die Entstehung insofern vom üblichen Verfahren ab, als der fotografische Vorgang einen Schritt vor der üblicherweise als Endstufe geltenden Etappe abgebrochen wurde. Beim Negativdruck, um den es sich hier handelt, wird die sich aus dem fotochemischen Vorgang ergebende Umkehrung der Lichter in Schatten und der Schatten in Lichter nicht durch Abfotografieren des Negativs rückgängig gemacht. Trotzdem besitzt auch diese Aufnahme die Merkmale Objektbezug und naturgesetzliche Determination.

Gilt das auch für Bild 4 (Abb.4)? Hajek-Halke, von dem es stammt, gibt folgende technische Erläuterungen: Belichtungsmontage. – Zwei Negative: 1. Zeppelinhalle (Diapositiv), 2. Schwimm-Hebekran. – Zweimalige Belichtung mit verschiedener Einstellung des Vergrößerungsapparates.[60] Betrachtet man erst einmal jedes Negativ für sich, dann treffen die Merkmale Objektbezug und naturgesetzliche Determination zu. Wie steht es aber mit dem Endprodukt? Folgt aus dem Objektbezug der Einzelbilder, dass auch die Belichtungsmontage Objektbezug besitzt?

Bevor diese Frage beantwortet wird, soll versucht werden, den Unterschied zwischen den ersten drei Fotos und der Belichtungsmontage von Hajek-Halke deutlicher herauszuarbeiten. Bei einem normalen Foto beschränken sich die Einflussmöglichkeiten des Fotografen auf die Wahl von Motiv, Perspektive und fotografischen Mitteln. Das Vorbild der Aufnahme ist vorgegeben, es wird von der faktischen Realität geliefert.[61]

Bei der Fotomontage hingegen entscheidet der Fotograf

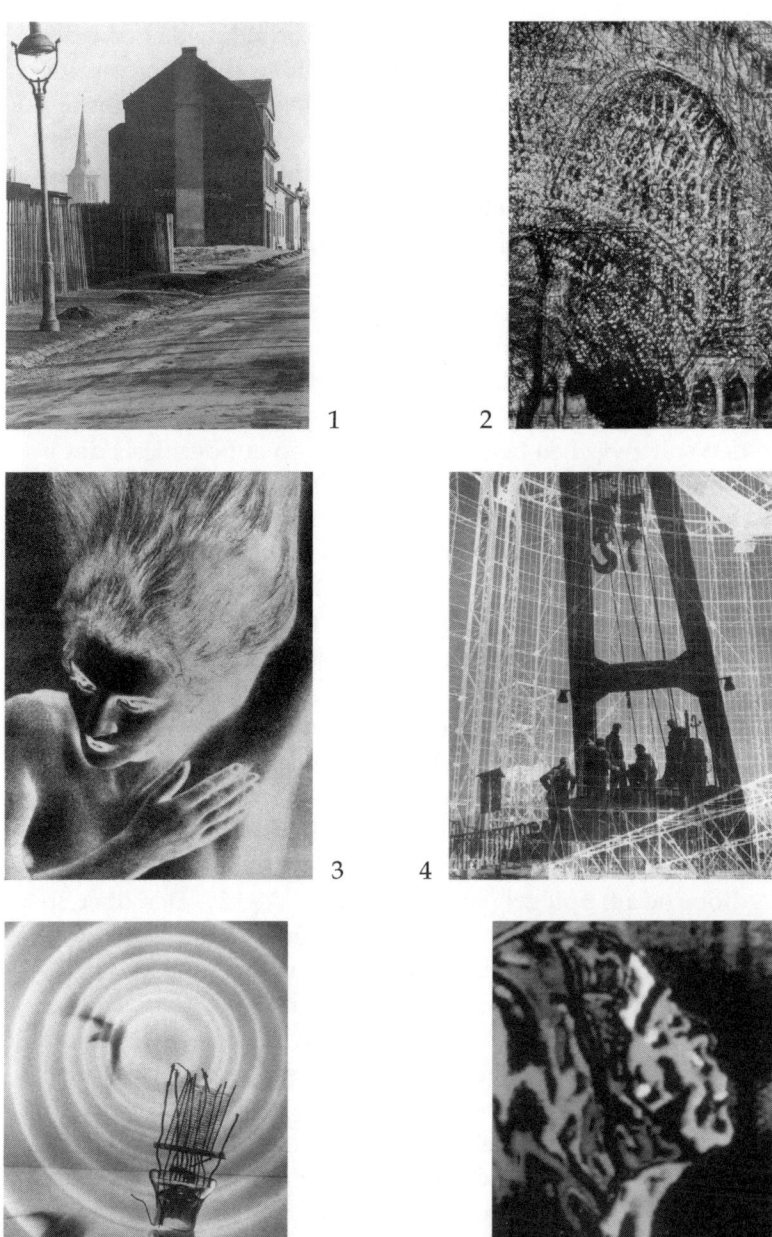

auch über die Beschaffenheit des Vorbildes, das er überhaupt erst herstellt, indem er Vorbilder auf einer zweidimensionalen Ebene neben- oder übereinander anbringt.
Zwar gilt auch für die Fotomontage, dass sich für jeden
Bildpunkt ein Punkt des Vorbildes angeben lässt und dass
die Korrelationen zwischen beiden Produkten naturgesetzlich determiniert sind. Im Unterschied zur Fotografie bildet
das Vorbild aber kein dreidimensionales Raumkontinuum.
Wird der Begriff »Objektbezug« so definiert, dass damit gemeint sein soll, dass die fotografische Aufnahme auf ein
dreidimensionales Raumkontinuum verweisen muss, dann
trifft der Begriff auf die Fotomontage nicht zu. Im Folgenden soll zwischen beiden Bildtechniken auf der Basis des in
dieser Weise präzisierten Begriffs »Objektbezug« unterschieden werden. Damit wird allerdings ein Vorgriff gemacht, und
zwar insofern, als eine solche Unterscheidung voraussetzt,
dass die unterscheidenden Merkmale für die jeweiligen Verfahren wesentlich sind. Das wurde bis jetzt erst unvollständig nachgewiesen. Eine genaue Begründung kann erst die an
dieser Stelle noch ausstehende Theorie liefern.

Bei Abbildung 5 handelt es sich, wenn man das eben verabredete Kriterium zugrunde legt, wieder um eine Fotomontage. Die technischen Anmerkungen dazu lauten bei Hajek-
Halke: Tabletop-Aufnahme, kombiniert mit Belichtungsmontage und Fotogramm. – Zwei Negative: 1. Zerstörte Ra-
diobirne auf Spiegelglas, 2. flatternde Vögel. – Den überein-
anderliegenden Negativen liegt während der Belichtung
eine Taschenuhrspiralfeder auf – Einmalige Belichtung.[62]
Dieses Bild verweist noch weniger als Bild 4 auf faktisch
vorfindbare Realität. Das eine Negativ bildet eine für diesen
Zweck arrangierte Szene ab; außerdem geht eine Taschen-
uhrfeder in das Bild ein. Die Montage zeigt noch deutlicher
als die vorhergehende, in welch starkem Maß es diese Technik gestattet, die Bildvorlage künstlich herzustellen und
nach subjektiven Kriterien zu gestalten.

Bei dieser Kennzeichnung der Fotomontage muss festgehal-

170

ten werden, dass auch der Fotograf die Möglichkeit hat, den Realitätsausschnitt, den er aufnehmen will, nach seinen Wünschen zu arrangieren. Als Beispiele wären etwa Aufnahmen von Stilleben, Modefotos oder Porträts zu nennen. Der Fotograf kann die Möglichkeit, zu arrangieren, sogar so extrem nutzen, dass Effekte wie bei der Montage entstehen. Allerdings gilt auch für solche Fotos, dass sie auf ein dreidimensionales Raumkontinuum verweisen. Das Motiv mag zwar künstlich sein im Sinne von gekünstelt, gestellt, trotzdem besitzt es physische Realität. Die Fotomontage hingegen besitzt eine irreale Bildvorlage, die auf einer zweidimensionalen Ebene zusammengefügt wurde und nur dort existiert.

Wenn es rein definitorisch auch keine Schwierigkeiten macht, Fotomontage von Fotos mit arrangiertem Motiv zu unterscheiden, so stellen letztere Aufnahmen gleichwohl einen Grenzfall dar. Die Frage, wie sie zu beurteilen sind, lässt sich erst auf dem Hintergrund der Theorie entscheiden.

Die Abbildung 6 unterscheidet sich dadurch von den Bildern 1 bis 5, dass sie nicht auf dem für die Fotografie entwickelten fotochemischem Verfahren beruht. Das Bild, bei dem es sich um ein Porträt handelt, wurde von einem Thermographen hergestellt, der Wärmestrahlen in Farbwerte umsetzt. Wir kommen damit zu den so genannten Bildwandlern, mit denen in den letzten Jahren zahlreiche völlig neuartige Abbildungstechniken entstanden sind. Das abgebildete Wärmeporträt gehört zu einer Bilderfolge, die auf der photokina 1970 unter dem Titel: Das totale Porträt ausgestellt wurde. Von den 16 Bildern dieser Folge war kein einziges durch die Einwirkung von Strahlen des sichtbaren Wellenbereichs entstanden.

Alle Bilder besaßen jedoch Objektbezug, denn jeder Bildpunkt wurde durch einen Punkt in einem dreidimensionalen Raumkontinuum hervorgerufen und die Korrelationen zwischen Abbild und Vorbild waren naturgesetzlich determiniert. Daraus folgt, dass zwischen den verschiedenen

Bildwandlern und der Fotografie erhebliche Gemeinsamkeiten bestehen. Trotzdem soll im Interesse einer möglichst präzisen Begrifflichkeit die Fotografie so definiert werden, dass zum Beispiel Röntgenbilder oder Wärmebilder nicht mehr darunter fallen. Physikalisch gesehen werden die Bilder beim fotografischen Verfahren wie bei den anderen Bildwandlern durch elektromagnetische Strahlungen hervorgerufen. Will man die Fotografie gesondert halten, dann ergibt sich als unterscheidendes Kennzeichen, dass die Strahlen, die ein Foto entstehen lassen, im Wahrnehmungsbereich des Menschen liegen (Lichtstrahlen). Ausgehend von diesem Merkmal, ließe sich die Definition der Fotografie folgendermaßen präzisieren:

Von Fotografie soll dann die Rede sein, wenn ein Bild dadurch entsteht, dass eine technische Apparatur (Fotoapparat) die von Objekten in einem dreidimensionalen Raumkontinuum ausgehenden elektromagnetischen Strahlungen (die im Sehbereich des Menschen liegen müssen) absorbiert, und zwar so, dass

1. für die Menschen wahrnehmbare chemische Reaktionen auf einer zweidimensionalen Ebene entstehen,
2. jedes Element einer Abbildung A‹ das Bild von mindestens einem Element des Vorbildes A ist.

Eine Fotografie kann auch mathematisch beschrieben werden, wenn man den aus der analytischen Geometrie stammenden Begriff »surjektiv« einführt. Eine Abbildung wird in der Geometrie surjektiv genannt, wenn jeder Bildpunkt mindestens ein Korrelat im Vorbild hat, ohne dass man für jeden Bildpunkt genau einen bestimmten Punkt des Vorbildes angeben könnte. Dieser Sachverhalt trifft genau auf die Fotografie zu, wenn man sie im Sinne der geometrischen Optik betrachtet. Da eine fotografische Aufnahme (insbesondere von räumlich ausgedehnten Objekten) die Gegenstände nie vollkommen scharf abbildet, können mehrere Punkte des Vorbildes einen gemeinsamen Bildpunkt haben. Mit anderen Worten: jeder Bildpunkt hat ein Korrelat im

Gegenstandsbereich (wir nannten das bisher »Objektbe-zug«), ohne dass man einen einzigen und bestimmten Punkt als Korrelat angeben könnte. Ausgehend von diesen Überlegungen, lautet die mathematische Beschreibung der Fotografie: Eine fotografische Abbildung stellt eine surjekti-ve Relation dar, insofern jedes Element einer Fotografie A‹ das Bild von mindestens einem Element des Vorbildes A ist.[63]

Die im 19. Jahrhundert erfundene Fotografie kann »in unnach-ahmlicher Treue«, wie sich Alexander von Humboldt in einem Brief vom 7.2.1839 an die Herzogin Friederike von Anhalt-Des-sau ausdrückte, die Oberfläche der Dinge festhalten. Für den, der daran Interesse hat, kann das von großem Wert sein. Wenn der Fotograf die Fotografie zu anderem verwenden will, dann sor-gen der Objektbezug und die an der Herstellung dieses Bezuges beteiligten Gesetze der Optik und Chemie dafür, dass eine letzte Verbindung zur Oberfläche der dreidimensionalen Welt gewahrt bleibt. Eine Mischung aus Banane und Fisch kann auf diese Wei-se nicht entstehen. Mit anderen Worten: Ein Fotograf wird durch das von ihm gewählte Verfahren daran gehindert, etwas als Ge-schöpf auszugeben, das der Schöpfer nicht gemacht hat.

Wie ist es, wenn man das, was man als wirklich existierend ausgeben will, künstlich herstellt und dann ein richtiges Foto davon macht? Die Antwort auf diese Frage, mit der die inszenier-te Fotografie angesprochen ist, sei dem Fotografen Albert Ren-ger-Patzsch überlassen. Das folgende Zitat ist der Rede entnom-men, die Renger-Patzsch 1960 anlässlich der Verleihung des Kul-turpreises der Deutschen Gesellschaft für Fotografie hielt:

»Eine Reform um die Jahrhundertwende, als die Fotografie durch Geschäftemacher ganz heruntergekommen war, unter-nahm es, die Fotografie als Kunst zu retten, indem sie Techniken erfand, die ungefähr jeden manuellen Eingriff gestatteten. Damit begann eine Abhängigkeit der Fotografie von der Kunst, die mit ganz kurzen Abständen bis heute andauert, nur sind es heute nicht mehr der Impressionismus und Nachklänge der romantischen Malerei, sondern Surrealismus und Abstrakte, die als Vorbilder dienen. Was aber entsteht, ist eine zwielichtige Gattung: Weder Kunst noch Fotografie …

Die Fotografie, ganz gleich, welchen verwirrenden Aspekt sie bietet, ist ein grafisches Verfahren ›eigener Art‹, weder Kunst noch Handwerk, ihr Wert wird bestimmt durch ein teils ästhetisches, teils technisches Urteil, und aufgrund ihrer mechanischen Struktur scheint sie mir besser geeignet, einem Gegenstand gerecht zu werden, als eine künstlerische Individualität auszudrücken.«

Digitalisierung des Telefons

Die Digitalisierung des Telefons führt dazu, dass eine Reihe von Diensten in Anspruch genommen werden können, denen gemeinsam ist, dass man es am anderen Ende der Leitung nicht mit einem Menschen, sondern mit einem computergesteuerten System zu tun hat. Ich gebe ein typisches Beispiel. Weil ich mich für Übernachtungsmöglichkeiten in Dresden interessiere, rufe ich den dortigen Verkehrsverein an. Als die Verbindung hergestellt ist, höre ich Folgendes: »Willkommen bei der Dresden Werbung und Tourismus GmbH. Mit wem möchten Sie verbunden werden? Sagen Sie ›ja‹ bei der gewünschten Verbindung.« – Danach folgen, durch Pausen getrennt, verschiedene Möglichkeiten, zum Beispiel »Prospekte«, »Kartenbestellung«, »Zimmerreservierung«. Spreche ich in die Pause nach »Zimmervermittlung« ein »Ja«, dann sagt eine Stimme: »Sie werden baldmöglichst mit der Zimmervermittlung verbunden.« Danach ertönt erst einmal Musik, bis eine Stimme sagt: »Hier ist die Zimmervermittlung in Dresden. Mein Name ist Johanna Biedermann. Was kann ich für Sie tun?« Wenn sich die Stimme auch nicht von den Stimmen unterscheidet, die vorher zu hören waren, wird man in der Regel wissen, dass man jetzt mit einem Menschen verbunden ist.

Die Techniker nennen das hier geschilderte Beispiel ein sprachgesteuertes System. Seine Leistung besteht darin, die

Wünsche eines Anrufers abzufragen und ihn dann entsprechend zu vermitteln. Das Sprechen, das dabei zu hören ist, kommt von Tonbändern, die durch die gewählte Nummer und die gesprochenen Worte aktiviert werden. Voraussetzung für Letzteres ist, dass die gesprochenen Worte durch ein Spracherkennungssystem verarbeitet werden.

Das gewählte Beispiel ist einfach. Es gibt Spracherkennungsprogramme, die viele Wörter und ganze Sätze verarbeiten, sodass sich der Anrufer sprechend durch ein komplexes System von Angeboten steuern kann. Was er dabei an Wörtern oder Sätzen hört, kommt entweder von Tonbändern oder wird im Augenblick durch Computerprogramme erzeugt.

Die Art und Weise, wie hier Sprache verwendet wird, bildet den Endpunkt einer Entwicklung, an deren Anfang die Schrift steht. (Was einem rückwärtsgewandten Blick als Endpunkt erscheint, kann, wenn man in die Zukunft schaut, auch als Anfang betrachtet werden. Für solch eine Doppeldeutigkeit gibt es weitere Beispiele. So kann man die Fotografie so betrachten, dass mit ihr die fortschreitende Mechanisierung der ursprünglich rein manuellen Abbildung zu einem Abschluss kommt, der die menschliche Hand vollständig verdrängt. Zugleich bildet die Fotografie den Anfang der maschinell erzeugten Bildmedien.)

Es soll nun der Frage nachgegangen werden, was es für die Sprache und den Umgang des Menschen mit ihr bedeutet, wenn sie in der geschilderten Weise von Maschinen hervorgebracht und verarbeitet wird. Dazu soll genauer betrachtet werden, was bei sprachgesteuerten Systemen technisch geschieht. Das muss dann mit dem Wesen der Sprache in Beziehung gesetzt werden.

Bei der elektrischen Sprachübertragung geschieht in etwa das Folgende. Das Mikrofon verwandelt die beim Sprechen auftretenden Druckschwankungen der Luft in eine Folge von wechselnden Spannungen. Es entsteht eine Spannungskurve, deren zeitlicher Verlauf dem Sprechen parallel ist und deren Amplituden (Ausschläge) Voltstärken darstellen, die den beim Sprechen entstandenen Druckschwankungen analog sind. Man spricht von einem wertkontinuierlichen Signal.

Die Digitalisierung beruht darauf, dass die Spannungskurve gemessen und dann nur die Messergebnisse übertragen werden. Die Messung geschieht so, dass ein spezielles Gerät (A/T-Wandler = Analog-/Digital-Wandler) einen starren Takt von Impulsen produziert, bei denen sich zwei Zustände, nämlich Spannung und keine Spannung, abwechseln. Man kann auch sagen, der Takt entsteht dadurch, dass Strom automatisch ein- und ausgeschaltet wird. Die Signalfolge, die sich daraus ergibt, hat die Eigenschaft, dass sie auf die Spannungskurve reagiert und sich ihr anpasst. Dadurch verändern sich die Spannungshöhen zwischen »Ein« und »Aus« und die Dauer des einzelnen Taktes. Bildlich gesprochen, verschwindet die analoge Spannungskurve in der getakteten Signalreihe. Die Informationen der Spannungskurve stecken in den Veränderungen, die sie bei den Takten bewirken. Diese Veränderungen werden gemessen. Die Zahlenwerte, die man dadurch enthält, werden unter Verwendung von 0 und 1 kodiert und dann übertragen.

Die Vorteile der Digitalisierung liegen auf verschiedenen Ebenen. Zum einen ist es technisch sehr aufwändig, eine Spannungskurve ohne Verzerrungen und ohne Abschwächung über weite Strecken zu übertragen. Eine Zahlenreihe kann dagegen mühelos störungsfrei gesendet werden.

Ein weiterer Vorteil hängt damit zusammen, dass man es nach der Digitalisierung mit einem wertdiskreten Signal zu tun hat. »Wertdiskret« meint, es wird nicht die ganze Spannungskurve gemessen. Zwischen den einzelnen Messungen sind mehr oder weniger große Abstände. Damit eröffnet sich die Möglichkeit der Datenkompression. In den letzten Jahren sind immer neue Verfahren entwickelt worden, um Analoges mit möglichst wenig und möglichst ungenauen Daten zu übertragen.

Die Digitalisierung bewirkt auch, dass die Daten in einer Form vorliegen, die vom Computer verarbeitet werden kann. Im Falle der Steuerung mithilfe des Wortes »ja« wird folgendes Verfahren verwendet. Worte und Wortverbindungen haben im Hinblick auf Tonhöhe, Tondauer und Tonstärke charakteristische Merkmale. Solche Merkmale sind im Computer auf einem Chip in

Form einer Folge von Ein- und Ausschaltungen gespeichert. Wird dem Computer das Wort »ja« in digitalisierter Form eingegeben, vergleicht das Programm die eingegebenen Daten mit den gespeicherten Daten. Wird eine Übereinstimmung gefunden, ist das Wort »erkannt«. Dadurch werden Steuerungsbefehle ausgelöst, die Ergebnisse zur Folge haben, die so sind, dass der Anrufer den Eindruck hat, er sei verstanden worden. (Es fällt schwer, den zugrunde liegenden technischen Vorgang zu beschreiben, ohne Wörter wie »vergleichen«, »finden« und »erkennen« zu verwenden).

Es soll nun dargestellt werden, wie sich der hier geschilderte Umgang mit der Sprache zu früheren Formen verhält. Mit der Schrift entsteht, wie bereits dargestellt, zum ersten Mal die Möglichkeit, dass sich die Sprache vom sprechenden Menschen trennt. Allerdings wird die Sprache dabei gewissermaßen unsichtbar. Sie wird vom Schreiber in die Schrift hineingezaubert und vom Leser wieder daraus hervorgeholt. Dazwischen bleibt sie stumm.

Beim gedruckten Buch tritt an die Stelle des Schreibers der Setzer, der vorgefertigte Buchstaben verwendet. Die Verzauberung geschieht mit groben Mitteln, wenig einfühlsam. Der Leser erfährt über die Gestalt der Schrift nichts von dem Schreiber.

Die Telegrafie löst das Schriftstück auf. Das steigert das Übertragungstempo, fesselt die Sprache aber an äußere Vorgänge, die mit ihr noch weniger zu tun haben als der gedruckte Buchstabe. Beim Morse-Telegrafen ist es bereits so, dass mithilfe von zwei Zeichen, nämlich einem langen und einem kurzen Zeichen, alle sprachlichen Äußerungen übertragen werden können.

Beim Telefonieren wird die Sprache, die bis dahin während der Übertragung stumm blieb, wieder hörbar. Mithilfe von Mikrofon und Lautsprecher gelingt es, eine Maschine zum Sprechen zu bringen.

Die Digitalisierung führt zu einer Entmaterialisierung, die über die Entmaterialisierung, zu der das analoge Telefon bereits geführt hatte, noch hinausgeht. An die Stelle einer Schwingungskurve mit ihrer zusammenhängenden Gestalt tritt die starre Polarität diskreter Ein- und Ausschaltungen. Auf dem Chip wird Sprache in einer Weise festgehalten, dass der dafür benötigte Raum so gut wie keine Rolle spielt. Das schafft die Voraussetzungen für intelligente Leistungen. Beim analogen Telefon steht hinter dem Hörer, aus dem eine Stimme ertönt, ein in der Ferne sprechender Mensch. Der Chip steuert allein mit der ihm aufgeprägten Abfolge von Ein- und Ausschaltungen den Lautsprecher so, dass Wörter und ganze Sätze zu hören sind.

Die geschilderte Entwicklung führt dazu, dass die Menschen mehr und mehr von ihrem ursprünglichen Umgang mit der Sprache abweichen. Dadurch wird zugleich eine Auffassung begünstigt, die in der Sprache nichts als ein nützliches Mittel sieht, vergleichbar einem Hammer oder den Duftmarken, die Tiere setzen. Versteht man unter Reduktionismus (im Sinne der Wissenschaftstheorie) den Versuch, alle Aussagen und Begriffe auf physikalische Tatsachen zurückzuführen und aus ihnen zu erklären, dann kann man den technischen Umgang mit der Sprache, insbesondere seit Digitalisierung und Computerisierung dabei eine Rolle spielen, als praktischen oder praktizierten Reduktionismus bezeichnen.

Zur Verdeutlichung der Probleme, die von sprachgesteuerten Systemen und ähnlichen Neuerungen ausgehen können, sei an das »stumme Sprechen« erinnert, auf das die Linguisten aufmerksam geworden sind. In dem Kapitel über das Telefon war dieses »stumme Sprechen« als Hinweis darauf genommen worden, dass die Sprache eine geistige Kraft ist, die uns nur deshalb zur Verfügung steht, weil wir uns von ihr ergreifen lassen. Ganz offensichtlich geschieht beim Sprechen weit mehr, als wir bewusst und willentlich vollziehen.

In dem folgenden Text von Rudolf Steiner ist in wenigen Sätzen angedeutet, worauf Würde und Bedeutung der Sprache beruhen:

»Das Wort ist nach zwei Richtungen der Gefahr ausgesetzt, die aus der Entwickelung der Bewusstseinsseele kommen kann. Es dient der Verständigung im sozialen Leben, und es dient der Mitteilung des logisch intellektuell Erkannten. Nach beiden Seiten hin verliert das ›Wort‹ seine Eigengeltung. Es muss sich dem ›Sinn‹ anpassen, den es ausdrücken soll. Es muss vergessen lassen, wie im Ton, im Laut und in der Lautgestaltung selbst eine Wirklichkeit liegt. Die Schönheit, das Leuchtende des Vokals, das Charakteristische des Konsonanten verliert sich aus der Sprache. Der Vokal wird *seelen-*, der Konsonant *geistlos*. Und so tritt die Sprache aus der Sphäre ganz heraus, aus der sie stammt, aus der Sphäre des Geistigen. Sie wird Dienerin des intellektuell-erkenntnismäßigen, und des geist-fliehenden sozialen Lebens. Sie wird aus dem Gebiet der Kunst ganz herausgerissen.

Wahre Geistanschauung fällt ganz wie instinktiv in das ›Erleben des Wortes‹. Sie lernt auf das seelengetragene Ertönen des Vokals und das geistdurchkraftete Malen des Konsonanten *hinempfinden*. Sie bekommt Verständnis für das Geheimnis der Sprachentwickelung. Dieses Geheimnis besteht darin, dass einst durch das Wort göttlich-geistige Wesen zu der Menschenseele haben sprechen können, während jetzt dieses Wort nur der Verständigung in der physischen Welt dient.

Man braucht einen an dieser Geisteinsicht entzündeten Enthusiasmus, um das Wort wieder in seine Sphäre zurückzuführen.«[64]

Der Text macht deutlich, dass das Geheimnis der Sprache schon lange in Vergessenheit zu geraten droht. Den Grund sieht Steiner darin, dass die Aufmerksamkeit zu sehr auf den nützlichen Aspekten der Sprache ruht. Dadurch gerät die Möglichkeit, dass die Sprache den Menschen mit seinem geistigen Ursprung verbindet, in Gefahr. Im weiteren Text nennt Steiner die künstlerische Gestaltung der Sprache und des Sprechens als Gegengewicht und als Weg, den Reichtum der Sprache lebendig zu halten.

Auf dem Hintergrund einer spirituellen Sprachauffassung wird deutlich, dass sprachgesteuerte Systeme für die Sprache Absturz und Erniedrigung bedeuten. Umso dringender wird es, von der Würde der Sprache zu wissen und den künstlerischen Umgang mit ihr zu pflegen.

Digitalisierung von Film und Fernsehen

Von der Digitalisierung des Films und des Fernsehens dürfte eine noch stärkere Wirkung ausgehen als von der Digitalisierung der Fotografie. Folgende Überlegungen sprechen für diese Annahme. Die Starre und die Ausschnitthaftigkeit der Fotografie rücken alles, was sie zeigt, in die Vergangenheit. Zumindest entsteht eine Wirkung, die dem Eindruck der Gegenwärtigkeit, der auch entsteht, zuwiderläuft, mit dem Ergebnis, dass Distanz entsteht.

Für das Filmbild, aus dem sich der Filmstreifen zusammensetzt, müsste eigentlich dasselbe gelten wie für eine Fotografie. Durch die Projektion und die mit ihrer Hilfe erzeugte Bewegungsillusion entsteht aber eine völlig neue Wirkung. Schon die Besucher des Dioramas, die vielleicht als erste Bewegung auf einer Fläche geboten bekamen, brachten in ihren Kommentaren Bewegung und Leben in Zusammenhang. »Es bewegt sich wie im Leben«, konnte man fortan hören, wenn wieder ein Verfahren entwickelt worden war, um Bewegung in das Bild zu bringen.

Mit dem Film erreichten diese Bemühungen eine neue Stufe. Dabei tauchte ein charakteristisches Wort auf, von dem C.W. Ceram in seiner »Archäologie des Kinos« sagt, es klang den Zeitgenossen wie ein Zauberwort in den Ohren. Weiter heißt es dazu: »Das Wort ›Bioskop‹ ruft mehr als alle anderen Begriffe die frühen Tage der Projektion ins Gedächtnis zurück.«[65]

»Bioskop« ist eine aus griechischen Wörtern zusammengesetzte Bezeichnung und bedeutet soviel wie »Leben sehen«. Die Bewegungsillusion ermöglicht es, Menschen auf der Leinwand zu sehen, die handeln und sprechen. Das tun, so sagt die Erfahrung, nur lebende Personen. Und wenn ich sie sehen und hören kann, dann geschieht es auch in meiner Gegenwart. Damit wird verständlich, wieso der Zuschauer beim Film derart intensiv sich identifizierend und miter-*lebend* in das gezeigte Geschehen eintaucht. Die weiter oben bereits beschriebenen Mittel führen dazu, dass dies noch totaler, vor allem distanzloser geschieht als beim Theater.

Die Wirkung, die der Film erzielt, beruht auf einer Täuschung. Diese Täuschung kann auch auf eine andere Art, als das bisher der Fall gewesen ist, erzielt werden. Beim Kamerafilm, wie er bisher üblich war, hat alles, was auf der Leinwand gezeigt wird, vorher vor der Kamera real existiert. Der Filmstreifen entsteht genau so wie Fotografien, das heißt, dreidimensionale Gegenstände hinterlassen mithilfe des Lichts auf der Silbersalzschicht des Films einen Abdruck.

Allerdings entsteht im Kinofilm aus den abgefilmten Wirklichkeitsbruchstücken mithilfe von Bildmontage, Einstellungswechsel und Kamerabewegung, um nur einiges zu nennen, eine Wirklichkeit eigener Art. Diese Filmwirklichkeit lässt die Raumeswirklichkeit weit hinter sich und hängt über die Aufnahmekamera doch mit ihr zusammen. Der digitale Film löst diesen Zusammenhang.

Man könnte einwenden, das gelte auch schon für den Zeichentrickfilm. Tatsächlich hat diese Filmart von dem ursprünglichen Film nur die Technik der Projektion übernommen, um mit ihrer Hilfe Bewegung erzeugen zu können. Die Bilder, die dabei verwendet werden, sind gezeichnet, haben also mit der Filmkamera gar nichts zu tun.

Dennoch ist der digitale Film etwas völlig Neues. Der Zeichentrickfilm hat nie verleugnet, dass ihm Zeichnungen zugrunde liegen. Die Figuren, die ihn bevölkern, sind eindeutig der Fantasie entsprungen. Sie bewegen sich weitgehend auf der Fläche, der Raum wird nur angedeutet. Es gibt keine Kamerabewegungen (die den Eindruck der Räumlichkeit betonen würden). Es fehlen natürlich wirkende Oberflächen und es fehlt das Spiel von Licht und Schatten, wie man es aus der Natur kennt.

Der digitale Film setzt alle diese Mittel ein, zumindest ist er dazu in der Lage. Er stammt aus dem Computer, imitiert aber den Kamerafilm (wenn es ihm gefällt) oder überbietet ihn sogar, ohne den Charakter des Kamerafilms zu verlieren. Ein mithilfe des Rechners bearbeitetes Foto kann einen monströsen Gegenstand so zeigen, als gäbe es ihn wirklich. Der digitale Film kann monströse Handlungen als wirklich ausgeben.

Das trifft für »Toy Story« zu, der als erster computergenerierter Film die übliche Spielfilmlänge hat.[66] Die Handlung greift ein altes Motiv auf. Kinderspielzeug entfaltet, wenn kein Mensch hinschaut, ein eigenes Leben. Da gibt es Freuden und Leiden, Freundschaften und Feindschaften und vor allem verwickelte und spannende Abenteuer. Der Film hat auf die Zuschauer eine starke emotionale Wirkung.

Was wirkt da? Bei einem wirklichen Menschen ist das, was ich wahrnehme und erlebe, tatsächlich anwesend: die äußere, sinnfällige Gestalt und das, was sie belebt, beseelt und zu einem selbstbewussten Wesen macht.

Bei einem mit der Kamera aufgenommenen Film bleibt davon die äußere Gestalt. Sie enthält immerhin Hinweise auf den wirklichen, das heißt den ganzen Menschen. Bei »Toy Story« verlässt der Zuschauer die natürliche Welt. Wohin gerät er, wenn er in den Film eintaucht? Es ist schon eine Weile her, dass ich den Film gesehen habe, aber ich erinnere mich noch gut, dass er mich in einer Weise berührt hat, die ich mit nichts mir bis dahin Bekanntem vergleichen kann.

Bisher gab es den fotografischen Film (Kamerafilm) und den Trickfilm. »Toy Story« ist ein Zwischending. Bei den Akteuren handelt es sich eindeutig nicht um reale Wesen. Das gilt auch für die Kinder, denen die Spielzeuge gehören, und für die Eltern der Kinder. Aber diese künstlichen Wesen bewegen sich im dreidimensionalen Raum. Sie gehen nach rechts und links, nach vorne und hinten und laufen Treppen herauf und herunter. Dabei spielt das Licht auf ihnen, und sie werfen Schatten. Sie sitzen auf Stühlen, essen von Tellern, die auf Tischen stehen, steigen in Autos und fahren durch Straßen, die wie wirkliche Straßen aussehen. Und alle Figuren haben menschliche Stimmen. (Die Hauptfiguren werden von bekannten Schauspielern gesprochen).

Es gibt auch »Kamerabewegungen«, zum Beispiel Schwenks, die die Räumlichkeit betonen. Zum Eindruck der Räumlichkeit trägt auch bei, dass das Geschehen gelegentlich aus der Perspektive eines der Akteure gezeigt wird. Man sieht dann zum Beispiel aus der Perspektive eines Spielzeugs, das unter dem Schrank hervorschaut. Zur Realistik tragen auch die perfekt nachgeahmten Oberflächen bei. Haut, Haare, Holz, Blätter – alles sieht aus, wie man es gewohnt ist.

Die irritierende Anmutung, die bei mir zugleich Unbehagen und Faszination auslöste, hängt wahrscheinlich mit dieser Mischung sich gegenseitig ausschließender Phänomene zusammen. Puppen und andere künstliche Wesen verlassen das Land der Fantasie und betreten den Schauplatz, auf dem wir als Menschen leben. Sie sind aber nicht an die Gesetze gebunden, die in der physischen Welt gelten. Ein irdischer Mensch kann nicht plötzlich nach oben entschweben und sich dabei in einen Vogel verwandeln. Wenn das in einem Zeichentrickfilm vorkommt, ist das unterhaltsam, vielleicht auch befremdend, aber in einem gewissen Sinn bleibt es doch im Rahmen, weil der Trickfilm flächig ist. Er täuscht nicht vor, die physisch-räumliche Welt abzubilden. Das tut aber der Film »Toy Story«.

Es lohnt sich, die Herstellung von »Toy Story« genauer zu betrachten. Zunächst ist man wie bei einem fotografischen Film vorgegangen. Am Anfang steht die Handlung mit den dazu gehörenden Charakteren. Im nächsten Schritt werden die Schauplätze, an denen die Handlung spielen soll, festgelegt. Schließlich werden die Dialoge geschrieben und das Ganze nach Sequenzen und Einstellungen gegliedert.

Bei einem herkömmlichen Spielfilm beginnen nach diesen Vorbereitungen die Dreharbeiten. Da muss man alles das, was man später auf der Leinwand oder auf dem Bildschirm sehen will, vor die Aufnahmekamera bringen.

»Toy Story« zeigt Wesen, die sich in einer räumlichen Welt bewegen, ohne dass jemals ein dreidimensionales Vorbild existiert hat. Der Ausgangspunkt des Films liegt bereits im Zweidimensionalen. So gibt es zum Beispiel 76 Zeichnungen von verschiedenen Spielzeugfiguren. Jede Zeichnung wird in den Computer eingelesen. Mit seiner Hilfe entstehen auf dem Bildschirm dreidimensionale Modelle des gezeichneten Vorbildes. Bei diesem Modell handelt es sich zunächst um ein schematisches, aus Linien bestehendes Gerüst. Dieses Modell wird Schritt für Schritt

»animiert«, wie man sagt. Dazu gehört, dass so genannte »Avars« integriert werden. Dabei handelt es sich um Kontrollpunkte, von denen aus die Bewegungen einzelner Körperteile gesteuert werden können. Eine der beiden Hauptfiguren, der Cowboy Woodie, besitzt 712 solcher »Avars«, davon über 200 in seinem Gesicht. Diese »Avars« lassen sich mit den Fäden vergleichen, mit deren Hilfe Marionetten gesteuert werden.

Der nächste Schritt besteht darin, dass das steuerbar gemachte Modell eine »Haut« bekommt. Eine weitere Perfektionierung wird durch Programme erreicht, die für die jeweils nötigen Licht- und Schatteneffekte sorgen. Andere Programme simulieren Kamerabewegungen.

Insgesamt handelt es sich um computergenerierte Bilder. Für dieses Verfahren ist heute die Abkürzung »CGJ« (Computer Generated Images) üblich. Die Bilder entstehen so, dass zunächst die Oberfläche der natürlichen Schöpfung (zum Beispiel die Oberfläche eines Menschen) oder die Oberfläche gebauter Modelle vermessen wird. Man kann auch sagen, physische Wirklichkeit wird auf Zahlen reduziert und in dieser Form in den Computer eingegeben. Mithilfe dieser Zahlen und entsprechender Programme kann der Computer die gesamte Schöpfung als virtuelle Realität wiederholen.

Warum ist das so verlockend? Weil man sich als Herr der Schöpfung fühlen kann. Die Technik suggeriert die Möglichkeit, Verfügungsgewalt über die Schöpfung zu bekommen. Dabei können ihre Grenzen verschoben werden. »Toy Story« macht von dieser Möglichkeit, wie es sich für einen Erstling gehört, nur sehr vorsichtig Gebrauch. In Zukunft wird man ganz andere Dinge sehen.

Was bedeutet »Toy Story« für die Kinder, an die sich der Film in erster Linie wendet? Von den zahlreichen Wirkungen seien einige betrachtet. Für ein Kind ist die Welt voller Rätsel. Es staunt und macht sich zugleich daran, diese Rätsel zu lösen, um sich in der Welt orientieren zu können. Jedes Rätsel fordert das Kind heraus und sorgt dafür, dass seine Kräfte wachsen.

Zu den Dingen, die das Kind auf seinem Weg lernen muss, gehört auch, dass es mit grundlegenden Unterscheidungen ver-

traut wird. Alle diese Unterschiede sind in »Toy Story« ausgelöscht, so zum Beispiel der Unterschied zwischen Mensch und
Maschine und der zwischen Mensch und Puppe. Die Unterschiede zwischen belebt und unbelebt und zwischen beseelt und un-
beseelt verschwimmen ebenfalls. Der Unterschied zwischen Realität und Fiktion wird geradezu systematisch zerstört.

Was die Rätsel betrifft, so ist eigentlich schon jeder Erwachsene für das Kind ein Rätsel. Der Vater hat geschimpft, weil das
Kind mit seinem kleinen Eimer so viel Wasser in den Sandkasten
geschleppt hat. Muss es das ernst nehmen? Oder war da ein
Augenzwinkern? Die Unsicherheit entsteht, weil das Seelisch-
Geistige durch das Physische, mit dessen Hilfe es wirkt, immer
mehr oder weniger verdeckt wird. So wird das Kind angeregt,
seine Wahrnehmungsfähigkeit zu schärfen.

Das ist in »Toy Story« nicht nötig. Wenn Woody, der Cowboy,
sich über Buzz Lightyear, den Weltraumfahrer, lustig macht,
dann ist Woody ganz Spott und Schadenfreude und Buzz ist
ganz Empörung. Diese Eindeutigkeit, mit der zugleich alles andere ausgeschlossen wird, gelingt mithilfe der die Mimik steuernden »Avars«. Die Programmierer von »Toy Story« haben so
etwas wie eine Mechanik des Gesichtsausdrucks entwickelt, die
es erlaubt, eine Reihe von Klischees zum Ausdruck zu bringen.
Was nicht auf die Oberfläche gebracht werden kann, das gibt es
auch nicht. Die von vielen Philosophen aufgestellte Behauptung,
der Unterschied zwischen Erscheinung und Wesen sei gegen-
standslos, trifft hier zu.

Aus der Sicht der Kinder muss man sagen, dass an die Stelle
anregender Rätsel, die das Leben bietet, Unterhaltung tritt, die,
mag sie noch so spannend sein, seelisch träge macht.

Während der Arbeit an diesem Kapitel erschien in den Kinos
»Toy Story 2«. Der Erfolg des ersten Teils hat zu einer Fortsetzung angeregt. Ich habe mir den Film angeschaut. Die Animati-
onstechnik hat in der Zwischenzeit weitere Fortschritte gemacht
mit dem Ergebnis, dass die mithilfe des Computers erzeugte
Welt noch geschlossener und überzeugender und vor allem auch
noch spannender wirkt.

Folgende Geschichte liegt dem zweiten Teil zugrunde: Cowboy Woody ist von einem geldgierigen Spielzeugsammler gestohlen worden, der Woody an ein Spielzeugmuseum in Japan verkaufen will. Woodys Freunde machen sich, angeführt von Buzz Lightyear, auf, um den Cowboy zu retten. Die Sache wird dadurch kompliziert, dass Woody zusammen mit anderen Spielzeugen verkauft werden soll. Die anderen Spielzeuge freuen sich auf die Reise, die aber nur stattfinden wird, wenn Woody dabei ist. Woody freundet sich mit den anderen Spielzeugen an und gibt schließlich seine Fluchtpläne auf, zumal der Junge, dem Woody bisher gehörte, inzwischen älter geworden ist und sich nicht mehr so sehr für ihn interessiert. So kommt es, dass Woody, als seine Retter in Gestalt seiner Freunde auftauchen, vor einer schwierigen Entscheidung steht. Dabei kommt es selbstverständlich auch zu einem spannenden Kampf zwischen den alten und den neuen Freunden.

Ich muss sagen, dass ich mich im Laufe des Films immer stärker in diese Geschichte habe hineinziehen lassen. Sie ist sympathisch und nachvollziehbar und wird mit Witz und Sinn für dramatische Situationen erzählt. Die Höhepunkte werden durch eingängige Lieder noch hervorgehoben.

Was geschieht, wenn man sich von dieser Geschichte nachträglich nicht durch kritisches Denken distanzieren kann? In dem Programmheft zu »Toy Story « wird der Regisseur mit folgenden Worten zitiert: »Es macht uns einfach Spaß, Dinge zu zeigen, die niemand zuvor gesehen hat, und Dinge zu tun, die vor uns noch niemand getan hat.« Warum hat es denn das, was den Inhalt von »Toy Story« bildet, vorher noch nicht gegeben? Weil es innerhalb der natürlichen Schöpfung gar nicht auftreten kann. Betrachtet man zum Beispiel Woody mit Menschenaugen, die an der natürlichen Schöpfung gebildet sind, dann muss man sagen, seine Gestalt, seine Mimik und seine Bewegungen sind so, dass eigentlich gar kein Innenleben und noch weniger ein Selbstbewusstsein vorliegen können.

Gewöhnt man sich an solche Gestalten, die nicht stimmig sind, dann wird, wie bereits im Hinblick auf die digital hergestellten Bilder festgestellt wurde, alles beliebig. Im Äußeren des Menschen sieht man dann allmählich nicht mehr den Ausdruck des organischen Zusammenstimmens von Körper, Seele und selbstbewusstem Geist, sondern man glaubt, ein Produkt vor sich zu haben, das – im Sinne der Evolutionsbiologie – durch das Zusammenspiel von Zufall und Notwendigkeit entstanden sei und genauso gut auch anders hätte ausfallen können. Man wundert sich schließlich nicht mehr, wenn Steine fliegen und Tomaten philosophieren. Das Denken lässt man unter solchen Bedingungen besser sein, denn es macht nur Sinn, wenn sich das Gefundene verallgemeinern lässt.

Eine weitere Eigenart von »Toy Story 2« kann in den Blick kommen, wenn man sich fragt, warum nicht auch der Kasper im Kasperletheater ein Monster sei. Schließlich wird eine menschliche Stimme mit einem Holzkopf zusammengebracht. Die Frage führt auf den Unterschied von (vorgetäuschtem) Leben und Bild. Wenn Kasperle weint, lacht und spricht, dann bewegen sich seine Lippen nicht »wie im Leben«, sondern bleiben starr. Dadurch wird die Aufmerksamkeit nicht an die physische Oberfläche gefesselt; sie kann mithilfe der Fantasie darüber hinausgehen und Kasperle zum Bild machen, etwa zum Bild des über alle Widrigkeiten triumphierenden Verstandes.

Bisher war von Digitalisierung im Hinblick auf den Inhalt die Rede. Unter diesem Gesichtspunkt ergeben sich für Film und Fernsehen keine Unterschiede. Betrachtet man auch Übertragung und Verbreitung, die beim Fernsehen eine wichtige Rolle spielen, dann ist festzustellen, dass hier ganz neue Möglichkeiten entstehen.

Die Vorteile einer digitalisierten Fernsehübertragung liegen auf verschiedenen Ebenen. Zum einen wird es leichter, eine gleichbleibende Bild- und Tonqualität zu garantieren. Das hat mit der prinzipiellen Identität aller digitalen Datenströme zu tun, die nur zwei Signale oder Zustände kennen. Die Unterschiede der analogen Endergebnisse beruhen lediglich darauf, in welcher Reihenfolge und mit welcher Häufigkeit die beiden Signale auftauchen. (Es handelt sich um das, was man nachrichtentechnisch eine binäre Codierung nennt.)

Eine weitere Folge der Digitalisierung ist die endgültige Überwindung der Frequenzknappheit. Dieser Wirkung hatte vorher bereits die Verlegung der Breitband-Kabelnetze und die Positionierung direktstrahlender Satelliten.[67] Die mit der Digitalisierung einhergehende Datenkompression führt dazu, dass dort, wo bisher ein Programm gesendet wurde, jetzt neun Programme Platz haben.

Die Digitalisierung ermöglicht auch neue Formen des Umgangs mit dem Medium, was vor allem mit der Einrichtung von Rückkanälen zu tun hat. Digitales Fernsehen wird daher auch als interaktives Fernsehen angepriesen. Der Nutzer hat die Möglichkeit, sich ein Programm nach seinen eigenen Wünschen zusammenzustellen. Allerdings muss er dann auch dafür bezahlen. Im Zuge der Digitalisierung entsteht das so genannte Bezahlfernsehen (Pay-TV), bei dem man bestimmte Programmangebote kauft, das heißt, man bezahlt nur für das, was man sich tatsächlich auf den Bildschirm holt. Eine abgewandelte Form ist das Abonnement-Fernsehen, bei dem man bestimmte Programmpakete, wie man sich ausdrückt, kauft (Sport, Spielfilme, Erotik). Es spricht einiges dafür, dass es in Zukunft immer seltener wird, dass eine Sendung von einem großen Teil der Bevölkerung gesehen wird. In dem Zusammenhang wird von Medienwissenschaftlern die Befürchtung geäußert, das Fernsehen könne seine Integrationsfunktion verlieren, da es aufhöre, vielen Menschen gemeinsame Erlebnisse zu ermöglichen.[68]

Digitalisierung im Allgemeinen

Abschließend einige Bemerkungen zur Digitalisierung im Allgemeinen. Es kann auffallen, dass »digital« in den letzten Jahren zu einer Art Zauberwort geworden ist, das für Fortschritt und technische Perfektion steht. Die Wurzeln dieser Wortkarriere reichen wahrscheinlich bis in die Anfänge der modernen Naturwissenschaft. Galilei (1564–1642), der Begründer der exakten (experimentellen) Naturwissenschaft, stellte den Grundsatz auf: »Messen, was messbar ist, und messbar machen, was nicht messbar ist.« Dahinter steckt die Auffassung, Erkenntnis müsse sich mithilfe von Zahlen ausdrücken lassen. Die Zahlen sollen dann mithilfe der Mathematik in einen gesetzmäßigen Zusammenhang gebracht werden. Auf der Grundlage dieser Zusammenhänge, anders ausgedrückt, auf der Grundlage der so formulierten Naturgesetze, lassen sich Rechenanweisungen (Algorithmen) geben, die es ermöglichen, die modernen Maschinen zu bauen und schließlich auch maschinell zu steuern.

Der Aufschwung des Wortes »digital« beginnt in dem Augenblick, als zu den durch die Konzentration auf die Zahl ausgelösten Entwicklungen noch die Möglichkeit hinzukommt, Wahrnehmungsangebote zu produzieren, durch die natürliche oder imaginäre Wesen, Gegenstände oder Vorgänge simuliert werden. Will man verstehen, wie das möglich ist, muss man sich klar machen, dass Aufnahmegeräte wie Mikrofone und Kameras auch wie Messinstrumente genommen werden können. Die Fernsehkamera zum Beispiel reagiert außerordentlich empfindlich auf Helligkeit und Farben. Allerdings werden die Messergebnisse nicht mithilfe von Zahlen (digital), sondern mithilfe physikalischer Zustände (elektrische Ladungen) ausgedrückt (analog). Das Video-Signal, das eine Fernsehkamera produziert, besteht aus elektromagnetischen Schwingungen, deren Frequenz und deren Amplitude dem aufgefangenen Licht analog sind.

Die Digitalisierung beruht auf einer zweiten Messung. Die Schwingungen werden vermessen, jetzt aber so, dass Zahlenwerte entstehen. Im Falle eines Video-Signals wird mithilfe eines Voltmeters an einer bestimmten Stelle beispielsweise der Wert »8« gemessen. Dieser Zahlenwert wird mithilfe von Null und Eins kodiert, und diese Folge von Nullen und Einsen wird anstelle der Schwingungen übertragen. Im Empfangsgerät werden mithilfe der Zahlen wieder elektrische Schwingungen erzeugt, die dann das Bild aufbauen.

Diese Methode hat unter anderem den Vorteil, dass sich Nullen und Einsen unkompliziert und damit störungsfrei übertragen lassen. Im Folgenden soll der Versuch unternommen werden, auch die Nachteile in den Blick zu bekommen. Man bedenke zum Beispiel, dass durch das Messen die zusammenhängende (kontinuierliche) Schwingungslinie in einzelne Messpunkte zerfällt. Die Messungen mögen noch so fein sein, es muss Stellen geben, an denen nicht gemessen wird und die folglich bei der Übertragung unberücksichtigt bleiben.

Das Problem, um das es hier geht, lässt sich gut durch einen Vergleich analoger und digitaler Uhren verdeutlichen. Bei einer Zeigeruhr sind Geschwindigkeit und Bewegungsrichtung der Zeiger dem Sonnenlauf analog. Bei einer Digitaluhr erscheinen in einem Fenster Zahlen, die die Uhrzeit anzeigen. Während die Zahl gezeigt wird, bewegt sich die Sonne und vergeht die Zeit. Die kontinuierliche Bewegung der Zeiger trägt dem Rechnung. Zwischen den Zahlen ist notwendigerweise ein Zwischenraum, was zur Folge hat, dass die Zeit, die sie anzeigen, nie ganz richtig sein kann. Außerdem hat die sichtbare Gestalt der Zahlen nichts zu tun mit dem, worauf sie verweisen.

Ab dem Jahre 2010 sollen in Europa alle Hörfunk- und Fernsehprogramme digital übertragen werden (Digital Audio Broadcasting). Einzelne Sender sind bereits jetzt dazu in der Lage. Die Vorbereitungen laufen seit 1987 im Rahmen des europäischen Forschungsprogramms EUREKA. Die störungsfreie Übertragung ist dabei nur ein Nebeneffekt. Viel entscheidender ist die Datenkompression. Eine zusammenhängende Schwingungskurve kann so, wie sie ist, nicht anders als vollständig übertragen werden. Eine Folge von Nullen und Einsen lädt dazu ein, die Menge der Zahlen zu reduzieren. Das geschieht zum Beispiel auf die Weise, dass bei einer elektrischen Schwingungskurve nur stichprobenartig an bestimmten Stellen gemessen wird. Bei der Umwandlung von Musik und Sprache in digitale Signale fallen pro Sekunde 1,4 Millionen Informationseinheiten (bits) an, von denen aber nur 260.000 übertragen werden.

Mit der Digitalisierung wird das Abbild im Verhältnis zum Vorbild einer dritten Ausdünnung unterworfen. Das in der Kamera entstehende Bild kann von der Oberfläche nur diejenigen Teile abbilden, von denen Lichtstrahlen auf lichtempfindliche

Stellen fallen. (Man spricht von Bildauflösung und sollte, wie weiter oben ausgeführt, besser von Gegenstandsauflösung sprechen.) Die Bewegungsillusion beruht darauf, dass von einem bewegten Gegenstand nur bestimmte Positionen festgehalten werden. Zu den lichtunempfindlichen Stellen des Einzelbildes kommen die Dunkelphasen zwischen den Bildern. Die Digitalisierung bricht aus dem Strom der Signale alles heraus, was sich ohne wahrnehmbaren Qualitätsverlust unterdrücken lässt. Dabei werden immer neue Methoden entwickelt. So ist man zum Beispiel in der Lage, ausgelassene Signale aufgrund statistischer Wahrscheinlichkeiten beim Empfang zu produzieren.

Die dreifache Ausdünnung führt dazu, dass die medial erzeugte Welt unwahrnehmbare Leerstellen hat. Außerdem geht das Vorbild auf dem Wege zum Abbild durch eine Phase der vollständigen Auflösung. Ungeachtet der Entkörperlichung, der Entseelung und der Entichung, die, wenn man von einem Menschen als Vorbild ausgeht, bei einer technisch-maschinellen Übertragung unvermeidlich sind, bleibt bei der analogen Methode in jeder Phase des Vorgangs ein Zusammenhang zwischen den gesendeten Signalen und dem Inhalt. Der Zusammenhang bezieht sich auf die Umrisslinien der Gestalt und die Lichtverhältnisse. Wenn zum Beispiel die Intensität des Kathodenstrahls, der von innen auf den Bildschirm fällt, zunimmt, entsteht eine helle Fläche. Bei der analogen Übertragung kann man sagen, die Intensitätssteigerung sei durch die Helligkeit eines Gesichts, auf das die Kamera gerichtet war, ausgelöst worden. Bei der digitalen Übertragung zerfallen alle Vorbilder gleichermaßen in die Null und die Eins und werden daraus wieder aufgebaut. Der durch Analogien gebildete Zusammenhang reißt ab, weil Zahlen gar keine Eigenschaften haben, die zu anderen Eigenschaften analog sein könnten, wie zum Beispiel die Intensität des Lichts analog sein kann zu der Intensität einer elektrischen Spannung.

Aus der Beschreibung der technischen Phänomene, die der Digitalisierung zugrunde liegen, ergeben sich nicht ohne weiteres Hinweise auf eine veränderte Bildwirkung. Haben die Leerstellen, die bei der Digitalisierung entstehen, eine Bedeutung?

Jede Leerstelle entwickelt eine Sogwirkung. Im Sinne der von Rudolf Steiner geforderten Maschinenwesenskunde ist zu fragen, ob durch die bei der Digitalisierung entstehenden Löcher Kräfte und Wesen angezogen werden, die in die Bildwirkung eingehen. Dieser Frage soll nicht weiter nachgegangen werden. Es muss jedoch betont werden, dass hier ein Gebiet vorliegt, das genauerer Untersuchung bedarf.

Zum Abschluss sei noch ein kurzer Blick auf Bedeutung und Geschichte des Begriffs »Analogie« geworfen. Das aus dem Griechischen entlehnte Wort kann mit »Entsprechung«, »Ähnlichkeit«, »Gleichheit von Verhältnissen«, »Übereinstimmung« übersetzt werden. Der entsprechende lateinische Begriff ist »Proportion«. Der Begriff hat eine lange und bedeutungsvolle philosophische Tradition. Er bezeichnet im Kern dasjenige, was verschiedene Dinge gemeinsam haben. Die Analogie macht es möglich, dass trotz Trennung und Differenzierung etwas Gemeinsames und Verbindendes vorhanden ist. Für die Neuplatoniker entsteht durch die Analogie eine Seinskette, in der alles mit allem und mit dem Schöpfer verbunden ist.

Bei einer digitalen Fernsehübertragung wird der durch Analogie gebildete Seinszusammenhang unterbrochen. Das wird jedoch nicht deutlich, weil im Empfangsgerät wieder ein analoges Bild aufgebaut wird. Die Digitalisierung eröffnet aber auch ganz andere Möglichkeiten. Die Zahlen, die das Empfangsgerät steuern, müssen nicht von einem Aufnahmegerät kommen, das auf die Außenwelt gerichtet war. Die Zahlen können auch von einem Computerprogramm errechnet werden, das zum Ziel hat, Dinge sichtbar und hörbar zu machen, die in der natürlichen Welt nicht vorkommen können. In dem Wort »analog« steckt »Logos«. Eine Analogie lässt sich auch als Hinweis auf den Ursprung im Logos verstehen. Eine digital erzeugte Welt kann sich von diesem Ursprung weiter entfernen als eine Welt, bei deren Entstehung das Prinzip der Analogie gewahrt blieb.

10. Cyberspace / Virtuelle Welten

Es soll zunächst die Entwicklung betrachtet werden, die zu der Entstehung künstlicher Medienwelten geführt hat. Die ursprüngliche Funktion der Medien lässt diese Möglichkeit zunächst nicht erkennen. Schreibe ich einen Brief, dann dient die Schrift dazu, dem Empfänger Gedanken zu übermitteln, ohne dass eine Begegnung von Angesicht zu Angesicht nötig wäre. Das Medium überwindet die Beschränkung der Begegnungsmöglichkeiten, die durch das Trennende der Zeit und des Raumes entsteht. Ihm wird etwas anvertraut, das es aufbewahrt und verbreitet. Das schafft zwar auch Probleme, Probleme, die aber bei geeigneten Bemühungen soweit ausgeglichen werden können, dass die Vorteile überwiegen.

Zu den Problemen gehört, neben den bereits besprochenen Eingriffen in die Wahrnehmung, dass durch die Medien etwas entsteht, das es vorher gar nicht gegeben hat. Das gilt selbstverständlich bereits für den Brief, und zwar sowohl für den Gegenstand »Brief« als auch für die Art und Weise, wie hier Gedanken formuliert werden. Es gilt ganz allgemein für jede Verschriftlichung. Die Märchen, die jahrhundertelang nur mündlich weitergegeben wurden, verändern sich durch das Fixieren mithilfe der Schrift. Deshalb war es den Brüdern Grimm so wichtig, wörtlich aufzuschreiben, was vorher bei bestimmten Anlässen erzählt wurde. Aus diesem Grund sollte immer auf die Urfassung der Grimmschen Märchen zurückgegriffen werden. Heute ist häufig ein sehr nachlässiger Umgang damit zu beobachten. Zugleich gilt aber auch: Das Medium »Schrift« prägt den Inhalt, erzeugt in aber nicht.

Das ändert sich allmählich, was mit einer weiteren Eigenschaft der Medien zusammenhängt, der Tendenz nämlich, sich miteinander zu verbinden. Durch das Zusammenkommen von Druck und Fotografie ist die Illustrierte entstanden. Film und Fernsehen sind ebenfalls das Ergebnis von Medien-Kombinationen. Auf diese Weise entsteht eine immer vollständigere Medienwelt, die mithilfe der Technik neben die Wirklichkeit, in der die Gesetze des Raumes und der Zeit gelten, gesetzt wird. Der einzelne Mensch steht dadurch auf Schritt und Tritt vor der Möglichkeit, von der einen Welt in die andere hinüberzuwechseln.

Die virtuellen Welten sind der vorläufige Höhepunkt dieser Entwicklung. Zugleich sind sie die Verwirklichung von Bemühungen, die zweihundert Jahre früher begonnen haben. Da entstanden in den europäischen Hauptstädten die bereits erwähnten Panoramen, eigens errichtete Rundbauten mit einem Durchmesser von 17 Metern, die dazu bestimmt waren, ein riesiges Gemälde aufzunehmen, das von einer Plattform, die sich in der Mitte des Gebäudes befand, betrachtet wurde. Die zeitgenössischen Berichte heben hervor, den Panoramen gelinge es, den Betrachter vollständig zu täuschen. Von totaler Illusion ist die Rede. Es wird auch bemerkt, dass dabei das Verschwinden des Bilderrahmens, der sonst die Grenze zwischen der Bildwirklichkeit und der Lebenswirklichkeit des Betrachters betont, eine Rolle spielt.

Tatsächlich ist das Panorama so etwas wie ein mit rein handwerklichen Mitteln erzeugter Vorgriff auf den Cyberspace. Zum ersten Mal kann der Betrachter in ein Bild eintreten. Diese Möglichkeit wird noch dadurch betont, dass die Plattform für den Betrachter in das Bild einbezogen wird. Zeigt das Panorama zum Beispiel eine Schiffsschlacht, dann verfolgt der Betrachter das Geschehen von der Kommandobrücke eines der beteiligten Schiffe aus. Es ist von dort nicht auszumachen, wo die dreidimensionale Kommandobrücke in die gemalte Wirklichkeit übergeht.

Bei den Panoramen sind die Gründe für ihre Beliebtheit noch leichter zu erkennen als bei den modernen Nachkommen. Zum einen ist ganz deutlich, dass es sich um eine Attraktion handelt, die der Ablenkung dient. Zugleich soll aber auch etwas erlebt werden, das in der Lebenswirklichkeit fehlt. So holt das Panorama in die durch die Industrialisierung gezeichneten Großstädte den Anblick der unberührten Natur. Heroische Taten sind ebenfalls beliebt, auch Naturkatastrophen. Die Betrachter genießen ihren Standort, von dem aus sie an einem Ereignis teilnehmen können, ohne ihm ausgesetzt zu sein. Dazu gesellen sich Allmachtgefühle. Die Panoramawelt hat der Mensch im Griff, denn er hat sie selbst hergestellt.

Die vollständige Täuschung hat auch einen Nachteil. Sie führt dazu, dass, anders als beim Tafelbild, das Fehlen der Bewegung schmerzlich erlebt wird. Folglich wird das Diorama entwickelt (1822), eine Art Vorform des Kinos. Der Zuschauer erlebt aufziehende und sich entladende Gewitter, Sonnenauf- und Sonnenuntergänge, Türen und Fenster, die sich öffnen und schließen und dergleichen mehr. Allerdings gelingen diese Leistungen nur um den Preis, dass das Rundbild wieder aufgegeben wird.

Zur Überbietung dieser Leistungen muss die maschinelle Bildherstellung erfunden werden. Das gelingt mit der Fotografie. Es ist lehrreich zu sehen, dass sie von Anfang an zwei gegensätzlichen Bedürfnissen dient. Auf der einen Seite ist sie ein Kind des Positivismus. Die Zeitgenossen sind begeistert über die mathematische Exaktheit der fotografischen Abbildung. Sie feiern die Ausschaltung der menschlichen Hand aus dem Abbildungsvorgang. »Endlich schreibt die Natur selbst ihre Memoiren«, kann man in den Zeitungen lesen.[69]

Gleichzeitig wird aber auch die Möglichkeit gesehen, mithilfe der Fotografie neue, attraktive Welten zu schaffen. Zeitgenossen, die das Entstehen einer Fotografie schildern, fallen gern in den Stil des biblischen Schöpfungsberichtes. Die ersten Fotografen werden verehrt als Schöpfer einer zweiten Welt.

Diese zweite Welt ist anfänglich flach, kleinformatig, unbewegt, farb- und tonlos. Aber sie ist ein Produkt der Technik, und das heißt, rascher Fortschritt ist möglich. Der heißt Film, Fernsehen und schließlich virtuelle Wirklichkeit/Cyberspace. Mit Letzterem ist man wieder beim Panorama angekommen, allerdings sind Bewegung, Ton und sogar die Möglichkeit der Interaktion dazugekommen. Das hängt mit der Einbeziehung des Computers zusammen. Er führt alle Medien zusammen und befreit sie außerdem von der Notwendigkeit, ihre Inhalte durch die Abbildung der äußeren Welt zu gewinnen. Damit entsteht die Möglichkeit, etwas völlig Neues zu erzeugen. Wird diese Möglichkeit genutzt, und das beginnt im Grunde schon beim Computerspiel, dann entsteht etwas, das mit dem Begriff »Medium« gar nicht mehr angemessen erfasst werden kann.

Die Bezeichnungen »Virtuelle Welt (Wirklichkeit)« und »Cyberspace« sind ebenfalls irreführend, weil sie das Wesentliche verdecken. Was heißt zum Beispiel »virtuell«? Es handelt sich bei diesem Wort um die eingedeutschte Fassung einer neulateinischen Bildung »virtualiter«. Das Wort verweist auf lateinisch »virtus« (Kraft / Tüchtigkeit), was wieder mit lateinisch »vir« (Mann) zusammenhängt. Die Bedeutung von »virtualiter« erschließt sich, wenn man sieht, dass das Wort den Gegensatz zu »realiter« bildet. Mit »virtualiter« wird eine Möglichkeit oder Kraft bezeichnet, die noch nicht »realiter« geworden ist. Entsprechend spricht man in der Optik von virtuellen Bildern, in der Mechanik von virtuellen Bewegungen. Die Atomphysik kennt virtuelle Teilchen.

Anfang der neunziger Jahre ist das Wort mit seiner im Wesentlichen durch die Physik geprägten Bedeutung in einem neuen Zusammenhang aufgetaucht. Seitdem spricht man von »virtueller Welt«, »virtuellen Stars«, »virtuellem Geld« und so fort. Die mitgebrachte Bedeutung passt überhaupt nicht. Nehmen wir als Beispiel einen, wie man sagt, virtuellen Star, die durch Computerspiele bekannt gewordene Figur Lara Croft. Man kann sie auf dem Bildschirm sehen, man kann sie durch das Spiel dirigieren und mit ihrer Hilfe Gegner überwinden. Was heißt da »virtuell«? Und was wäre eine reelle Lara Croft? Ohne die Möglichkeit eines reellen Gegenpols ist die Bezeichnung »virtuell« sinnlos. Eine andere Bedeutungsvariante, die in Richtung »latent« liegt, ist auch nicht brauchbar; denn wenn Lara Croft auf dem Bildschirm nur latent vorhanden wäre (wie ein belichteter Film die Bilder vor der Entwicklung latent enthält), was wäre dann, so muss wieder gefragt werden, eine aus der Latenz heraustretende Lara Croft? In Wahrheit ist es doch so, dass mit den virtuellen Welten eine neue Art von Wirklichkeit, wie es sie bisher noch nie gegeben hat, entstanden ist. Die Bezeichnung »virtuell« trägt dazu bei, dass das Neue nicht gedanklich durchdrungen und in seiner Eigenart erfasst wird. Das gilt auch für die Bezeichnung »Cyberspace«. Da handelt es sich keineswegs um einen Raum, mit dem ich durch Regelkreise verbunden bin. Erstens fehlt der Raum, denn der müsste drei Dimensionen haben, und zweitens kann man im Cyberspace gar nicht mit irgendetwas von einem selbst Unabhängigen verbunden sein, denn alles entsteht erst im Augenblick des Wahrgenommen-Werdens und löst sich danach sofort wieder in Nichts auf. Die Beziehung des wahrnehmenden Menschen zu den von ihm wahrgenommenen Objekten ist im Cyberspace einmalig und schwer zu durchschauen. Mithilfe der Kybernetik lassen sich allenfalls einige technische Aspekte verstehen.

Im Folgenden soll zwischen »virtueller Wirklichkeit« und »Cyberspace« kein Unterschied gemacht werden. Bei »Cyberspace« ist allenfalls deutlicher, dass eine dreidimensionale Räumlichkeit simuliert wird. In dem Sinne kann dann auch von der virtuellen Wirklichkeit des Cyberspace gesprochen werden. Was ist in solch einem Fall mit »virtuell« gemeint? Der Frage sei am Beispiel des erwähnten virtuellen Stars nachgegangen.

Ein virtueller Star existiert nur als Bild, also zweidimensional. Das Bild ist computergeneriert, das heißt, ihm liegt ein Programm zugrunde, mit dessen Hilfe der Computer die jeweilige Aktualisierung errechnet. Der virtuelle Star hat so etwas wie ein Eigenleben, insofern er Handlungen ausführt, mit denen er ein bestimmtes Ziel verfolgt. Im Fall eines Computerspiels kann der Spieler versuchen, mithilfe solch einer Figur seine Absichten zu verfolgen. Er hat dann den Eindruck, im Cyberspace zu handeln.

Anfänglich war man der Meinung, solch ein Erlebnis sei nur mithilfe einer zusätzlichen Technologie möglich. Datenhelme, Datenhandschuhe, Datenanzüge wurden entwickelt und zu erschwinglichen Preisen in Aussicht gestellt. Die Realisierung dieser Versprechungen lässt seit Jahren auf sich warten. Zwischenzeitlich hat sich gezeigt, dass man auch ohne Datenhelm in computererzeugte Welten eintauchen kann. Der Grund sei am Beispiel eines Autorennens, das auf dem Bildschirm ausgetragen wird, verdeutlicht. Der Spieler sieht das Armaturenbrett und den

Kühler des Autos, das er steuert. Autos, die ihn überholen, sieht er zunächst im Rückspiegel, dann vor sich. Steuert er nach rechts, nähert sich die rechte Straßenseite. Steuert er nach links, nähert sich die linke Straßenseite. Steuert er bei einem Überholmanöver zu weit nach links, sodass ein Baum gerammt wird, dann wird die linke Seite des Kühlers zusammengedrückt.

Die Handlungen des Spielers haben Folgen in der virtuellen Welt. Der Zusammenhang von Handlung und Wahrnehmung bewirkt das Eintauchen.

Der Sache nach handelt es sich bei den virtuellen Wirklichkeiten um zweidimensionale, computergenerierte Bildwelten, die die Möglichkeit der Interaktion bieten. Worum handelt es sich aber dem Wesen nach? In der entsprechenden Literatur gibt es dazu viele Theorien. Bei aller Unterschiedlichkeit verfolgen die meisten davon das Ziel, die virtuelle Welt davor zu bewahren, als unvollständige oder nur zweitrangige Wirklichkeit abgestempelt oder als bloßer Schein betrachtet zu werden. So schreibt zum Beispiel Stefan Münker in einem Aufsatz mit dem Titel »Was heißt eigentlich ›Virtuelle Realität?‹«:[70]

»Um eine Realität im Sinne des skizzierten Konkurrenzverhältnisses als eine *bloß* virtuelle zu bestimmen, muss man offensichtlich davon ausgehen, dass es eine *ursprünglichere* Wirklichkeit gibt, zu der jene erst hinzutritt – um ihr dann möglicherweise die Vorherrschaft streitig zu machen. Darin aber lässt sich nun unschwer die parmenideische Logik vom wahren Sein wiedererkennen. Wer *virtuelle* Realität sagt, unterstellt damit zugleich – gewollt oder ungewollt –, es gebe eine einzige und wahre Wirklichkeit. Das ist falsch. Ebenso absurd ist freilich auch das Gegenteil – die (für Parmenides am Ende zwingende) Annahme der Ubiquität des Scheins.«[71]

Etwas weiter heißt es dann: »Das Virtuelle ist künftig ein Teil des Realen. Es wird zu einem seiner Paradigmen, zu einer der Art und Weisen, einen Zugang zur Realität zu finden und nachhaltig auf sie einzuwirken.«

Jeder Kritik der virtuellen Wirklichkeit soll dadurch der Boden entzogen werden, dass dem Kritiker unterstellt wird, er glaube an eine wahre Wirklichkeit, eine Auffassung, mit der man sich leicht in Widersprüche verwickelt. Die Frage, wie sich das Virtuelle zum Reellen verhält, ist in dieser Allgemeinheit tatsächlich ganz unfruchtbar. Die Sache sieht aber sofort anders aus, wenn folgendermaßen gefragt wird: Wie unterscheidet sich die virtuelle Welt von der Welt, in der der Mensch – um ein Beispiel zu nennen – am Morgen nach dem Aufstehen am Tisch sitzt und sein Frühstück isst? Dieser Frage, die meines Wissens in der einschlägigen Literatur nicht vorkommt, kann nachgegangen werden, ohne dass die grundsätzlichen Probleme, die mit dem Wirklichkeitsbegriff zusammenhängen, berührt werden.

Der vorgeschlagene Vergleich setzt voraus, dass den oben genannten Merkmalen des Virtuellen diejenigen Merkmale gegenübergestellt werden, die die Lebenswirklichkeit charakterisieren. Nehmen wir als Beispiel den Raum B 3900 im Gebäude Geisteswissenschaft II der Universität Bremen, wo während des Semesters am Montagnachmittag von 15.00 – 17.00 Uhr meine Veranstaltung »Gewalt in den Medien. Ursachen und Folgen« stattfindet. Dieser Raum B 3900 hat drei Dimensionen. Ich kann diesen Raum als ganzer Mensch betreten, das heißt, ich trete mit Seele, Geist und Körper ein. Der dreidimensionale Raum erlaubt es mir, mich mit meinem Körper, der ebenfalls dreidimensional ist, in ihm zu bewegen.

Wenn ich an meinem Platz sitze, sehe ich die anwesenden Studenten, die Tische, Stühle, Wände und Fenster von meinem Ort aus, und das heißt, was ich sehe, sieht niemand sonst in diesem Raum so wie ich. Und das kann jeder hier sagen, weil jeder die Welt von seinem Ort aus sieht. Jeder hat seine Perspektive, seine Sichtweise, weil die Augen, die ein Teil des Leibes sind, eine Stelle im Raum beanspruchen, an der niemand sonst sein kann. Im dreidimensionalen Raum gilt: Wo ein Körper ist, kann kein anderer sein.

In diesem Zusammenhang ist die Bedeutung von »Ort« aufschlussreich. Im Althochdeutschen bezeichnete das Wort eine Spitze, einen Speer oder ein äußerstes Ende. In manchen Gegenden von Deutschland ist heute noch mit »Ort« ein spitzes Werkzeug gemeint. Die ursprüngliche Bedeutung spiegelt sich auch noch in alten Ortsnamen. Ruhrort, heute ein Stadtteil von Duisburg, liegt an der Ruhr, und zwar dort, wo die Ruhr bald darauf in den Rhein mündet, wobei beide Flüsse einen spitzen Winkel bilden.

Wo ich mich auch befinde, die Welt läuft auf mich zu. Sie bildet eine Spitze, an deren äußersten Ende ich meinen Stand-Ort habe. Wenn ich von hier aus in die Welt schaue, kann ich zweierlei erleben: Ich bin ein Individuum, denn keiner sieht die Welt wie ich, und ich gehöre dazu, denn die Welt ist auf mich hingeordnet.

In einer Veranstaltung wie dem Seminar, von dem ich spreche, gehört jeder noch auf eine andere Weise dazu. Ein Seminar existiert nicht wie die Tische und Stühle in dem Raum B 3900. Es entsteht während der Zeit, in der es stattfindet. An dem Ergebnis ist jeder Anwesende beteiligt. Ob sich jemand lebhaft beteiligt, interessiert zuhört, innerlich revoltiert oder ganz gleichgültig bleibt, er ist mit seinem Beitrag Teil des Ganzen. Ist den Teilnehmern das klar und versucht jeder, seinen Beitrag im Hinblick auf das Gelingen des Ganzen zu geben, dann kann das entstehen, was Joseph Beuys die Soziale Plastik oder Wärmeplastik nennt.

Sie erfordert einige Anstrengungen. Jeder muss sich für jeden und für das Ganze interessieren. Welcher Art die Aufgaben sind, die dabei entstehen, wird deutlich, wenn man sich klar macht, was eigentlich gemeint ist, wenn es heißt, ein Mensch sei anwesend. Das Wort »anwesend« ist ein für die deutsche Sprache charakteristisches Wort. (Im Englischen übersetzt man es mit »present«, im Französischen mit »présent(e).«) Ein im Raum B 3900 anwesender Mensch ist dort mit seinem Wesen, das heißt, seiner seelisch-geistigen Innenwelt, vorhanden. Zugleich ist diese Innenwelt durch den physischen Leib verhüllt. Was einer, der mir gegenübersitzt, denkt und fühlt, kann ich nicht wissen, und selbst, wenn er darüber spricht, bleibt das meiste verborgen. Aber ich kann mich bemühen, den anderen zu verstehen. Das erfordert mindestens zweierlei: Ich muss mich für ihn interessieren (und nicht nur für mich), und ich muss entwickelte Wahrnehmungsfähigkeiten haben. So ist das Leben in der Wirklichkeit des dreidimensionalen Raumes eine ständige Aufforderung, meine Fähigkeiten zu steigern, damit ich von dem berührt werden kann, was hinter der Oberfläche wirkt (west).

In der virtuellen Realität wird die dritte Dimension nur vorgetäuscht. So kann ich den Eindruck haben, einem Menschen gegenüberzusitzen. Diejenigen, die die Vorteile der virtuellen Realität betonen, behaupten, zwischen den Wahrnehmungen in der virtuellen Welt und denen in der dreidimensionalen Wirklichkeit sei kein wesentlicher Unterschied. Das ist aber nicht richtig. Es kommt in der virtuellen Welt zu einer dreifachen Einschränkung der Wahrnehmung. Das hängt einmal damit zusammen, wie man in die virtuelle Welt hineinkommt. Geht man dieser Frage nach, trifft man auf zwei Einstiegsstellen (so genannte Schnittstellen oder Interfaces), die altbekannt sind, nämlich Bildschirm und Lautsprecher. Alles, was in den vorhergehenden Kapiteln darüber gesagt wurde, gilt auch hier. Es kommt zu einer doppelten Entfremdung: Der eigene Wesenskern, das Ich, wird zurückgedrängt, und alles, was in der virtuellen Welt präsentiert wird, ist nicht wirklich anwesend, weil das Wesen nicht elektronisch transportiert werden kann. So entfällt für den Betrachter die Notwendigkeit und der Anreiz, die verbergende Hülle des physischen Leibes zu überwinden. Was in der virtuellen Welt erscheint, ist reine Oberfläche. Der zweite Blick kann nichts erfassen, was der erste nicht schon gesehen hätte.

Die zweite Behinderung der Wahrnehmung folgt aus dem Eingriff in das organische Zusammenwirken der Sinne: Sitze ich in Raum B 3900, ist meine Aufmerksamkeit vor allem bei dem, was sich meinen Augen und meinen Ohren bietet. Die anderen Sinne treten ergänzend und unterstützend hinzu. Sie tragen vor allem dazu bei, dass ein Gesamteindruck entstehen kann.

Wenig bewusst, aber dennoch sehr wichtig, ist das, was durch diejenigen Sinne geleistet wird, die die Anthroposophie Leibessinne oder Basalsinne nennt (Tastsinn, Lebenssinn, Bewegungssinn, Gleichgewichtssinn). Mit ihrer Hilfe kann das Ich den Leib zu einem Werkzeug machen, dessen es sich im dreidimensionalen Raum bedient. Das Sitzen oder Stehen gelingt zum Beispiel nur, weil das Ich mithilfe des Gleichgewichtssinnes den Leib aufrichtet und in den Raum hineinordnet. Zieht sich das Ich zurück, zum Beispiel bei einer Ohnmacht, muss die aufrechte Haltung aufgegeben werden.

Die virtuelle Welt spricht in der Regel nur Augen und Ohren an. Mit den übrigen Sinnen ist der Mensch in einer anderen Welt. Das mediale Urphänomen, von dem im Zusammenhang von Fotografie und Film die Rede war, verschärft sich noch einmal, weil Augen und Ohren von der dreidimensionalen Welt gar nichts mehr wahrnehmen. Diese Spaltung, die das Zusammenwirken der Sinne verhindert, führt zu einer Irritation, die einen wachkritischen Bewusstseinszustand kaum zulässt.

Für Kinder ist die hier beschriebene Spaltung besonders schwerwiegend, weil sie eine Ruhigstellung und damit Untätigkeit der Leibessinne bewirkt. Die Folgen zeigen sich, wenn die Jugendlichen ihre oberen Sinne auszubilden beginnen (Ich-Sinn, Gedankensinn, Sprachsinn und Hörsinn). Sie sind dabei nach Rudolf Steiner auf die Erfahrungen angewiesen, die sie mithilfe der Leibessinne machten. Wer zum Beispiel als Kind vielfältige und intensive Tasterlebnisse hatte, der hat die Grundlage dazu gelegt, sich später mithilfe des Ich-Sinns zum Wesenskern eines anderen Menschen vorzutasten. Insgesamt erschließen die oberen Sinne das Feld des Sozialen. Versäumnisse im Hinblick auf die Leibessinne führen zu einer Schwächung sozialer Fähigkeiten.

Die dritte Einschränkung der Wahrnehmung hat mit Folgendem zu tun. Die Tatsache, dass ich mich am Montagnachmittag in dem Raum B 3900 befinde, beruht äußerlich gesehen darauf, dass ich dort hingegangen bin. Was zunächst wie eine Nebensächlichkeit wirkt, ist für die Wahrnehmung von großer Bedeutung. Nur weil ich selbst in den Raum gegangen bin, weiß ich, wo ich bin, wenn ich auf meinem Platz sitze, und kann das, was ich wahrnehme, verstehen und beurteilen. Im dreidimensionalen Raum ergibt sich die Abfolge meiner Wahrnehmungsinhalte normalerweise daraus, dass ich mich an verschiedene Orte begebe. Durch die Bewegungen, die ich ausführe, weiß ich, wie die Wahrnehmungen, die ich habe, zusammenhängen. Wenn ich lauten Straßenverkehr und hektische Betriebsamkeit erlebe und kurz darauf Stille, von leisem Flüstern unterbrochen, dann könnte das erstaunen oder sogar verwirren, wüsste ich nicht, dass ich von einer belebten Straße in eine Kirche eingetreten bin. Macht man sich solche Erfahrungen klar, dann verwundert es nicht, dass Victor von Weizsäcker in »Der Gestaltkreis« (Berlin 1940) feststellt, Bewegung und Wahrnehmung für sich seien unvollständig und ergäben erst zusammen ein sinnvolles Ganzes. In ähnliche Richtung zielt der Anthropologe Merleau-Ponty (Phänomenologie der Wahrnehmung, Berlin 1966).

Jedes Bild unterbricht den Zusammenhang von Eigenbewegung und Wahrnehmung. Das ist solange kein Problem, wie ein Bild als Bild erkennbar ist, denn dann ergibt sich seine Bedeutung in der Regel aus dem Ort, an dem es sich befindet, und aus der Funktion, die es dort erfüllt. Ich werde mich nicht wundern, wenn mein Blick nach einem Gang durch einen kalten Winternachmittag auf einer Flusslandschaft ruht, die von Licht und Wärme vibriert, wenn ich weiß, dass mich mein Weg in eine Ausstellung impressionistischer Malerei geführt hat.

Der Bildschirm heißt zwar *Bild*-Schirm, es wird das, was man dort sieht, aber gar nicht als Bild erlebt. Viel eher entsteht der Eindruck, durch ein Fenster zu schauen. Dieses elektronische Fenster unterscheidet sich aber in mehrfacher Hinsicht von einem wirklichen Fenster. Wenn ich von meinem Schreibtisch aufschaue, sehe ich in der Ferne ziehende Wolken. Etwas näher stehen einige Häuser, dann kommt ein Baum, und dann bin ich bei der Fensterscheibe. Ich kann im Geiste eine Linie ziehen von den Wolken, vorbei an den Häusern, dem Baum und der Scheibe bis zu meiner Hand mit dem Stift.

Sähe ich etwas Entsprechendes auf einem Bildschirm, dann ließe sich solche eine Linie nicht ziehen. Auf dem Weg vom Schirm zu mir würde sie in einem Abgrund verschwinden und sich auflösen. Der Standort des Betrachters ist, wie das bereits für die Fotografie gezeigt wurde, ohne Zusammenhang mit dem Wahrgenommenen. Der Standort ist auch kein Ort mehr im Sinne einer Spitze, in der die Welt auf den Betrachter zuläuft.

Im dreidimensionalen Raum brandet die Welt von allen Seiten bis an meinen Leib heran. Ich stehe in einem großen Zusammenhang. Alles, was ich durch meine Sinne erfahre, bezieht sich aufeinander und beleuchtet sich gegenseitig. Wenn ich mich bewege, verschwinden Dinge aus meinem Wahrnehmungshorizont und neue tauchen auf. Der Zusammenhang bleibt aber immer erhalten.

Mithilfe des Bildschirms ändert sich der Wahrnehmungsinhalt des Betrachters, ohne dass er seinen Standort wechselt. Diese Tatsache ist außerordentlich folgenreich. Ein derart radikaler Eingriff in den Zusammenhang von Bewegung und Wahrnehmung ist den handwerklich hergestellten Bildern nicht gelungen. Wenn ich in einer Gemäldegalerie ein Kreuz sehe, das auf einem bewaldeten Hügel steht, dann hat das mit meinem tatsächlichen Standort nichts zu tun. Will ich dann ein weiteres Bild sehen, muss ich mich immerhin bewegen. Diese Restbewegung wird beim Bildschirm durch das Prinzip der Projektion unterdrückt. Mit seiner Hilfe ist es möglich, auf ein und derselben Bildfläche eine Folge von Bildern erscheinen zu lassen. Auf diese Weise gelingt es, die ganz Welt in das Blickfeld eines sitzenden Betrachters zu rücken.

Dabei kann es sich aber nur um Bruchstücke handeln, die untereinander und mit dem Betrachter keinen Zusammenhang haben. Da es aber ohne Zusammenhang kein Verstehen gibt, muss er hergestellt werden. Das kann durch die Zusammenstellung der Bilder oder durch Kommentare geschehen. Beispiele hierfür sind leicht zu finden. Man sieht etwa Soldaten und im Hintergrund ein Dorf. Die Soldaten feuern Raketen in Richtung des Dorfes ab. Die nächsten Bilder zeigen ein Dorf. Viele Häuser sind beschädigt, auf den Straßen liegen Tote. Bei aufmerksamer Beobachtung könnte man vielleicht bemerken, dass das Dorf mit den beschädigten Häusern nichts mit dem Dorf zu tun haben kann, das auf den ersten Bildern im Hintergrund zu sehen war. Für solche Beobachtungen ist in der Regel aber gar keine Zeit. Außerdem existiert geradezu ein Drang, solche Bilder zusammenzubringen, weil es ein Bedürfnis nach Sinn gibt. Auf diese Weise bilden sich viele Menschen Meinungen aufgrund von »Tatsachen«, die nur auf dem Bildschirm existiert haben.

Die Trennung von Wahrnehmung und Bewegung hat auch eine Schwächung der Sinnesleistungen zur Folge. Allgemein gilt, dass Sinnesorgane ständig variierende Reize benötigen. Beim Tastsinn ist das am offensichtlichsten. Fingerspitzen, die über ein Seidentuch streichen, fühlen nur so lange etwas, wie sich die Hand bewegt. Tendenziell gilt Entsprechendes für alle Sinnesorgane. Beim Auge ist es so, dass ständig andere Bereiche der Netzhaut beansprucht werden müssen. Durch einen ausgeklügelten Versuch konnte das drastisch bestätigt werden. In einem abgedunkelten Raum ist auf einer Wand ein leuchtender Punkt zu sehen. Der Punkt wird von einem kleinen Spiegel erzeugt, der auf dem Augapfel der Versuchsperson aufgeklebt ist. Bewegt die Person die Augen, wandert der Punkt entsprechend. Augenbewegung und Punktbewegung sind so miteinander verbunden, dass sich der Punkt immer auf derselben Netzhautstelle abbildet. Nach wenigen Sekunden kann die Versuchsperson den Punkt nicht mehr sehen.

Der schweifende Blick des gehenden Menschen wird dem Auge am meisten gerecht. Eine starre Kopfhaltung in Verbindung mit einer starren Augeneinstellung führen dazu, dass nur ein kleiner Teil der Netzhaut beansprucht wird. Überanstrengung und verminderte Leistung sind die Folge.

Eine weitere Leistung des Auges wird in dieser Situation auch noch verringert, die Fähigkeit nämlich, die optisch korrekten Überzeichnungen des Netzhautbildes auszugleichen. Das folgende Beispiel kann verdeutlichen, worum es geht. Angenommen, ich unterhalte mich mit einem Menschen aus einer Entfernung von etwa einem Meter. Während des Gesprächs nähere ich mich ihm bis auf etwa 25 cm. In dieser Position ist die Nase meines Gesprächspartners meinen Augen deutlich näher als seine Ohren, Letztere sind doppelt so weit entfernt. Die unterschiedlichen Entfernungsperspektiven führen dazu, dass die Nase auf meiner Netzhaut in die Breite geht (was man heute mit modernen Mitteln sehen und sogar fotografieren kann). Da ich aber durch die von mir ausgeführte Bewegung weiß, dass die aus einem Meter und die aus 25 cm Entfernung gesehenen Personen identisch sind, sehe ich die aus kurzer Distanz gesehene Nase einfach nicht größer (man spricht hier von Größenkonstanz).

Wenn ich das Gesicht aus 25 cm Entfernung fotografiere, dann wird die Nase so breit abgebildet, wie es perspektivisch korrekt ist. Die fotografierte Breitnase muss der Betrachter allerdings für echt halten, was ihn dazu bringt, die Person hässlich oder unsympathisch zu finden. In der Presse und im Fernsehen macht man sich diesen Effekt zunutze. Will man einem Politiker schaden, dann wählt man für die Aufnahme ein Weitwinkelobjektiv, das eine Nahsicht bewirkt. Da der Betrachter das Aussehen nicht dem Weitwinkelobjektiv, sondern dem betreffenden Menschen zuschreibt, wird er für unsympathisch gehalten.[72]

Besonders aufschlussreich ist auch folgendes Experiment, das in einem Lehrbuch zu Fragen der Wahrnehmung beschrieben wird. Dort heißt es:»Wenn man einem Menschen Prismengläser aufsetzt, die für ihn die Umwelt verzerren oder auf den Kopf stellen, kann er sich nur schwer orientieren. Erst nachdem er sich in dieser künstlichen Umwelt eine Zeit lang bewegt hat, lernt er, sich trotz der veränderten Bedingungen zurechtzufinden. Das gelingt ihm jedoch nicht, wenn er auf einem Wagen umhergefahren wird (Abb.12).«[73]

Bei dem Menschen, der sich selbst bewegt, kommen zu den optisch bedingten Verzerrungen solche Veränderungen, die mit der Eigenbewegung zusammenhängen. Von hier aus lassen sich dann auch die Verzerrungen auflösen. Die Eigenbewegung macht das Auge intelligent.

Der mithilfe eines Wagens bewegte Mensch kommt wie der Fernsehzuschauer zu wechselnden Wahrnehmungsinhalten, ohne sich selbst bewegen zu müssen. Dadurch fehlt der Wahrnehmung etwas, das seinen Ursprung im Betrachter hat. Gehe ich durch eine Straße, dann sind mir die Häuser rechts und links ganz äußerlich. Die Änderungen des Blickwinkels haben aber mit mir zu tun; da kenne ich mich sozusagen aus. Das Fehlen dieses Elementes macht das Auge gewissermaßen dumm.

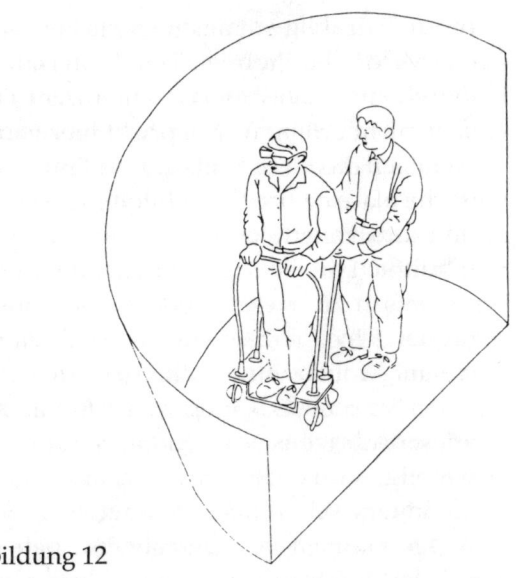

Abbildung 12

Abschließend sei noch auf ein Experiment hingewiesen, das ein lebhaftes Echo in der Presse fand. Der Leser findet im Folgenden den Bericht aus der »Stuttgarter Zeitung« vom 27.2.1998.

»Auf Tiefschlafniveau
Wie der Körper auf das Fernsehen reagiert – ein britisches Experiment
Die Szene für diese Versuchsanordnung ist bizarr: Einunddreißig britische Schulmädchen nehmen vor dem Fernsehapparat Platz, vor Mund und Nase tragen sie dichte Atemmasken, die über Schläuche zu Messgeräten führen. Elektroden auf der Haut messen deren elektrischen Widerstand, die Muskelanspannung und den Herzschlag. Die Messungen sollen zeigen, wie sich die Grundleistungen des Körpers ändern, während die Mädchen fernsehen.
Die Mädchen sitzen erst ein paar Minuten still, damit ihr jeweiliger Stoffwechsel im Ruhezustand festgestellt werden kann. Dann legt der Versuchsleiter eine Videokassette der

bereits unzählige Male im englischen Fernsehen wiederholten Serie ›The Wonder Years‹ ein. Und dann geschieht in den Körpern der Probandinnen wahrhaft Erstaunliches. Schon nach wenigen Minuten belegen die Messgeräte einen Abfall des Stoffwechsels auf das Niveau des Tiefschlafs: Die Atemfrequenz, die Herzfrequenz, die Muskelanspannung und damit auch der Kalorienverbrauch nehmen um durchschnittlich dreizehn Prozent ab. ›Dreizehn Prozent weniger als beim absoluten Nichtstun‹, so konstatiert David Bodanis, ein Physiologe an der Universität Oxford. Die Herzen einiger Probandinnen schlugen bis zu fünfhundertmal seltener pro Stunde. Den größten Abfall im Energieverbrauch wiesen übrigens während des Fernsehtestes die übergewichtigen Versuchsteilnehmer auf. Dagegen reduzierte sich die Energiebilanz bei den Mageren nicht wesentlich.

Ausgenommen von der allgemeinen Erschlaffung waren bei den schwergewichtigeren ebenso wie bei den dünnen Mädchen nur die sechs Muskeln, die die Augäpfel bewegen und die Pupillen. Deren Muskel-Aktivität erhöhte sich im gleichen Maße, wie es für nächtliche Traumphasen, die physiologisch durch schnelle Augenbewegungen (REM-Phasen, Rapid Eye Movement) charakterisiert sind, typisch ist.

Der Physiologe David Bodanis deutet den derart reduzierten physiologischen Status des Fernsehzuschauers als ›schlafähnlich‹. Die TV-Programme, die dieser sich anschaut, seien der perfekte Traumersatz, ›in dem man läuft, ohne zu schwitzen, in dem man Auto fährt, ohne tanken zu müssen, und wo man auch schießen kann, ohne nachzuladen‹ (Claus M. Schmidt)«

Zunächst einmal bestätigt das Experiment, dass der Blick auf den Bildschirm zu einem tiefen Eingriff in das Wesensgefüge des Menschen führt. Es tritt ein Zustand ein, als hätten wir keine Sinneswahrnehmungen, denn das Charakteristische des Schlafes ist doch gerade, dass keine Sinneseindrücke zum Bewusstsein kommen. Der Bildschirm macht die Menschen zu blinden Sehenden.

Dazu passen die Ergebnisse anderer Experimente. Es hat sich

gezeigt, dass beim Fernsehen die Alphawellen des Gehirns hervortreten. Für diese Wellen ist charakteristisch, dass sie vermehrt auftreten, wenn ein wacher Mensch die Augen schließt. Sobald die Augen wieder geöffnet sind, treten die Alphawellen zurück. Das Gehirn reagiert beim Fernsehen mit den von ihm produzierten Wellen so, als wären die Augen geschlossen. Interessanterweise führt Lesen nicht zu vermehrten Alphawellen.[74]

Das in England durchgeführte Experiment bekommt eine zusätzliche Bedeutung, wenn man es auf dem Hintergrund der anthroposophischen Sinneslehre betrachtet. Rudolf Steiner bezeichnet Stoffwechsel und Gliedmaßen als denjenigen Bereich, auf den sich der menschliche Wille stützt und wo er als unbewusster Wille auch sein Haupttätigkeitsfeld hat. Von hier aus kann er auch angeregt werden. Wer am Schreibtisch sitzt und mit einem Problem nicht weiter kommt, der steht gern auf, weil er weiß, dass der erhoffte Einfall leichter im Gehen kommt.

Da der Bildschirm den Stoffwechsel auf Schlafniveau drückt, sitzt der Mensch, da auch die Gliedmaßen nicht bewegt werden, weitgehend willenlos vor dem Gerät. Das bedeutet, dass der Bildschirm nicht nur die Wahrnehmung reduziert. Er sorgt auch dafür, dass sich der Betrachter damit abfindet; denn für die Anstrengung des kritischen Denkens fehlt der in das Denken hineinwirkende Wille. So kommt es, dass sich der Zuschauer, was das Fernsehen betrifft, gut informiert fühlt, wo er in Wirklichkeit unterhalten und zerstreut wird.

Die vielen Probleme, die mit dem Bildschirm zusammenhängen, ändern nichts daran, dass es seit einigen Jahren auf der ganzen Welt kaum ein Haus gibt, in dem nicht solch ein Gerät steht. Seit der Bildschirm auch im Zusammenhang mit dem Computer auftaucht, ist er auch in die Arbeitswelt eingedrungen. Zu Tausenden stehen sie in großen Verwaltungsgebäuden und machen aus den Mitarbeitern stundenlang bewegungslos Starrende.

Computer und Medien erscheinen von Tag zu Tag mehr als ein selbstverständlicher und unentbehrlicher Bestandteil des Lebens. Dabei wird dieses Leben mit einem in der Geschichte beispiellosen Tempo umgestaltet. »Ein Internet-Jahr dauert drei

Monate«, stand am 29.12.1999 im Bremer »Weser-Kurier« über einer Zusammenstellung der Neuentwicklungen im Bereich des Internet. Ein anderes Gesetz, das sich seit Jahren bewahrheitet, lautet: »Alle 18 Monate verdoppeln sich die Leistungen von Hardware und Software und halbiert sich der Preis.« Auf keinem anderen Gebiet gibt es ein vergleichbares Entwicklungstempo, allenfalls die Gentechnologie kann da mithalten.

Für diejenigen Neuerungen, die als virtuelle Wirklichkeit oder Cyberspace bezeichnet werden, ist charakteristisch, dass sie sich nicht damit begnügen, das Leben umzugestalten. Sie wollen sich an seine Stelle setzen. Dem entspricht, dass es gegenwärtig viele Menschen gibt, die man scherzhaft als auswanderungswillig bezeichnen könnte, weil sie davon träumen, den Schwerpunkt ihrer Existenz in die Datenwelten zu verlegen.

Will man diese Tendenz verstehen, ist es hilfreich, sich die drei Eigenschaften anzuschauen, die im Zusammenhang mit der virtuellen Welt immer wieder genannt werden: online, interaktiv, Immersion. Ins Deutsche übertragen, könnte man sagen: Vernetzung, Verbundenheit; Zusammenarbeit, gemeinsames Handeln; Eintauchen.

Ich behaupte, dass hinter den drei Eigenschaften zentrale Wünsche stehen, deren Erfüllung im wirklichen Leben vielen Menschen nur unvollkommen gelingt. Im Hintergrund von »online« steht alles das, was mit den sozialen Beziehungen zu tun hat. Es bedarf keiner wissenschaftlichen Untersuchung, um festzustellen, wie problematisch dieser Bereich oft ist und wie leidvoll er von vielen erlebt wird. Mithilfe der elektronischen Medien gelingt es dagegen mühelos, Kontakte zu knüpfen. Da stellt sich die Frage, was denn im Leben das Zusammenkommen so schwer macht. Da sind einmal die Eigenschaften der anderen Menschen, die einem unsympathisch sind oder sogar abstoßend wirken. Dazu kommen eigene Probleme wie Schüchternheit, fehlendes Selbstvertrauen oder überzogene Erwartungen an den anderen Menschen. Das Internet, wenn es als Mittel der Kontaktaufnahme benutzt wird, bringt diese Probleme zum Verschwinden. Was uns am anderen Menschen stört, ist immer ein Teil seiner Erscheinung, nie sein Wesen. Die Erscheinung wird im Internet aber ausgeblendet. In Äußerungen von Internet-Benutzern kann man finden, dass das tatsächlich als Erleichterung empfunden wird. Was die eigenen Probleme betrifft, so tauchen sie erst auf in der Konfrontation mit einem wirklichen Gegenüber. Der Schüchterne ist schüchtern, weil er sich seiner selbst nicht sicher ist und weil er sich leicht durch andere in Frage gestellt fühlt. Mit der Unverbindlichkeit der Kontakte im Internet wird jede Herausforderung vermieden. Dazu passt, dass häufig betont wird, das Internet erlaube ein unproblematisches Nebeneinander von Nähe und Distanz. Im wirklichen Leben ist das ein großes Problem.[75]

Hinter der Eigenschaft »interaktiv« steht der große Bereich der menschlichen Arbeit, die immer auch Arbeit mit anderen und Arbeit für andere ist. Arbeit hat, neben der Erzeugung von etwas, das gebraucht wird, einen wichtigen sozialen Aspekt. Man arbeitet normalerweise nicht allein und produziert auch nicht für sich selbst. Mit Letzterem hängt zusammen, dass Arbeit einen wesentlichen Beitrag dazu leisten kann, das eigene Dasein als sinnvoll zu erleben. Sowohl im Hinblick auf den sozialen Aspekt der Arbeit als auch im Hinblick auf die Möglichkeit, mithilfe der Arbeit zur Sinnhaftigkeit des eigenen Lebens beizutragen, erleben heute viele Menschen Einbrüche. Der radikalste ist offensichtlich die Arbeitslosigkeit. Aber auch da, wo jemand Arbeit hat, fehlt oft der soziale Aspekt, weil der Umgang mit Maschinen überwiegt. Die extreme Arbeitsteilung, verbunden mit dem Ziel eines möglichst hohen Gewinns, führen außerdem dazu, dass Arbeiten auszuführen sind, die nur schwer als sinnvoll zu erleben sind und es oft genug auch nicht sind.

Die Situation ist folglich geprägt durch Enttäuschung und das Suchen nach neuen Wegen. Zugleich besteht aber auch der Wunsch, auf dem eingeschlagenen Weg der Technisierung und Computerisierung fortzufahren. Das Zusammenwirken von Medien und Computern, vor allem in Form des Internet, erscheint da wie die rettende Lösung. Durch das Internet, so sind viele überzeugt, bekommt Arbeit eine neue Dimension. Zunächst einmal werden alle zu Kopfarbeitern. Außerdem ist jeder mit jedem verbunden, es entsteht eine große Weltarbeitsgemeinschaft. Und schließlich verfügt der Einzelne über Hilfsmittel, die alle paar Monate neue Möglichkeiten eröffnen und die eigenen Kräfte vervielfachen.

Es ist so etwas wie eine Verdoppelung aller Tätigkeitsfelder und Lebensbereiche im Gang. Äußeres Zeichen dafür ist das kleine »e«, das für »elektronisch« steht. Es gibt e-commerce, e-Banking, e-Teaching, e-Sex, e-Book, e-Paper. Die Liste wird täglich länger. Vor allem in den Vereinigten Staaten von Amerika macht sich eine Stimmung breit, die derjenigen ähnelt, als man sich daran machte, den Westen des Landes zu erobern. »Go West!«, hieß damals die Devise. »Go Internet!«, heißt es heute.

Die anziehendste der drei Eigenschaften ist wahrscheinlich diejenige, für die das Wort »Immersion« gebraucht wird. Dahinter steht das Religiöse. Dass in diesem Bereich Hoffnungen angesprochen und Erlebnisse vorgetäuscht werden können, hat nachvollziehbare Gründe. Der Cyberspace schafft eine immaterielle Welt, die neue Erlebnismöglichkeiten eröffnet und Bewusstseinsveränderung bewirkt.

Für den Zusammenhang zwischen der virtuellen Welt und religiösen Bedürfnissen gibt es von Anfang an viele Belege. Bekannt ist der Slogan »Reality isn't enough anymore«, mit dem die Firma Autodesk 1988 ein Projekt startete, bei dem es darum ging, eine erschwingliche Ausrüstung für Reisen im Cyberspace (Datenhelm, Datenhandschuhe) zu entwickeln. Man hätte auch sagen können: »Gebt euch nicht länger zufrieden mit der materiellen Welt. Erhebt euch in höhere (elektronische) Welten.«

Die Gleichsetzung von Elektrizität und Immaterialität findet sich auch in dem 1995 verfassten Manifest »Cyberspace und der amerikanische Traum. Auf dem Weg zur elektronischen Nachbarschaft: Eine Magna Charta für das Zeitalter des Wissens.« Der Text, der später noch ausführlicher besprochen wird, beginnt folgendermaßen:

»Das zentrale Ereignis des 20. Jahrhunderts ist der Sturz der Materie. In Technik, Wirtschaft und Politik hat der Wohlstand in Form materieller Ressourcen an Bedeutung verloren. Überall gewinnen die Kräfte des Geistes die Oberhand über die rohe Macht der Dinge.«

Werden die Dinge so betrachtet, dann entsteht die Frage, wie man möglichst tief in die elektronische Welt eindringen kann. Ein Mittel dazu ist eine »Wiedergeburt im Cyberspace«, so die Überschrift eines Artikels in der »Süddeutsche Zeitung« (27.1.1998). Sie soll mithilfe einer »digitalen Inkarnation« gelingen, wobei man sich eines Avatars bedient. Dadurch verwandeln sich die Chatrooms (Plauderräume oder Quasselbuden), bei denen nur Texte auf dem Bildschirm erscheinen, in dreidimensional wirkende Räume, in denen sich die Teilnehmer mit selbst gewählten Stellvertretern oder Doppelgängern, eben jenen Avataren, bewegen.

»›Gegenüber den herkömmlichen Chatrooms, in denen die Teilnehmer nur über Texte kommunizieren, sind diese dreidimensionalen Welten mit ihren bewegten Figuren ein gewaltiger Fortschritt, der die Fantasie anregt‹, sagt Gloria Mark. Für eine empirische Studie über das ›Soziale Web‹ hat die Forscherin zahlreiche virtuelle Gemeinschaften besucht, die im Internet entstanden sind: Orte wie Active Worlds, Worlds Chat, Onlive Traveller, The Palace oder Sony Community Place. Hier können sich Besucher einen virtuellen Körper, ein neues Ich zusammenbauen, einen so genannten Avatar, der sie dann im Cyberspace vertritt. Zahlende Mitglieder der virtuellen Gemeinschaften erkennt man zuweilen an ihren farbigen Avataren, während Gäste mit grauen Körpern vorlieb nehmen müssen.

Der Begriff Avatar stammt aus dem Sanskrit und bezeichnet in der indischen Mythologie einen mental reisenden Gott, der in die Welt von Zeit und Raum herabsteigt. Das passt zu den Inkarnationen, die sich durch die Datennetze bewegen und auf entfernten Rechnern wieder materialisieren.«

Die Bezeichnung »Avatar« ist im Zusammenhang mit dem Cyberspace ganz geläufig. Inzwischen ist auch im kommerziellen Bereich davon die Rede. Firmen, die im Internet mit einer Homepage vertreten sind, benutzen Avatare, um Interessenten zu begrüßen. Solche Avatare geben auch Auskünfte, erläutern die Homepage und unterbreiten Angebote.

Die Bezeichnung »Avatar« steht eindeutig mit religiösen Vorstellungen im Zusammenhang. Das gilt auch für »Immersion«, von der in diesem Abschnitt die Rede ist. Da besteht ein Anklang an die Immersionstaufe, die Taufe durch Untertauchen, wie sie Johannes der Täufer vollzog, als er die Menschen in das Wasser des Jordans eintauchte.

Berichte wie der in der »Süddeutschen Zeitung« veröffentlichte, aus dem hier zitiert wurde, erscheinen seit Jahren in der Presse. Selten ist solch einem Artikel zu entnehmen, wie sein Autor das, worüber er schreibt, selbst beurteilt. Oft herrscht ein ironischer Ton. Der von mir gegebenen Darstellung könnte somit entgegengehalten werden, sie nähme Bezeichnungen wie »digitale Inkarnation« viel zu ernst; alles sei doch ein Spiel. Wenn dieses Spiel aber wieder und wieder gespielt wird und wenn Gedanken fehlen, die ein Gegengewicht bilden, dann wird aus dem Spiel und der mit ihm verbundenen Weltsicht doch allmählich Ernst.[76]

Immerhin gibt es auch kritische Stimmen. So verfasste Jörn Kraft für »Die Zeit« (3.5.1996) einen Beitrag mit der Überschrift: »Zu Lebzeiten befreit von aller Erdenschwere? Einwendungen gegen den Multimedia-Wahn.« Der Schlussabsatz lautet folgendermaßen:

»Es sind die immer neuen kombinatorischen Effekte des Systems, die zum Wähnen und Orakeln einladen. Zum Beispiel darüber, ob nicht irgendwann doch, wie einst aus chemischen Reaktionen, nun aus dem Datenmeer etwas mit Eigenleben und Denkvermögen entstehen könnte. Schon die Computerspiele lassen ja die Idee aufkommen, man möchte mit Glück und Ausdauer ein Türchen finden, das noch kein Spieler gefunden hat, und dahinter eine Welt, die von den Programmierern gar nicht angelegt wurde. Während doch alles nur der flachen Scheibe entstammen kann, die man ins Laufwerk eingeschoben hat. Schaurigschön ist die Vorstellung einer digitalen Zeugungsfähigkeit und damit eines sich selbst entfaltenden Geisterreichs. Sollte sie nicht vom uralten Verlangen nach Transzendenz genährt sein? Es möge außerhalb der sattsam bekannten Welt eine zweite geben, wünscht sich die Menschheit seit Anbeginn und immer noch. Selbst jene Minderheit, die sich im Diesseits komfortabel eingerichtet hat, möchte auf ein glaubwürdiges Jenseits nicht endgültig verzichten. Nur reichen gerade deren Glaubenskräfte nicht mehr bis zum alten Himmel hinauf. Da bietet sich ihnen als modernes, als ein diesseitiges Jenseits die multimedial erzeugte Welt an. Als mindestes verheißt diese Welt Allwissenheit und Omnipräsenz, weckt darüber hinaus aber Hoffnung auf Begegnungen der dritten oder vierten Art. Endlich also ist ein Transzendieren in Aussicht, das uns zu Lebzeiten schon von aller Erdenschwere befreit. Vorausgesetzt allerdings, wir haben die neueste Software auf den Rechner geladen, den richtigen Decoder gekauft und alle Online-Gebühren bezahlt.«

Im Folgenden noch ein Hinweis darauf, was an den Universitäten über Cyberspace und virtuelle Welten gedacht wird. Im Wintersemester 1995/96 fand an der Universität Berlin eine Vortragsreihe zum Thema »Medien, Computer, Realität: Wirklichkeitsvorstellungen und neue Medien« statt. Daraus ist später ein Buch entstanden.[77] Ein Beitrag von Florian Rötzer ist überschrieben: »Vom zweiten und dritten Körper oder: Wie es wäre, eine Fledermaus zu sein oder einen Fernling zu bewohnen? Ein Essay.« Der Leser findet im Folgenden den Beginn dieses Textes, außerdem einige Sätze, die ziemlich am Schluss stehen:

»Das Versprechen der VR- oder Telepräsenz-Technologie geht dahin, nicht nur in eine ganz und gar künstliche Szene oder einen räumlich weit entfernten bzw. unzugänglichen Ort eintauchen und das Gefühl erhalten zu können, dort ganz gegenwärtig zu sein, sondern in der virtuellen Welt auch in einem beliebigen virtuellen Körper für die anderen, die an das vernetzte System angeschlossen sind, erscheinen und vielleicht auch mit diesen in körperliche Interaktionen bis hin zum Cybersex treten zu können.

Das Verlangen, das in der Epoche virtueller Realitäten virulenter denn je wurde, richtet sich darauf, zwischen mehreren Welten von jedem beliebigen Ort aus und zu jeder Zeit zappen und auch in beliebige Körper schlüpfen zu können, das eherne Band also zwischen körperlicher und personaler Identität aufbrechen, das Gefängnis des Körpers zumindest zeitweise verlassen zu können. Körper sind nicht nur nass, fragil, empfindlich und auf bestimmte äußere Bedingungen angewiesen, sie werden immer mehr als einschränkend empfunden: sie sind zu langsam, haben zu wenig Input- und Output-Kanäle, schränken die möglichen Schnittstellen mit den global vernetzten Telekommunikationstechnologien ein. Gleichwohl sind Körper jene organischen Schnittstellen, die uns auch Lust und Erregung vermitteln, die das mentale System reizen. Audiovisuelle Schnittstellen aber reichen für das Neurohacking nicht mehr aus. Die Menschen haben sich bereits zu sehr daran adaptiert. Sie wollen keine Beobachter der künstlichen Welten mehr sein, sondern mit ihrem Körper in diese eintreten, den Bildschirm und die vertraute Illusion durchschreiten: sie wollen da sein, das Bild, das Virtuelle bewohnen. Intime körperliche Interaktionen, die bislang auf physische Präsenz und daher auf räumliche Nähe angewiesen waren, stellen dabei selbstverständlich die größten Herausforderungen und Faszinationen dar. Die beginnende Virtualisierung des Körpers wird im Folgenden anhand einiger Medieninstallationen von Künstlern vorgestellt.(…)

Die durch unseren Körper, durch dessen sensorische und motorische Beschränkungen verursache Verankerung im räumlichen Hier wird immer weiter aufgeweicht. Auch ohne Roboter-Fernlinge oder virtuelle Puppen überschreiten wir unsere sensorischen und motorischen Beschränkungen durch jede neue Form der Technologie, durch jedes neue Mensch-Maschine-System.«

Das Aufweichen der Verankerung des Menschen im räumlichen wird hier als etwas Positives gesehen. Ebenso deutlich ist, dass die Verwirklichung des Mensch-Maschine-Systems – dafür wird auch der Ausdruck »Cyborg« verwendet – für die Zukunft erhofft wird.

Im Folgenden sollen an einem Beispiel die Erfahrungen gezeigt werden, die möglich sind, wenn online, interaktiv und Immersion zusammen kommen. In der Illustrierten »stern« erschien ein Beitrag (41/97), der überschrieben war: »Mit ›Osiris‹

durch Himmel und Hölle.« Es wird geschildert, wie eine junge Frau in einem der Chatrooms des Internet einen Mann namens Osiris kennen lernt. Nach Gesprächen, die sich über Wochen erstrecken, kommt es schließlich zu einer »verbalen Berührung«. Die Frau liest auf dem Bildschirm: »Meine Fingerspitzen berühren zärtlich ...« Die Frau, die in Osiris verliebt ist, erlebt eine Erregung, wie sie ihr in dieser Intensität bisher unbekannt war. »Eine Hand fühlen zu können, die mich nicht berührte, das war überwältigend.« Sie trennt sich von ihrem Mann, den sie bittet, aus der gemeinsamen Wohnung auszuziehen. Nach vielen Gesprächen mit Osiris kommt es auch zu telefonischen Kontakten. Nachdem mehrere Versuche, sich leibhaftig zu treffen, fehlschlagen, bricht die Beziehung ab. Dazu tragen auch andere Benutzer des Chatrooms bei, die die Bemühungen der Frau um Osiris blockieren und ihren Namen auf dem Bildschirm virtuell verbrennen. Die Frau beginnt andere Chatrooms zu besuchen. Sie möchte das Gefühl, das die erste »Berührung« durch Osiris auslöste, wieder erleben.

Das Besondere der Erfahrungen, die hier geschildert werden, besteht darin, dass sie nur vordergründig durch einen anderen Menschen ausgelöst werden, es sich in Wirklichkeit aber um eine Selbstbegegnung oder Selbstberührung oder Selbstbefriedigung handelt. Die Frau reagiert mit Gefühlen, Gedanken und körperlichen Symptomen auf Vorstellungen, die sie selbst produziert hat. Sie bleibt in sich selbst. Der Bildschirm dient nur dazu, die Vorgänge in Gang zu setzen, und er dient dazu, von ihrer eigentlichen Natur abzulenken.

Die Folgen solcher Schein-Begegnungen bestehen darin, dass kein inneres Wachstum stattfinden kann. Wie sich unser Leib durch die Auseinandersetzung mit physischer Nahrung entwickelt, so gibt es auch seelisches und geistiges Wachsen nur, wenn wir uns Fremden öffnen und uns damit auseinandersetzen. Seele erwacht an Seele, Geist erwacht an Geist. Die elektronischen Medien verhindern solche Begegnungen.

Dennoch können sie Glücksgefühle auslösen. Da damit aber keine innere Erkraftung einhergeht, besteht die Gefahr der Abhängigkeit. Es ist heute unbestritten, dass das Internet zu den Apparatedrogen gehört. Widersprüchliche Auffassungen herrschen zu der Frage, ob durch das Internet und die anderen computergestützten Medien die Zahl der Suchtkranken insgesamt zunimmt. Diejenigen, die das bestreiten, argumentieren, das Internet und Entsprechendes werde nur für solche Menschen zur Droge, die in jedem Fall süchtig geworden wären. Dieser Auffassung soll hier widersprochen werden. Das Internet unterscheidet sich von den chemischen Drogen durch Allgegenwart, leichte Zugangsmöglichkeit und gesellschaftliches Ansehen. Außerdem ist das Internet, wie alle Apparatedrogen, eine potentielle Droge; denn man kann nüchtern und distanziert damit umgehen, was mit Heroin nicht möglich ist. Das hat folgende Konsequenz. Ein Mensch mit einer Suchtneigung wird möglicherweise im Bewusstsein dieser Schwäche die ihm bekannten Drogen meiden. Dem Internet wendet er sich aber zu, weil er darin keine Droge sieht. Tatsächlich wird das Internet ja auch nur unter bestimmten Bedingungen und einem bestimmten Umgang damit zur Droge. Außerdem schwächen Internet und Cyberspace bereits dann, wenn sie für den Benutzer noch gar nicht zur Droge geworden sind, gerade diejenigen Kräfte und Fähigkeiten, die benötigt werden, um dem Süchtigwerden zu widerstehen.

Abschließend soll der Versuch gemacht werden, diejenigen Gründe zu benennen, die dafür verantwortlich sind, dass sich die Verbindung von Medien und Computern derart schnell und derart folgenreich ausbreitet. Da spielt einmal eine Rolle, dass ein und dieselbe Technologie in Forschung, Produktion, Verwaltung, Bildung und schließlich auch im Unterhaltungsbereich Anwendung findet. Die Panoramen des ausgehenden 18. Jahrhundert dienten nur der Unterhaltung. Die neuen Techniken durchdringen alle Lebensbereiche. Dadurch entsteht der Eindruck der Unentbehrlichkeit. Außerdem entstehen mit den Anforderungen, die aus den verschiedenen Anwendungsbereichen kommen, immer neue Entwicklungsimpulse.

Gegenwärtig ist es so, dass die stärksten Impulse aus der Unterhaltungselektronik kommen. Hier werden die meisten For-

218

schungsmittel eingesetzt. Ein großer Teil der ausgebildeten Informatiker wird von den Herstellern von Computerspielen aufgenommen. Das Entwicklungstempo wird hier durch die so genannte Reizspirale angetrieben. Ein Liebhaber von Computerspielen wird nur dann immer wieder die von ihm gesuchten Spannungszustände erleben, wenn die von den Spielen benutzten Reizmittel beständig stärker werden. Das Phänomen der Reizspirale ist in der Medienwissenschaft gut erforscht und belegt. Es gilt ganz allgemein und zwingt bereits die Produzenten von Kindersendungen, immer neue und immer stärkere Mittel einzusetzen. Die Reizspirale belegt auch die Nähe zur Drogenproblematik.

Zur Ausbreitung der neuen Technik trägt auch bei, dass sie von allen drei Bereichen, in die sich das soziale Leben gliedert, gefördert wird. Die Kultur bringt seit langem Auffassungen vom Menschen hervor, die die Ausbreitung von Medien und Computern sehr begünstigen. Es sei noch einmal auf die besondere Rolle von Kant in diesem Zusammenhang hingewiesen. Er vertritt die Auffassung, dass wir von der Wirklichkeit an sich immer nur erfassen können, wie sie uns aufgrund unserer Sinnesorgane und unserer ganzen Wahrnehmungsart erscheint. In Kants »Kritik der reinen Vernunft« heißt es (B59f): »Es sind uns Dinge als außer uns befindliche Gegenstände unserer Sinne gegeben, allein von dem, was sie an sich selbst sein mögen, wissen wir nichts, sondern kennen nur ihre Erscheinungen, d.i. die Vorstellungen, die sie in uns wirken, indem sie unsere Sinne affizieren.«

Die von Kant vertretene Sichtweise ist im 19. Jahrhundert von der naturwissenschaftlichen Deutung der menschlichen Wahrnehmung übernommen worden. Die dadurch entstandene Auffassung von der Natur unserer Sinne ist heute Teil der wissenschaftlichen Allgemeinbildung. Auf dieser Grundlage muss man zu der Auffassung kommen, es sei kein wesentlicher Unterschied zwischen der Wahrnehmung der dreidimensionalen Wirklichkeit und der Wahrnehmung der virtuellen Wirklichkeit. Ob zu den »Verzerrungen«, die durch unsere Sinne bewirkt werden, noch solche hinzukommen, die auf das Konto der Medien gehen, wird als unerheblich betrachtet. Da uns, so die herrschende Auffassung, die Wirklichkeit an sich in jedem Fall verschlossen ist, macht es nichts aus, wenn sich die Art und Weise, wie uns die Wirklichkeit an sich erscheint, durch das Dazwischentreten von Medien und Computern verändert.

In der neueren Philosophie ist die von Kant vertretene Auffassung in der Weise modifiziert worden, dass man bestreitet, dass es eine eigentliche Wirklichkeit überhaupt gibt, die das, was in uns zur Erscheinung kommt, bewirkt. Solche Gedanken erleichtern den Übergang von der Abbildung vorhandener Wirklichkeiten zur Produktion neuer Wirklichkeiten, wie das beim Cyberspace der Fall ist.

Der radikale Konstruktivismus trägt ebenfalls dazu bei, den Unterschied zwischen der natürlichen Welt und der virtuellen Welt für belanglos zu halten. Der radikale Konstruktivismus ist in gewisser Hinsicht eine Weiterführung und Verschärfung der von Kant vertretenen Auffassung. Kant war zwar der Meinung, wir könnten von dem, was ist, immer nur wissen, wie es uns erscheint. Er hielt es aber für möglich, auf diese Erscheinung die Methoden der naturwissenschaftlichen Forschung anzuwenden, um dann zu durchaus gesicherten Erkenntnissen im Reich der Erscheinungen zu kommen.

Der radikale Konstruktivismus sieht im Wahrnehmen und Erkennen menschliche Prozesse, in denen Erkenntnisse und Wahrnehmungsweisen der Welt konstruiert werden. Die Konstrukte dienen dem Ziel, dem jeweiligen Menschen ein möglichst reibungsloses Überleben in der Welt, der er angehört, zu ermöglichen. Es ist demnach ganz unangemessen, die Art und Weise, wie jemand die Welt wahrnimmt, daraufhin zu befragen, ob er damit der gegebenen Welt gerecht wird.

Der radikale Konstruktivismus stützt sich auf Erkenntnisse über biologische Systeme und über das Funktionieren des menschlichen Gehirns. Besondere Bedeutung wird der von den meisten Hirnforschern vertretenen Auffassung zugemessen, das Gehirn sei ein selbstreferentielles – geschlossenes System, das sich hauptsächlich mit den von ihm selbst produzierten Impulsen beschäftige.

Wenn jemand, der auf dem Boden des radikalen Konstruktivismus steht, sich zu Medien und Computern äußert, dann können folgende Aussagen zustande kommen. (Ich beziehe mich auf einen am 3.2.1999 auf Einladung des Fachbereichs Informatik der Universität Bremen gehaltenen Vortrag zum Thema »Medien-Design, Konstruktivismus, neue Formen des Lernens.«): Information muss modular verpackt sein, man kann auch sagen: häppchenweise. Längere Darstellungen komplexer Zusammenhänge ermüden den Nutzer. Das hängt mit der Arbeitsweise des Gehirns zusammen. Was hirngerecht ist, das ist auch menschengerecht. Das Gehirn verarbeitet nur Quantitäten. Was der Mensch als Qualität erlebt, wird von ihm selbst erzeugt (konstruiert). Wir sind nicht dazu veranlagt, Wahrheit zu finden. Wir sind dazu veranlagt, die Welt so zu interpretieren, dass wir darin überleben können (der Referent verweist hier auf Maturana, der von Viabilität spricht). Das Gehirn ist zu 99 Prozent mit sich selbst beschäftigt. Das Ziel des Lebens ist: überleben und sich selbst erschaffen. Dabei hilft die Sprache, sie ist Teil unseres Orientierungsverhaltens. Durch den Computer wird Lernen und Studieren zu einer selbstbestimmten, aktiven Tätigkeit. Daher ist der Computer besonders geeignet, dem Menschen dabei zu helfen, sich selbst zu erschaffen.

Soweit stichwortartig einige der Hauptgedanken des Vortrags. Wenn man bedenkt, wie einflussreich der radikale Konstruktivismus seit Jahren ist, dann kann man ermessen, wie viel er zur Anerkennung von Medien und Computern beigetragen hat.

Zur gedanklichen Vorbereitung dieser Techniken gehört auch, dass Positivismus und Materialismus des 19. Jahrhunderts den Unterschied zwischen Wesen und Erscheinung aufgegeben haben. Seitdem ist es nicht mehr üblich, angesichts einer Pflanze, eines Tieres oder eines Menschen die Frage zu stellen, welches (unsichtbare) Wesen in der sinnfälligen Erscheinung zum Ausdruck kommt. Die Wissenschaft interessiert sich nur noch für die Erscheinungsebene der Welt. Erklärungen für Phänomene, die hier auftreten, werden auf dieser Ebene gesucht. Ein Wissenschaftler, der einen Menschen weinen sieht, muss sich als Wissenschaftler für die Tränendrüsen interessieren und was diese stimuliert.

Die Fotografie wird zur selben Zeit erfunden, in der Materialismus und Positivismus das Wesen für nicht vorhanden oder für nicht erforschbar erklären. Die rasche Verbreitung der Fotografie und vor allem die Wertschätzung des fotografischen Porträts haben damit zu tun. Immerhin gibt es aber bei der Fotografie einen deutlichen Zusammenhang zwischen dem Foto und dem fotografierten Gegenstand. Ich kann, indem ich das Foto betrachte, etwas über den fotografierten Gegenstand erfahren.

Schickt ein Mensch einen Avatar als seinen Stellvertreter ins Internet, dann ist jeder Zusammenhang aufgelöst. Es kann sein, dass der Avatar ein Äußeres hat, durch das Stärke und Mut zum Ausdruck kommen. Mit dem Menschen, der sich vertreten lässt, hat das aber gar nichts zu tun. Der ist vielleicht noch mit anderen Avataren im Netz vertreten: als Feigling, als attraktive Frau, als schüchterner Mann. Die Sprache gerät dabei in ein seelisch-geistiges Vakuum. Obwohl sie dialogisch auftritt, ist sie wie bei der gedruckten Schrift ganz vom Menschen getrennt.

Es zeigt sich wieder, dass durch falsche Gedanken – in diesem Fall die Aufhebung des Unterschieds von Wesen und Erscheinung – Realitäten entstehen können, auf die die eigentlich falschen Gedanken zutreffen.

Im Folgenden noch ein Beispiel, das aus dem Internet selbst stammt. Der Text wurde von dem Schauspieler und Filmregisseur Woody Allen »ins Netz gestellt«, wie man sagt.

»Was ist Bewusstsein?
Genug damit. Das Fachgebiet Computer in seiner unüberblickbaren Komplexität soll an dieser Stelle nicht entfaltet werden. Begnügen wir uns damit, dass die uralte Frage(?) ›Was ist Leben?‹, konkreter ›Was ist Bewusstsein?‹ (die sich bereits im Abschnitt ›Denken ohne Gehirn‹ erhoben hat) um eine neue Dimension erweitert wurde und unter diesem Aspekt ernsthaft diskutiert wird.
Manche Verfechter von Computerbewusstsein und eigen-

ständiger kybernetischer Intelligenz sind davon überzeugt, dass Geist bei einer gewissen Informationsdichte entsteht. Dies erinnert an den Wissenschaftsterminus des ›synergetischen Phasenüberganges‹, den man bei chemischen Uhren, beim Laser und bei anderen schlagartigen Übergängen von einem Zustand in den anderen – meist in den einer höheren Ordnung und Komplexität – kennt. Solche Spontanübergänge erfolgen bei einem kritischen Schwellenwert. Eine gewisse Informationsdichte könnte durchaus ein solcher Schwellen- und damit Übergangswert vom rechnenden zum *denkenden* Etwas sein.

Sciencefiction-Lesern ist solches nicht fremd. Zahlreiche Werke, meist aus der Feder von Wissenschaftlern, befassen sich mit kybernetischen Evolutionen. In der Serie ›Raumschiff Enterprise. Das nächste Jahrhundert‹, Episode ›Die Macht der Naniten‹, entwickeln sich kybernetische Nano-Organismen (die Naniten), die in Computern Fehler korrigieren sollen, zu einer echten Lebensform. Schlussendlich werden sie (wie eine fremde Intelligenz) gleichberechtigt behandelt. In einer weiteren Folge derselben Serie, die den Titel ›Cherlock Data Homes‹ trägt, erlangt eine vom Computer der Enterprise simulierte Person – der notorische Sherlock-Holmes-Gegner Moriati – eigenständiges Bewusstsein. Er begreift die Situation und beginnt, um seine Existenz zu kämpfen.«

Die in dem Text geäußerten Gedanken gehören zu den zahlreichen Bemühungen, den Unterschied zwischen Mensch und Maschine einzuebnen. Interessant ist auch die Nähe von Wissenschaft und Sciencefiction-Literatur.

Abschließend sei noch ein Blick auf Prognosen über die künftige Entwicklung geworfen. Zum Jahreswechsel 1999/2000 brachte der Bremer »Weser-Kurier« eine Sonderausgabe heraus, die auch einiges zum Thema »Zukunftswissen« enthielt. Da tragen die Menschen Mini-Computer am Gürtel; am Kehlkopf sind kleine Plättchen befestigt, mit deren Hilfe mit dem Computer am

Gürtel gesprochen werden kann; die Antworten sind über Lautsprecher zu erfahren, die im Ohr befestigt sind. Von einem Mann namens Sedan, der im Jahre 2299 lebt, heißt es, er habe gerade ein neues Implantat bekommen, an das er sich noch gewöhnen müsse. Im Folgenden wird ein Ausschnitt des Textes wiedergegeben (das Implantat wird da als »Nanobot« bezeichnet):

»Das neue Implantat bringt seinen Schlafrhythmus durcheinander – der Körper muss sich erst noch an das fremde Stück Hochtechnologie gewöhnen. Gestern Abend hatte er das Kommunikationsmodul zum ersten Mal ausprobiert. ›Eine verrückte Erfindung‹, murmelt er nachdenklich. Ein Gedanke bringt die Nanobots in seinem Körper dazu, sich an die Schaltstellen seiner Nervenstränge anzuschließen. Sie blockieren die körpereigene Reizweiterleitung und senden stattdessen künstliche Reize in die Nervenbahnen. Das Gehirn interpretiert sie als normale Impulse und lässt jede erdenkliche Illusion wahr werden. Zum Beispiel den Treff mit seiner Freundin in London – die das gleiche Implantat besitzt.

Manchmal kann er selbst nicht mehr unterscheiden, was virtuell und real ist. Theoretisch bräuchte er sich nicht mehr aus dem Haus zu bewegen. Das Netz, eine Welt aus Bits, bietet einen fast hundertprozentigen Ersatz. Wer sich den Nanobots überlässt, findet dort alles: Arbeit, Spaß, Sex. Sedans Körper wird von Minisonden kontrolliert: Die Alterung der Zellen, Veränderungen in den Blutwerten, der gesamte Stoffwechsel wird an den zentralen Medizinrechner übermittelt. Jede Abweichung vom Normalzustand wird registriert. Kleine Depots der Standardmedikamente sind ebenfalls im Körper untergebracht und werden automatisch angesprochen. Die Standardmedizin ist automatisiert. Auch die Hirnkapazität erweitern entsprechende Implantate, Daten können auf Wunsch mit Computern abgeglichen werden – drahtlos, das Netz ist überall.«

Das Beispiel zeigt, wie viele andere, die zum selben Anlass Verbreitung fanden, dass Entwicklung fast nur in Form technischen Fortschritts vorstellbar ist, wobei dieser Fortschritt überwiegend in den Bereichen Computer und Medien vermutet wird.

Dass es dabei zu einer Verbindung von Mensch und Maschine kommt, wird als selbstverständlich angenommen. Ebenso geläufig ist die Annahme, dass der Unterschied zwischen virtuell und real immer mehr verschwimmt und auch immer weniger interessiert. Dazu passt, dass im Sommer 1997 am Institut für Neue Medien in Frankfurt am Main ein Forschungsprojekt gestartet wurde, das den Gegensatz zwischen realen und digitalen Erfahrungen überwinden will. Im Zentrum des Vorhabens steht das Kunstwort »vireal«, das sich aus »virtuell« und »real« zusammensetzt. In einer Ausstellung zum Thema »Vireale Erfahrungen«, die parallel zum Beginn des Forschungsprojektes startet, werden »Vireale Objekte« gezeigt. Außerdem werden an Künstler Halbjahresstipendien zu diesem Thema vergeben. An Geld ist offenbar kein Mangel. Unter anderem tritt, wie auch bei der bereits erwähnte Ausstellung zur digitalen Fotografie, das Siemens-Kulturprogramm als Förderer auf.

Betrachtet man die Prognosen für die nächsten Jahrhunderte, dann werden Neuerungen geschildert, deren Realisierung gewiss viel technische Intelligenz erfordert, die aber im Hinblick auf die wirklichen Probleme, vor denen die meisten Menschen stehen, entweder trivial oder schädlich sind. Es offenbart sich eine katastrophale Ideenlosigkeit. Diese Ideenlosigkeit, die ein Faktor des kulturellen Lebens ist, zieht Technik als Ersatzlösung herbei und trägt dadurch wesentlich zu dem hohen Entwicklungstempo bei.

Es soll nun auch der Einfluss betrachtet werden, den die Politik auf die hier untersuchten Entwicklungen nimmt. Da kann festgestellt werden, dass Anfang der neunziger Jahre eine neue Stufe der Einflussnahme erreicht wurde. Zu diesem Zeitpunkt zeichneten sich aufgrund der an anderer Stelle bereits beschriebenen technischen Entwicklungen neue Anwendungen ab. Bill Clinton war einer der ersten Politiker, der diese Möglichkeiten aufgriff. In seinem im Laufe des Jahres 1992 geführten Wahlkampf (Clinton wurde im November 1992 zum ersten Mal zum Präsidenten der Vereinigten Staaten gewählt) machte er den Computer und die neuen Medien zum Thema. Er versprach seinen Wählern, bis zum Jahr 2000 alle amerikanischen Klassenzimmer an die »Datenautobahn« (»Information Highway«) anzuschließen. Clinton machte den Ausdruck »Information Highway« populär und erreichte, dass sich große Erwartungen damit verbanden. Die Datenautobahnen würden, so behauptete Clinton, die Amerikaner stärker miteinander verbinden; außerdem würde sich Amerika mit ihrer Einführung an die Spitze des Fortschritts in der Welt setzen.

Nach seiner Wahl beauftragte Clinton seinen Vizepräsidenten Al Gore damit, die im Wahlkampf propagierte Technologie voranzutreiben. Al Gore tat das unter anderem auf die Weise, dass er um die Welt reiste und überall seine Botschaft verkündete, die von den Medien bereitwillig verbreitet wurde. Als Beispiel findet der Leser nachfolgend einen von Al Gore verfassten Gastkommentar, der am 29.9. 1994 in der österreichischen Zeitung »Die Presse« erschien.

»Wir sind der Überzeugung, dass die Schaffung dieses Informationsnetzes eine Voraussetzung für die langfristige Entwicklung aller Mitglieder der Menschheitsfamilie ist. Zu diesem Zweck müssen Gesetzgebung, Koordination und Management eine weltweite Informationsinfrastruktur aufbauen und betreiben. Diese so genannten Highways – oder, genauer gesagt, Nachrichtennetze – werden es uns ermöglichen, durch Informationen die Weltgemeinschaft zu verbinden und miteinander in Kommunikation treten zu lassen.

Im 21. Jahrhundert werden jene Länder eine Hochblüte erleben, die Richtlinien für die Telekommunikation und Copyright-Gesetze erlassen haben, die ihren Bürgern den Zugang zu einer reichen Palette von Informationsdiensten eröffnen. Der Schutz des geistigen Eigentums ist absolut unerlässlich.

Um Freiheit und Demokratie zu fördern und zu bewahren, müssen wir den Ausbau der Telekommunikation zu einem Hauptbestandteil der Entwicklung aller Nationen machen.«

Die Thesen des amerikanischen Vizepräsidenten laufen auf nichts Geringeres als die Behauptung hinaus, alle Probleme, vor denen heute der einzelne Mensch wie die Menschheitsfamilie stehen, ließen sich durch die Einführung der Datenautobahn lösen. Eine Begründung dafür wird nicht gegeben.

In den Vereinigten Staaten haben Clinton und Al Gore mit ihren Thesen breite Zustimmung gefunden. Vertreter von Hunderten von Interessengruppen treffen sich regelmäßig zu einem »Runden Tisch«, um darüber zu beraten, wie die neuen Informationsmöglichkeiten organisiert sein müssen, damit sie den Menschen am besten dienen. Die Zusammenkünfte werden durch öffentliche Mittel und durch Mittel, die aus Stiftungen stammen, gefördert. Das Thema der Datenautobahnen hat eine Bedeutung gewonnen, die für Menschen in Europa gegenwärtig kaum nachvollziehbar ist.

Ein Ergebnis der Zusammenkünfte besteht in der Formulierung von sieben »Prinzipien des öffentlichen Interesses«. Diese Prinzipien sind inzwischen von knapp hundert Interessengruppen unterzeichnet worden. Das erste Prinzip lautet:

1. Universeller Zugang

»Alle Menschen müssen einen erschwinglichen Zugang zur NII (National Information Infrastructure) haben. Eine Grundlage des Lebens, der Freiheit und des Strebens nach Glück im Informationszeitalter ist der Zugang zu Video- und Audio-Diensten und zu Datennetzen, die eine große Vielfalt von Neuigkeiten, Informationen über öffentliche Angelegenheiten, Bildung, Gesundheit und Verwaltungswissen und -dienste bieten. Diese Dienste müssen in einer verbraucherfreundlichen Form angeboten werden und für jeden, einschließlich Behinderter, zur Verfügung stehen. Informationen, die für eine umfassende Teilnahme an einer demokratischen Gesellschaft wesentlich sind, müssen kostenlos zur Verfügung gestellt werden.«

Betrachtet man den Anfang des zweiten Satzes, dann ist die Herkunft der Formulierung aus der amerikanischen »Erklärung der Menschenrechte« (1776) unübersehbar. Das erste Prinzip lautet dort:

»Dass alle Menschen von Natur aus gleich frei und unabhängig sind und bestimmte angeborene Rechte besitzen, ... nämlich das Recht auf den Genuss des Lebens und der Freiheit, auf die

Mittel zum Erwerb und Besitz von Eigentum, das Streben nach Glück und Sicherheit und das Erlangen beider.«

Im letzten Drittel des 18. Jahrhunderts trat in der geschichtlichen Entwicklung ein Impuls auf, der die Menschen dazu brachte, Rechte zu fordern, die aus jedem einzelnen Menschen ein freies Wesen machten. Bis dahin konnte man Rechte nur auf die Weise haben, dass man einem bestimmten Stand angehörte, etwa dem Adelsstand. Die Rechte wurden dem Stand von einer höheren Instanz in Form von Privilegien gewährt. Jetzt sagten die Leute: Wir haben Rechte, weil wir Menschen sind. Jedem Einzelnen von uns sind sie angeboren. Niemand muss uns diese Rechte gewähren, aber der Staat muss sie schützen.

Die Menschenrechte schenkten den Menschen ein neues Selbstgefühl und impulsierten das gesellschaftliche und politische Leben. Die »Prinzipien des öffentlichen Interesses« knüpften an diese für die Neuzeit bedeutsame Entwicklung an und machen den freien Zugang zu den Datenautobahnen zu einer Voraussetzung für die Verwirklichung der Menschenrechte. In Wirklichkeit werden die individuellen Freiheitsrechte dadurch aufs Höchste gefährdet.

Den größten Erfolg außerhalb Amerikas errang Al Gore mit der Konferenz »Information Society«, die am 25./26. Februar 1995 in Brüssel stattfand. Veranstalter und Teilnehmer dieser Konferenz waren die unter dem Kürzel »G-7« (inzwischen »G-8«) bekannten Industrienationen. Der Abschlussbericht trägt die Überschrift »Ein gemeinsames Zukunftsbild von der Bereicherung des Menschen«. Der Bericht nennt die wichtigsten Grundsätze, auf die sich die teilnehmenden Nationen einigten, nämlich gemeinsame Standards für die technische Verknüpfbarkeit der »Global Information Infrastructur«, Öffnung der Märkte für die neuen Produkte, Garantien der Datensicherheit, Schutz der Privatsphäre, Schutz von Urheberrechten. Man einigte sich ebenfalls auf elf Pilotprojekte, an denen die Möglichkeiten der neuen Technologie erprobt und demonstriert werden sollen.

Während der Konferenz hielt Al Gore eine Rede, in der er an das Versprechen der Clinton-Administration erinnerte, bis zum Ende des Jahrzehnts jedes Klassenzimmer, jede Bibliothek und jedes Krankenhaus an die Datenautobahn anzuschließen (der offizielle Ausdruck lautet »Global Information Infrastructure«, häufig abgekürzt GII). Zur »Begründung« dieses Vorhabens benutzte Al Gore viermal das Wort »Vision« und fünfmal das Wort »Traum«. Er pries und beschwor die Informationsgesellschaft als neues Leitbild, dem sich alle Völker und jeder Einzelne zum eigenen und zum gemeinsamen Wohl anschließen sollte. Dabei betonte Al Gore immer wieder, die positiven Wirkungen des Leitbildes könnten nur eintreten, wenn zu seiner Verwirklichung offene Märkte, private Investitionen und freie Konkurrenz, die Kräfte des ungehemmten Kapitalismus also, beitragen könnten. Der Schluss der Rede lautete folgendermaßen: »Ich habe heute die konkreten Schritte beschrieben, die wir tun müssen, um uns auf diese neue Entdeckungsreise zu begeben. Ausgerüstet mit den beweglichen Lettern des nächsten Jahrtausends, können wir Karawanen mit dem Reichtum menschlicher Kenntnisse und Kreativität beladen und auf Pfaden des Lichts zu jedem Heim und Dorf schicken.«[78]

Seit der Konferenz von Brüssel wird auf der ganzen Welt an der Verwirklichung der dort gefassten Beschlüsse gearbeitet. In der deutschen Berichterstattung war zwar durchaus Skepsis und Kritik zu vernehmen, auch unverhohlener Spott über Al Gores tiefen Griff in das Schatzkästlein der Metaphern (so zum Beispiel in der »Frankfurter Rundschau« vom 27.2.1995). Für die politischen Entscheidungen blieb das folgenlos. Die Politiker übernahmen die Beschlüsse und verschafften sich Rückendeckung durch passende Gutachten. Dafür zwei Beispiele.

Die Kultusminister der 16 Bundesländer haben im Juni 1997 erklärt, die Einführung der neuen Medien in den Schulunterricht dulde keinen Aufschub mehr. Anlass für diese Äußerung war ein von der Bertelsmann-Stiftung veranstaltetes medienpädagogisches Gespräch zum Thema »Neues Lernen: Schulentwicklung und neue Medien«. Die Kultusministerin von Nordrhein-Westfalen, Gabriele Behler, behauptete bei dieser Gelegenheit, der Einsatz multimedial gestützter Lehrmethoden ermögliche selbstständiges Lernen, eine verbesserte Urteilsfähigkeit gegenüber

Medienangeboten, Dialogfähigkeit und das eigenständige Erarbeiten neuer Kenntnisse außerhalb der Schule.[79]

Das zweite Beispiel stammt von Hans-Jörg Bullinger, Wirtschaftsprofessor an der Universität Stuttgart und Leiter des dortigen Fraunhofer-Instituts für Produktionstechnik und Automatisierung. Bullinger ist außerdem Mitglied der Enquête-Kommission des Deutschen Bundestages zum Thema »Zukunft der Medien in Wirtschaft und Gesellschaft – Deutschlands Weg in die Informationsgesellschaft«. In seiner Eigenschaft als Mitglied dieser Kommission verfasste er ein Gutachten über die Auswirkungen der neuen Medien. Das Gutachten ist so ausgefallen, dass es auch von Al Gore hätte sein können. Da ist vom Leitbild der Informationsgesellschaft die Rede, mit dessen Hilfe es gelingen werde, wirtschaftlichen Niedergang und Arbeitslosigkeit zu überwinden. Aber auch für alle anderen Gebiete werde die Verwirklichung der Informationsgesellschaft einen Aufschwung bringen. Im Hinblick auf Bildung und Schule heißt es: »Bildungsinitiativen wie das 1996 gestartete Projekt ›Schulen ans Netz‹ tragen durch die Kooperation und Kommunikation von Schulen mit anderen Schulen, Universitäten und Unternehmen erfolgreich dazu bei, neue Ansätze des schulischen Lernens auf der Grundlage der I u K-Technologien zu entwickeln.«[80]

In der Wirtschaft spricht man seit einigen Jahren von der Kommunikationswirtschaft. Während in den Bereichen Warenproduktion und Landwirtschaft die Beschäftigungszahlen sinken, ist die Kommunikationswirtschaft eine Wachstumsbranche, deren Umsätze inzwischen alle anderen Bereiche übertroffen hat.

Anfang der neunziger Jahre kam es in der Kommunikationswirtschaft zu Firmenzusammenschlüssen, die in dieser Größenordnung in der Wirtschaftsgeschichte einmalig waren. Kabelgesellschaften, Fernsehsender, Filmstudios und Telefongesellschaften schlossen sich zu riesigen Unternehmen zusammen. Den vorläufigen Höhepunkt dieser Entwicklung bildet der Zusammenschluss (Januar 2000) von Time Warner, dem größten Medienkonzern, mit America Online (AOL), dem größten Internetdienst. Beide Unternehmen zusammen beschäftigten 1999 weltweit über 80.000 Mitarbeiter. Sie machten einen Umsatz von 31,6 Milliarden Dollar (5,8 Milliarden Gewinn). Der Vorteil solcher Zusammenschlüsse besteht für die Unternehmen darin, dass sich die einzelnen Geschäftsbereiche gegenseitig unterstützen können. Wenn zum Beispiel ein Film nicht den erhofften Erfolg hat, erscheinen in den zum Konzern gehörenden Zeitungen und Zeitschriften Artikel, die den Film ins Gespräch bringen. Wettbewerb und Pressefreiheit bleiben dabei auf der Strecke.

Auch bei denjenigen Firmen, die nicht direkt mit Datenverarbeitung und Kommunikation beschäftigt sind, spielen diese Dinge eine große Rolle, weil man der Auffassung ist, ohne diese Neuerungen sei man nicht wettbewerbsfähig und ohne sie gebe es weder Innovation noch wirtschaftliches Wachstum.

Der Erfolg der Kommunikationswirtschaft und die Abhängigkeit der übrigen Wirtschaft von Medien und Computern haben auch Rückwirkung auf die Ausbildung. Die Einführung in die entsprechenden Techniken beginnt immer früher und nimmt immer mehr Zeit in Anspruch.

Kultur, Politik und Wirtschaft wirken zusammen im Befürworten und Fördern der Informations- und Kommunkationstechnologien. Das war bei der Einführung des Fernsehens noch nicht der Fall. Am Beginn stand die von den Regierungsparteien getroffene Entscheidung, das öffentlich-rechtliche Fernsehen einzuführen. Die Opposition war skeptisch. (Derzeit gibt es keine politische Opposition gegen die neuen Techniken.) Aus der Kultur kamen, neben verhaltener Zustimmung, auch warnende Stimmen, die durchaus Gehör fanden.[81] Die Wirtschaft nahm die neuen Möglichkeiten an, ohne allerdings besondere Erwartungen mit diesem Bereich zu verknüpfen. Aus alledem ergab sich ein Ausbreitungstempo, das verglichen mit dem des Internets als langsam bezeichnet werden muss.

Die gegenwärtige Situation führt zu einer Verbreitung von Medien und Computern, die man nur als Wucherung bezeichnen kann. Außerdem werden Entscheidungen begünstigt, die bereits einfaches Nachdenken als unsinnig verweisen könnte. Als Beispiel sei auf die Tendenz verwiesen, schon Grundschüler mit dem Computer vertraut zu machen. Da es sich hier um ein besonders trauriges Kapitel handelt, seien drei Gründe genannt, die gegen das Vorhaben sprechen. Da ist einmal das Tempo der Entwicklung. Die Computerkenntnisse, die einem heute Zehnjährigen beigebracht werden, sind bei seinem Eintritt in das Berufsleben wertlos oder hinderlich. Es kommt hinzu, dass die Entwicklung, wie sie auch weitergehen mag, darauf hinaus läuft, die Computeranwendung zu vereinfachen. Im Unterschied zu den Computerfachleuten, die Informatik studieren müssen, werden die Anwender mit einem Minimum an Kenntnissen auskommen. Der wichtigste Grund ist aber doch der, dass Kinder in der Kindheit in erster Linie das lernen sollen, was sie nur als Kinder lernen können oder wozu in der Kindheit der Grund gelegt werden muss. Dazu gehören: differenziertes, ausdrucksvolles Sprechen, innere und äußere Beweglichkeit, soziale Fähigkeiten, Fantasie, Ausdauer, Vertrauen. Das lernt man nur in der Begegnung mit anderen Menschen und in der Auseinandersetzung mit den Dingen und Wesen der Raumeswelt. Wer sich erwirbt, was in der Kindheit erworben werden kann, der ist späteren Herausforderungen, auch dem Computer, gewachsen, wobei der Computer wahrhaftig nicht die größte Herausforderung ist. Man denke in dem Zusammenhang auch an die Menschen, die heute in der Kommunikationswirtschaft den Ton angeben. Die haben in der Kindheit mit Sicherheit nicht am Computer gesessen, weil es ihn in dieser Form noch gar nicht gab.

Die hier dargelegten Gedanken machen deutlich, dass in den nächsten Jahren mit einer weiteren Ausbreitung der Informations- und Kommunikationstechnologie zu rechnen ist. Die mäßigenden Kräfte sind noch sehr schwach. Zugleich muss allerdings mit aller Entschiedenheit betont werden, dass der einzelne Mensch nach wie vor einen Entscheidungs- und Gestaltungsspielraum hat.

Mit der zunehmenden Computerisierung der beruflichen Arbeit wird eine medien- und computerfreie Gestaltung der Freizeit immer wichtiger. Das Ergreifen dieser Möglichkeit setzt allerdings einiges an Einsichten und Fähigkeiten voraus, wobei es sich bei den Fähigkeiten um eben jene handelt, mit deren Entwicklung in der Kindheit begonnen werden sollte.

Abschließend noch einige Zahlen, die das rasante Entwicklungstempo verdeutlichen. Das Radio brauchte 40 Jahre, um 50 Millionen Zuhörer zu haben. Das Fernsehen benötigte 13 Jahre für dieselbe Anzahl von Zuschauern. Das Internet wurde bereits nach vier Jahren von 50 Millionen Menschen benutzt. Es wird geschätzt, dass in fünf Jahren eine Milliarde Menschen das Internet nutzen. Solche Zahlen verführen zu der Vorstellung, die Entwicklungen im Bereich Medien und Computer seien so etwas wie Naturtatsachen, denen man sich nicht in den Weg stellen könne. Gegenüber dieser Vorstellung ist es heilsam, sich deutlich zu machen, dass dem Tempo genau beschreibbare Ursachen zugrunde liegen. Schaut man diese Ursachen an, stellt man fest, dass sie veränderbar sind und auch dringend der Veränderung bedürfen.

11. Informationsgesellschaft / Multimedia

Im vorigen Kapitel war von der Konferenz zum Thema »Information Society« die Rede, auf der Al Gore sich erfolgreich bemühte, die übrigen Teilnehmer auf den von den Vereinigten Staaten vorgegebenen Kurs zu bringen. Die Bezeichnung »Informationsgesellschaft« wird mehr und mehr zum Epochenbegriff gemacht. Nach der Eisenzeit, dem Zeitalter der Entdeckungen, dem Zeitalter der Industrialisierung sollen wir nun in der Informationsgesellschaft leben.

Für die bisherigen Epochenbegriffe war charakteristisch, dass sie einer Zeit nachträglich verliehen wurden. Für die Bezeichnung »Informationsgesellschaft« trifft das offensichtlich nicht zu. Es handelt sich um den Namen für ein Programm. Oft genug entsteht der Eindruck, dass man es mit einem Kampfbegriff oder einem Einschüchterungsbegriff zu tun hat. So ist zum Beispiel besonders gern dann von »Informationsgesellschaft« die Rede, wenn es darum geht, der Forderung nach mehr Computern, zum Beispiel im Rahmen von »Schulen ans Netz«, Nachdruck zu verleihen. Die konsequente Verwirklichung der Informationsgesellschaft wird auch angemahnt, wenn es darum geht, den »Standort Deutschland« zu sichern. Charakteristisch für die Bezeichnung »Informationsgesellschaft« ist, dass sie einerseits vage bleibt, andererseits aber dazu dient, weitreichende Entscheidungen durchzusetzen.[82]

Zur genaueren Charakterisierung dessen, was mit »Informationsgesellschaft« gemeint ist, sei im Folgenden gezeigt, was unter Information im Zusammenhang mit diesem Programm verstanden wird. Da sei zunächst noch einmal auf die »Magna Charta für das Zeitalter des Wissens« zurückgekommen. Da wurde im vorigen Kapitel bereits der Anfang zitiert, wo es heißt, das zentrale Ereignis des 20. Jahrhunderts sei der Sturz der Materie; die

Kräfte des Geistes seien dabei, die Oberhand über die rohe Macht der Dinge zu gewinnen. Das wird dann weiter ausgeführt, indem die Autoren feststellen: »In der Ökonomie der ›dritten Welle‹ ist die zentrale Ressource – um es mit einem einzigen Wort zu benennen, das Daten, Informationen, Bilder und Symbole ebenso wie Kultur, Ideologie und Wertvorstellungen umfasst – das abrufbare Wissen. (…) Eher einem Ökosystem als einer Maschine gleichend, ist der Cyberspace eine bioelektronische Umwelt, die buchstäblich universal ist: Es gibt sie überall, wo Telefonleitungen, Koaxialkabel, Glasfaserleitungen oder elektromagnetische Wellen vorhanden sind.

Diese Umwelt wird vom Wissen ›bewohnt‹, das in elektronischer Form existiert.«

Der Cyberspace wird als der Ort betrachtet, an dem die Materie überwunden sei. Zu Beginn der »Magna Charta« wird, wenn vom Sturz der Materie als zentralem Ereignis des 20. Jahrhunderts die Rede ist, vom Gegensatz Geist – Materie ausgegangen. In den weiteren Ausführungen geht es dann aber in Wirklichkeit um einen ganz anderen Gegensatz, den Gegensatz nämlich von natürlich erzeugter und technisch produzierter Materie. Der Sturz der Materie entpuppt sich bei nüchterner Betrachtung als etwas, das durch eine elektronisch simulierte Welt erzeugt wird.

Bevor auf das in dem Text zum Ausdruck kommende Verständnis von Information und Wissen näher eingegangen wird, seien noch zwei weitere Beispiele angeführt. Der britische Premierminister Tony Blair schreibt in seinem Buch »Meine Vision« (deutsche Ausgabe Stuttgart 1997) in dem Kapitel »Die neue industrielle Welt«:

»Der Schlüssel, um in der modernen Welt zu überleben, liegt im Zugang zu Wissen und Information. (…) Die Erfindungen des letzten Jahrzehnts und die Möglichkeiten des nächsten haben eines gemeinsam: Information. Sie übermitteln Information schneller und an mehr Menschen, als es jemals zuvor möglich war; sie übertragen größere Datenmengen, und sie sind mobil. Sie speichern mehr Information, diese ist leichter abrufbar, leichter zu präsentieren und anzuwenden. Diese Technologien sind so wichtig, weil Information die Währung unserer Wirtschaftssysteme und unserer Gesellschaft ist; weil sie Zeit sparen, weil sie Geld sparen und weil sie uns zunehmend einen Innovationsvorteil gegenüber unseren Konkurrenten verschaffen.«

Der deutsche Soziologe Michael Jäckel definiert »Informationsgesellschaft« als fortgeschrittene Industriegesellschaft, in der die Verarbeitung und Bereitstellung von Information den wichtigsten Produktivitätsfaktor darstellt: Wissen und Information werden zur bestimmenden Ressource.[83]

Den angeführten Beispielen ist gemeinsam, dass sie den, wie noch gezeigt werden soll, wichtigen Unterschied zwischen Information und Wissen zum Verschwinden bringen.[84] Von Information ist so die Rede, als sei sie für die Informationsgesellschaft dasselbe wie Eisen für die Eisenzeit und Kohle und Stahl für das Industriezeitalter. Die Betonung des quantitativen Aspekts macht die Behauptung verständlich, es komme darauf an, möglichst schnell möglichst viele Informationen zu bekommen. Damit hängt auch zusammen, dass der Technologie in der Informationsgesellschaft solche Bedeutung beigemessen wird.

Ein Blick auf die Geschichte der Bezeichnung »Informationsgesellschaft« kann das hier Gesagte noch ergänzen. Der Ausdruck erscheint zum ersten Mal in dem Bericht »The Plan for Information Society: A National Goal Towards the Year 2000«, den das »Japan Computer Development Institute« 1971 vorlegte. Die Bezeichnung wird von dem amerikanischen Soziologen D. Bell übernommen, der sie 1973 in seiner Theorie der nachindustriellen Gesellschaft braucht. Bell stellt, ebenso wie der japanische Bericht, die These auf, dass in der weiteren gesellschaftlichen Entwicklung die Produktion materieller Güter zunehmend hinter der Produktion von Information zurücktreten werde. Im Jahre 1996 werden diese Thesen von dem Bericht der Bundesregierung »Info 2000 – Deutschlands Weg in die Informationsgesellschaft« übernommen. In der Informationswirtschaft, so heißt es dort unter anderem, werde künftig der überwiegende Anteil des Sozialproduktes erwirtschaftet.

Solche Aussagen werden gern durch das Vier-Sektoren-Mo-

236

dell veranschaulicht, das aus vier Kurven besteht, die zeigen, wie sich die Zahl der Beschäftigten in den Bereichen Produktion, Landwirtschaft, Dienstleistung und Informationswirtschaft entwickelt hat und weiter entwickeln wird. Da sieht man dann, dass die Kurven von Produktion und Landwirtschaft sinken; die Kurve »Dienstleistung« steigt leicht, die Kurve »Informationswirtschaft« steigt steil. [85]

Wie irreführend im Zusammenhang mit der Informationsgesellschaft über Information gesprochen wird, zeigt sich, wenn man sich besinnt, was das Wort eigentlich bedeutet. Es geht zurück auf lateinisch »informatio«, was die Bedeutung von »Abformung«, »Abbild« und »Begriff«, »Vorstellung« hat. Das Verb »informare« bedeutet »formen«, »bilden«, »gestalten« und »darstellen«, »schildern«, »sich vorstellen«. Die heutige Verwendung des Wortes knüpft an die zweite Bedeutungsebene an. Mit »Information« ist das Ergebnis einer denkenden und vorstellenden Tätigkeit gemeint. Man kann sich das deutlich machen, wenn man an einem konkreten Beispiel der Frage nachgeht, wie eine Information entsteht. Der »Weser-Kurier« des heutigen Tages (19. Januar 2000) bringt auf der ersten Seite als Hauptüberschrift »Die CDU bricht mit Helmut Kohl«. Damit wird ein Gedanke zum Ausdruck gebracht. Der Redakteur, der ihn formulierte, hat seit Tagen die Entwicklung der Parteispenden-Affäre verfolgt. Am Vortag haben Präsidium und Vorstand der CDU Helmut Kohl aufgefordert, sein Amt als Ehrenvorsitzender ruhen zu lassen. Daraufhin hat Helmut Kohl den Ehrenvorsitz niedergelegt. Niemand hat gesagt, man habe mit Helmut Kohl gebrochen. Die Formulierung der Überschrift enthält eine durch den Redakteur vorgenommene Bewertung. (In der »Frankfurter Rundschau« liest man am gleichen Tag auf der ersten Seite: »Kohl legt Ehrenvorsitz der CDU nieder.«)

Jede Information, und laute sie nur: »Hochwasser in Bremerhaven heute um 11:20 Uhr«, entsteht durch Denken. Sie ist folglich geistigen Ursprungs. Und es bedarf einer geistigen Anstrengung, um sie zu verstehen. Mit dem Verstehen allein sollte sich der Empfänger allerdings nicht begnügen. Er muss dafür sorgen, dass die

Information für ihn Wert bekommt. Dazu sind erhebliche Anstrengungen nötig. Zunächst muss der Wahrheitsgehalt der Information geprüft werden. Dann muss sie bewertet werden. Welches Gewicht hat der Verzicht Kohls? Ist seine Reaktion überzogen, wie einige Parteifreunde sagen, oder sollte er auch noch sein Bundestagsmandat niederlegen, wie andere meinen? Schließlich muss sich der Empfänger fragen, was er mit der Information anfangen kann. Das deutsche Wort »Nachricht« enthält deutlich diese Forderung. Eine »Nach-richt« ist etwas, das man sich verschafft, weil man sich danach richten will. Die ersten Nachrichten dienten Kaufleuten dazu, sich mit ihren Geschäften auf das einzustellen, was sie von bezahlten Korrespondenten erfuhren.

Heute hängt unser Interesse an anderen Weltgegenden nicht mehr unbedingt mit persönlichen Vor- und Nachteilen zusammen. Dennoch sollte eine Information zu etwas dienen. Das Mindeste ist, dass sie unser Bild der Welt bereichert und dass sie uns hilft, das, was in der Welt vorgeht, besser zu verstehen und besser zu beurteilen.

Damit Informationen in dieser Weise verwendet werden können, müssen bestimmte Bedingungen erfüllt sein. Es benötigt Zeit, um Informationen zu prüfen, zu bewerten und um sie auf die eine oder andere Weise fruchtbar zu machen. Außerdem sind Weltinteresse und ein aktives Im-Leben-Stehen nötig. Im Falle der Informationen über die Spendenaffäre der CDU ist es im Grunde genommen nötig, eine Alternative zum gegenwärtig realisierten Demokratiekonzept im Kopf zu haben. In dem Fall kann man die vielen Unkorrektheiten und Betrügereien als Beleg dafür nehmen, dass die Parteien-Demokratie durch andere Formen der Demokratie, bei denen zum Beispiel der einzelne Bürger aktiver beteiligt ist, überwunden werden muss. Grundsätzlich gilt, dass negative Informationen (die gegenwärtig deutlich überwiegen) auf Dauer deprimieren oder gleichgültig machen, wenn man sie nicht in Zusammenhänge einordnen kann, die dem Einzelnen konstruktive Entwicklungs- und Handlungsmöglichkeiten eröffnen.

Ein sinnvoller Umgang mit Informationen wird gegenwärtig

auch dadurch erschwert, dass so viel Wert auf Aktualität gelegt wird. Die Nachricht von einem wichtigen Ereignis soll wenige Stunden später über die ganze Welt verbreitet sein. Dabei wird wenig darauf geachtet, dass die Art der Verbreitung Einfluss darauf hat, wie leicht oder schwer eine Nachricht verstanden werden kann. Allgemein gilt: Je mehr Technik an der Weiterleitung einer Information beteiligt ist, umso schwieriger ist es, den Inhalt zu verstehen.

Bei der Mitteilung von Angesicht zu Angesicht sind die Voraussetzungen für das Verstehen am günstigsten. Jeder, der spricht, möchte verstanden werden, sonst erscheint ihm sein Tun sinnlos. Folglich wird er sich bemühen, so zu sprechen, dass ihm der Hörer folgen kann. Dieser seinerseits fragt nach, wenn er etwas nicht verstanden hat.

Bei der technischen Informationsübertragung gibt es keine Instanz, die in der Lage wäre, das Gelingen oder Misslingen der Kommunikation zu bemerken, um dann entsprechend zu reagieren. Bekanntlich spielt es nicht einmal eine Rolle, ob überhaupt jemand da ist, um das Mitgeteilte in Empfang zu nehmen. Dazu kommt, dass Bildschirm und Lautsprecher Eigenschaften haben, die die menschliche Aufmerksamkeit dämpfen. Dieselbe Wirkung geht von den elektromagnetischen Feldern aus, die von der Informations- und Kommunikationstechnologie erzeugt werden.

Abschließend soll noch auf das Phänomen Multimedia eingegangen werden, das untrennbar zur Informationsgesellschaft gehört. Unter technischem Aspekt betrachtet bietet Multimedia eine die verschiedenen Medien zusammenführende Nutzungsmöglichkeit. Der Computer übernimmt dabei die doppelte Rolle eines Endgerätes und eines Eingabegerätes. Ein multimediafähiger Computer hat ein CD-ROM-Laufwerk und weitere Peripheriegeräte wie Lautsprecher, Mikrofon, Videokamera und Scanner. Man unterscheidet zwischen online-Multimedia und offline-Multimedia. Ein Beispiel für offline wäre die weiter vorn besprochene CD-ROM über das Leben und Werk van Goghs. Offline meint, dass man sich die Inhalte nicht aus dem Netz holt, sondern von einem Speichermedium.

In der Literatur zu Multimedia werden drei Merkmale dieser neuen Technik genannt, nämlich Integration, Interaktivität und Digitalisierung. Die Integration meint das Zusammenführen der verschiedenen Medien. Die Interaktivität besteht zum einen darin, selbst die Inhalte zu bestimmen, mit denen man sich beschäftigen will. Außerdem gehört die Möglichkeit dazu, selbst Inhalte zu produzieren und anderen mitzuteilen (diese Möglichkeit besteht nur bei online-Multimedia). Die Digitalisierung macht die verschiedenen Medieninhalte dem Computer zugänglich.

Als Vorteile von Multimedia werden lerntheoretische Argumente und Gesichtspunkte der Emanzipation genannt. Multimedia wird als ein Konzept gerühmt, das Informationen auf wahrnehmungsgerechte Art präsentiert. Zur Erläuterung wird gern auf die beschränkte Aufnahmefähigkeit der menschlichen Sinne verwiesen. Eine typische Äußerung lautet etwa folgendermaßen:

»Die Kapazität der menschlichen Informationsaufnahme ist vom angesprochenen Sinnesorgan abhängig. So hat das Auge als Informationskanal einen aktiven ›Datendurchsatz‹ von 300 Worten/Min., das Ohr weist eine Aufnahmefähigkeit von 200 Worten/Min. auf. In syntaktischen Einheiten ausgedrückt sind die Datendurchsätze 200 Bit/Sek. für das Auge und 150 Bit/Sek. für das Ohr. Eine Steigerung der Kanalkapazitäten ist selbst durch Training nur in relativ geringem Umfang möglich. Der einzige Weg zur Steigerung der Übertragungskapazität ist deshalb das *gleichzeitige* Ansprechen mehrerer Sinne (›Multi Channel Tracking‹). Die Speicherung der übertragenen Daten im Gehirn ist dabei vor allem vom *Involvement,* also dem Grad der Ich-Beteiligung des Empfängers, und der gewählten *Darstellungsform* abhängig. Die Wahl der Darstellung der Information sollte sich demnach sowohl am Individuum als auch am Informationsobjekt ausrichten.«[86]

In den weiteren Ausführungen wird dann in Bezug auf Interaktivität die These aufgestellt, sie steigere die Ich-Beteiligung und führe dadurch zu einer Erhöhung der Gedächtnisleistungen.

Die weiter oben angestellten Betrachtungen zu der CD-ROM über van Gogh kommen zu anderen Ergebnissen, wobei diese Ergebnisse durch die Untersuchung des Bildschirms noch unterstützt werden. Bei den positiven Aussagen über Multimedia fällt auch auf, dass hauptsächlich von der Steigerung der Informationsaufnahme und der Gedächtnisleistungen die Rede ist. Das Verstehen und kritische Prüfen wird kaum thematisiert.

Die in der Öffentlichkeit genannten Vorteile von Multimedia haben wahrscheinlich wenig zu tun mit den tatsächlichen Gründen für die Beliebtheit der neuen Technik. Wie groß der Raum ist, den Multimedia in den Vorstellungen und Hoffnungen vieler Menschen einnimmt, kann man daran ablesen, dass die Bezeichnung im Jahre 1995 von der »Gesellschaft für deutsche Sprache« zum Wort des Jahres gewählt wurde. Einen solchen Rang nehmen in der Regel nur Wörter ein, die sich auf Inhalte beziehen, die über das Nüchterne und Praktische hinausgehen. (1999 war »Millenium« das Wort des Jahres.)

Wieso entwickeln viele Menschen ein Interesse an Multimedia, das weit über den praktischen Nutzen hinausgeht? Da dürfte einmal eine Rolle spielen, dass ein multimediafähiger Computer auch dem privaten Nutzer Möglichkeiten eröffnet, die ihm den Eindruck vermitteln, den Anschluss an die Informationsgesellschaft gefunden zu haben. Multimedia macht aus dem Computer ein Gerät, das einen reizvollen und risikofreien Zugang zur Welt eröffnet. Es ist zu vermuten, dass die Integration (als eine Eigenschaft von Multimedia) nicht nur als das Zusammenführen verschiedener Medien erlebt wird, sondern darüber hinaus als die Möglichkeit, die schwer zu überschauende, widersprüchliche und schwer zu begreifende Welt auf dem eigenen Bildschirm so zusammenzuführen, dass sie verständlich wird und in den Griff zu bekommen ist. Dabei kommt der Zugang, den Multimedia zur Welt eröffnet, der weiter oben beschriebenen Tendenz entgegen, den Schwerpunkt der eigenen Existenz mehr und mehr in die Medienwelt zu verlegen. Anders ausgedrückt: Multimedia eröffnet einen Zugang zur Welt, bei dem man dieser Welt nicht ausgesetzt ist. Bezeichnend, dass in diesem Zusammenhang gern davon die Rede ist, der Nutzer habe mithilfe von Computer, Internet, Multimedia und dergleichen »Zugriff auf …«. Wer Zugriff hat, ist Herr der Lage.

Die Eigenschaft »Interaktivität« legt meines Erachtens über das damit tatsächlich Gemeinte hinaus den Eindruck nahe, man könne seine Bedürfnisse befriedigen, ohne auf andere Menschen angewiesen zu sein. An die Stelle sozialer Aktivitäten tritt die Interaktion mit Maschinen, wobei Menschen simuliert werden können.

Die Digitalisierung als dritte Eigenschaft von Multimedia ist das Mittel, mit dessen Hilfe der »Zugriff« auf alles und jedes gelingt, allerdings um den Preis, dass sich das Wesen verflüchtigt.

Was für Multimedia gilt, dass es nämlich seiner raschen Ausbreitung Hoffnungen verdankt, die es weckt, das gilt für die Informationsgesellschaft insgesamt. Die Entwicklungen, die sich in den letzten Jahren unter dieser Bezeichnung vollzogen haben, werden nur verständlich, wenn man in Betracht zieht, dass hier legitime Bedürfnisse und Hoffnungen als Triebkräfte wirken.

Dazu gehört zum einen alles, was mit Mündigkeit, Selbstbestimmung und Freiheitsstreben zu tun hat. Der mündige Mensch möchte nicht durch Vorschriften, Traditionen oder Meinungen zu seinen Handlungen bestimmt werden. Er braucht ein klares Bewusstsein der Gründe, nach denen er sich richtet. Er will sich diese Gründe selbstständig erarbeiten, damit er nicht beeinflusst wird. In dem Maße, wie das gelingt, beginnt für den einzelnen Menschen die Wirklichkeit der Freiheit.

Ein anderes Motiv, das der Informationsgesellschaft Anziehungskraft verleiht, hat damit zu tun, dass viele Menschen tief in ihrem Inneren auf einem Weg sind, der die menschlichen Beziehungen auf eine neue Grundlage stellt. Gegenwärtig ist es für die meisten Menschen so, dass sie in ihrer Umgebung verschiedene Gemeinschaften vorfinden. Einigen von ihnen schließen sie sich – mehr oder weniger freiwillig – an. Was den Gemeinschaften Zusammenhalt gibt, was ihre Mitglieder miteinander teilen, ist ganz unabhängig von den einzelnen Menschen bereits vorhanden: ein religiöser Glaube, eine Volks- oder Familienzugehörigkeit, eine politische Überzeugung, ein Hobby wie Fußballspielen oder Briefmarkensammeln.

Was heute gesucht wird, ist eine neue Form der Gemeinschaft,

242

eine Gemeinschaft, die durch nichts anderes entsteht als dadurch, dass sich der eine Mensch dem anderen zuwendet und sich für ihn interessiert. Joseph Beuys nannte das, was sich dann bilden kann, die soziale Plastik oder Wärmeplastik. Sie ist so lange nicht da, bis sie durch die Impulse der Individuen, die sich begegnen, hervorgebracht wird. In diese Form der Gemeinschaft kann der einzelne Mensch eintreten, ohne seine Freiheit zu verlieren.

Der Medienphilosoph Vilém Flusser hat Überlegungen zur Informationsgesellschaft angestellt, die Parallelen zu den hier entwickelten Gedanken enthalten. Flusser nennt zwei Bedeutungen der Bezeichnung »Informationsgesellschaft«. Bei der einen stehen äußere Aspekte im Vordergrund. Die Informationsgesellschaft wäre demnach etwas, das entsteht, weil das Herstellen, Verarbeiten und Verteilen von Informationen so stark zunimmt, dass es größere Bedeutung gewinnt als die industrielle Produktion.

Die zweite Bedeutung, die Flusser interessanter findet, hat damit zu tun, dass die Menschen anfangen, ihre Beziehungen auf eine neue Grundlage zu stellen. Flusser stellt fest, die Gesellschaft im Sinne einer Superstruktur – als Beispiele werden genannt die Klasse, die Religion, die Wirtschaft, die Volkszugehörigkeit – verliere ihre Bedeutung. An ihre Stelle trete ein neuer Unterbau, nämlich die zwischenmenschlichen Beziehungen. Wörtlich heißt es dann weiter:

»Diese Einsicht nun, wonach die einen jeden von uns mit anderen verbindenden Fäden unser konkretes Dasein ausmachen, wonach (um dies anders zu sagen) die Kommunikation die Infrastruktur der Gesellschaft ist, führt zum Errichten der Informationsgesellschaft im hier gemeinten Sinne dieses Wortes. Aufgrund dieser Einsicht ist es geradezu zwingend, eine Gesellschaftsform anzustreben, worin sich jeder im Informationsaustausch mit anderen verwirklicht.«[87]

Nachdem Flusser die qualitative Informationsgesellschaft beschrieben hat, beeilt er sich festzustellen, es sei völlig utopisch, sie zu verwirklichen. Sie setze nämlich Offenheit und Hingabe voraus; das Gegenteil davon sei aber bei den Menschen vorhanden, nämlich die Tendenz zur Selbstbehauptung und zur Abkapselung. Diese Hindernisse werden aber nur angeführt, damit Flusser sie mit dem Zaubermittel der »Telematik« aus dem Felde schlagen kann. (Er versteht darunter das Zusammenwirken aller jener Neuerungen, die die Informations- und Kommunikationstechnologie ausmachen):

»Telematik ist dann jene Technik, dank welcher wir einander näherrücken, ohne dabei irgendwelche Anstrengungen machen zu müssen. Es ist jene Technik, in deren Verlauf die Voraussetzung für eine Informationsgesellschaft im hier gemeinten Sinn durch Apparate hergestellt wird, welche die Offenheit des einen zum anderen, die Anerkennung des einen im anderen automatisch zuwege bringen, und zwar durch Apparate wie Telefone, Computerterminals mit reversiblen Kabeln oder Faxe. Anders gesagt: Telematik ist jene Technik, welche das Errichten einer Gesellschaft zum Verwirklichen des einen im anderen aus dem Utopischen ins Machbare überträgt: die Informationsgesellschaft im hier gemeinten Sinn in absehbarer Zukunft ermöglicht.« [88]

Flusser spürt deutlich, dass viele Menschen innerlich zu einer neuen Art der Gemeinschaftsbildung unterwegs sind. So sensibel er an diesem Punkt ist, so unsensibel ist er gegenüber der Technik. Apparate sollen die menschliche Neigung zu Abkapselung und Egoismus überwinden. Automatisch, so wird ausdrücklich betont, soll das geschehen und ohne Anstrengung für die Menschen.

Der weitere Text macht deutlich, warum Flusser den Apparaten so viel und den Menschen so wenig zutraut. Das hat mit seiner Überzeugung zu tun, »dass der Begriff des ›Selbst‹ und alle seine Synonyme (etwa Identität, Individualität, auch Geist und Seele) keine Tatsache meint, sondern etwas nur Virtuelles«. Flusser fährt dann weiter fort:

»›Ich‹ ist der Name, der konvergierende Beziehungen bezeichnet, und wenn alle Beziehungen, eine nach der anderen, abgezogen werden, dann bleibt kein ›Ich‹ übrig. Anders gesagt: ›Ich‹ meint, dass andere ›Du‹ dazu sagen. Die Informationsgesellschaft wäre demnach eine Strategie zur Verwirklichung der Virtualität ›Ich‹ in der Virtualität ›Du‹, also zum Abschaffen der Ideologie von einem Selbst zugunsten der Erkenntnis, dass wir einer für den anderen da sind und keiner für sich selbst da ist. Und Telematik wäre danach die Technik, die eine Abschaffung des Selbst zugunsten der intersubjektiven Verwirklichung automatisch herstellt.«[89]

Der Text weist auf soziale Kräfte hin, die sich gegenwärtig in vielen Seelen bemerkbar machen. Zugleich wird deutlich, warum diese Kräfte nicht zu dem führen, was eigentlich gesucht wird, sondern warum sie zunächst das Gegenbild des eigentlich Gesuchten stark machen. Der Grund liegt in dem Menschenbild, das heute weitgehend das Denken beherrscht. Indem es das Ich leugnet, wird genau jene Kraft geschwächt, auf die es bei den Bemühungen um die neue Form der Gemeinschaft ankommt.

12. Medien und Computer aus der Sicht der anthroposophischen Geisteswissenschaft

Die bisherigen Ausführungen weisen bereits viele Bezüge zur Anthroposophie auf. Vor allem das Menschenverständnis, von dem bei der Beurteilung der Medienwirkungen ausgegangen wurde, basiert darauf. Was die angewandte Methode betrifft, so ist offensichtlich, dass ich eine deutliche Vorliebe für die phänomenologische Vorgehensweise habe. Diese Methode spielt auch in der Anthroposophie eine große Rolle. Steiner knüpft dabei an Goethe an. Dessen Aufsatz »Der Versuch als Vermittler zwischen Subjekt und Objekt« hat für mich eine zentrale Bedeutung.

Im Folgenden sollen weitere Erkenntnisse der Anthroposophie herangezogen werden, um das Verständnis von Medien und Computern zu vertiefen. Der Beginn sei mit Gedanken Steiners zur gegenwärtigen Epoche gemacht, die von ihm als Zeitalter der Bewusstseinsseele bezeichnet wird. Wir Menschen stehen nach Steiner in dieser unserer Epoche vor der Aufgabe, uns im Leben nur noch nach dem zu richten, wovon wir uns durch eigene Bemühungen ein klares Bewusstsein verschafft haben, sodass wir in der Lage sind, aus Einsicht zu handeln. Ein solches Handeln bildet die Voraussetzung dafür, ein freier Mensch sein zu können.

Zu den Einsichten, die in unserem Bewusstsein so lebendig werden sollen, dass wir selbstbestimmt und eigenverantwortlich handeln können, gehören solche über das Wesen des Menschen, über seine geistige Herkunft und über die Erde als Ganzes mit all ihren Geschöpfen.

Im Vorangegangenen ist bereits davon die Rede gewesen, dass das Buch seinen Aufschwung der Tatsache verdankt, dass die Menschen einerseits den Wunsch verspürten, ihren Horizont zu erweitern, dies andererseits aber als Individuum tun wollten. Die Medien, an deren Anfang das gedruckte Buch steht, übernehmen dabei verschiedene Funktionen. Sie schaffen die Voraussetzungen für einen weiten Weltblick und dienen als einigendes Band, wie Steiner sich ausdrückt, zwischen den Individuen.

Daneben gibt es noch andere, uneingestandene oder verdeckte Funktionen. Sie hängen damit zusammen, dass die Bewusstseinsseele, die auch heute noch bei den meisten Menschen am Anfang ihrer Entwicklung steht, sich noch lange nicht die Fähigkeiten erworben hat, die einen auf selbstständige Einsicht gegründeten Zugang zu den erforderlichen Erkenntnissen ermöglichen. Zugleich sind aber alte Kräfte bereits verloren, sodass eine schwierige Übergangssituation entstanden ist.

Damit übernehmen die Medien nicht nur die mit dem neuen Zeitalter heraufkommenden Aufgaben. Es zeigt sich bald, dass sie sich auch dazu eignen, Illusionen zu nähren und Belastungen zu verdrängen. Das hat mit einer Eigenschaft zu tun, die der Entwicklung der Bewusstseinsseele genau entgegengesetzt ist: Die Medien wirken – in unterschiedlichem Grade – bewusstseinsdämpfend. Das hat, wie gezeigt wurde, mit dem Herausfiltern des Geistig-Seelischen und der Einschränkung der Sinnestätigkeit zu tun.

Zu den Nebenwirkungen gehört auch, dass bei den elektronischen Medien die Bewusstseinsdämpfung so auftritt, dass Erinnerungen an die Zeit vor der Epoche, in der die Bewusstseinsseele entwickelt werden muss, auftauchen. Rudolf Steiner bezeichnet diesen Abschnitt als Zeit der Verstandes- und Gemütsseele. Für die praktischen Erfordernisse des Alltags hatten die Menschen einen »schlagkräftigen Verstand«. Tiefere Fragen enthüllten sich dem Auge des Gemütes, wie Rudolf Steiner das Organ nennt, mit dessen Hilfe innere Bilder »gesehen« wurden, die Antwort auf diejenigen Fragen gaben, die auf den geistigen Hintergrund des Daseins zielten.

Wenn die inneren Bilder erschienen, wurde das Bewusstsein der Menschen herabgedämpft. Sie wussten nicht, woher ihnen die Bilder kamen und wie sie entstanden – ein Zustand, der mit der Bewusstseinsseele unvereinbar ist. Um die Weiterentwicklung der Menschheit zu ermöglichen, musste das »Auge des Gemütes erblinden«, wie Rudolf Steiner sich ausdrückt. Dieses Erblinden wurde als schmerzlicher Verlust erlebt, ein Verlust, an dessen Überwindung wir bis heute arbeiten. Zugleich entstand etwas, das man Bildhunger nennen kann. Die Menschen versuchten, sich durch äußere Bilder von dem Fehlen der inneren Bilder abzulenken.

Besonders attraktiv wurden diejenigen Medien, die einen Bewusstseinszustand hervorrufen, der dem verloren gegangenen nahe kommt. Der Film dämpft das Bewusstsein und erzählt wie der Mythos etwas mithilfe von Bildern, wobei sich die Bilder gegenseitig deuten. Im Leben komme ich im Laufe eines Tages in immer neue Situationen, von denen ich viele für zufällig halten muss, weil mir meine beschränkten Fähigkeiten nicht erlauben, zwischen ihnen einen Zusammenhang zu erkennen. Was habe ich zum Beispiel mit den drei Menschen zu tun, die am Nebentisch sitzen und die ich, ob ich will oder nicht, seit einer halben Stunde beobachte? Wenn ich gleich aufstehe und das Café verlasse, werden sie aus meinem Bewusstsein verschwinden – wahrscheinlich für immer.

Wenn hingegen die Kamera in einer Szene, die ein Café zeigt, immer wieder auf bestimmten Menschen ruht, kann der Zuschauer sicher sein, dass dies eine Bedeutung hat, die sich früher oder später enthüllt, wenn diese Menschen in ihrer Rolle wieder auftauchen. Dieser Zusammenhang, durch den das einzelne Ereignis ohne mein Zutun einen Sinn bekommt, weil die Bilder sich gegenseitig deuten, wird als sehr befriedigend empfunden.

Der Film und verwandte Medien sprechen aber nicht nur solche Bedürfnisse an, die sich aus der Vergangenheit erhalten haben (wobei diese Bedürfnisse umso lebhafter sind, je schwächer die neuen Fähigkeiten sind). Es werden auch Erwartungen berührt, die mit diesen neuen Fähigkeiten, durch die das Auge des Gemütes wieder sehend werden soll, zusammenhängen. Es handelt sich dabei zum Beispiel um Wahrnehmungen, bei denen die Organe des physischen Leibes keine Rolle spielen. Genau diesen Eindruck, nämlich leibfreie Wahrnehmungen zu haben, vermitteln Kinoleinwand und Bildschirm. Das beginnt schon damit, dass ich etwas sehe, für das mein Standort in der physischen

Welt bedeutungslos ist. Ein weiteres Beispiel ist die Großaufnahme eines menschlichen Kopfes. Nicht von ungefähr rannten die Menschen, die so etwas am Beginn des 20. Jahrhunderts zum ersten Mal sahen, entsetzt aus dem Kino. Sie mussten annehmen, man zeige ihnen abgeschnittene Köpfe. Tatsächlich ist es in Wirklichkeit nicht möglich, einen anderen Menschen ohne Hilfsmittel und ohne innere Anstrengung so wahrzunehmen, dass wir nur seinen Kopf sehen. Weitere Beispiele sind leicht zu finden, zum Beispiel die Eindrücke, die durch Kameraschwenks und Kamerafahrten entstehen. Oder die durch einfachen Bildwechsel entstehenden Sprünge von Kontinent zu Kontinent und von Epoche zu Epoche.

So vermischen sich in den Medien Elemente, die mit der Vergangenheit, und solche, die mit der Zukunft zu tun haben. Natürlich gibt es auch einen kräftigen Bezug zur Gegenwart. Er besteht – immer unter dem Gesichtspunkt der Nebenwirkungen – darin, dass Probleme und Leiden für eine Weile überlagert werden.

Die Fähigkeiten, mit deren Hilfe die Bewusstseinsseele die Grenzen von Raum und Zeit wieder überwinden soll, werden von der Anthroposophie als Imagination, Inspiration und Intuition bezeichnet. Auch hier zeigen sich erstaunliche Bezüge. Die Imagination kann als ein inneres, ein geistiges Sehen bezeichnet werden, mit dem das Denken gesteigert und erweitert wird. Die Imagination hat bildhaften Charakter. Die Bilder sind frei beweglich. Was an Formen und Farben wahrgenommen wird, ist flächig und hat keinen Bezug zum Raum und zu dreidimensionalen Gegenständen. Die Beweglichkeit ist so groß, dass man meint, den Boden unter den Füßen zu verlieren, wie Rudolf Steiner bei der Charakterisierung von Imaginationen bemerkt.[90]

Je mehr man sich mit Imagination beschäftigt, umso deutlicher wird, dass die technisch projizierten Medienbilder Imaginationen nachahmen und nachäffen. Diese Ähnlichkeit ist einer der Gründe für die Beliebtheit der maschinell erzeugten Bilder. Wer sich mit technischem Ersatz zufrieden gibt, zahlt allerdings einen hohen Preis. Die von außen an den Menschen herangetragenen »Imaginationen« schwächen genau jene Fähigkeiten, die gesteigert werden müssen, um aus eigener Kraft Imaginationen hervorzubringen.

Mit den Imaginationen erlebt der Mensch, da es sich um Bilder handelt, zunächst nur Hinweise auf Übersinnliches. Die Inspiration führt zu einer wirklichen Berührung. Eine Ahnung von dem, worum es geht, vermitteln am ehesten musikalische Erlebnisse. Eine Fuge von Bach auf einer CD kann im Hörer zu Eindrücken führen, bei denen er zugleich erlebt, dass sie von Geistwesen herrühren. Die technischen Tonmedien setzen sich an die Stelle der echten Inspiration. Viele Menschen schaffen sich mit ihrer Hilfe eine Art Klanghülle, durch die sie ein Stück weit von allem Irdischen entrückt sind.

Die Intuition führt von einer Berührung zur Verschmelzung, von einer Steigerung des Fühlens zu einer Verstärkung des Wollens. Wer sich ganz einer Idee hingibt, zum Beispiel der Idee der freien Schule, und aus dieser Idee seine Einfälle und seine Kraft schöpft, der handelt aus Intuition. (Damit ist selbstverständlich nur auf eine der möglichen Formen, in der Intuition auftreten kann, hingewiesen. Diese Einschränkung gilt auch für das über Imagination und Inspiration Gesagte.)

In Erscheinungen, für die Computerspiele typische Beispiele sind, kann man so etwas wie eine Negativform der Intuition sehen. Bei einem Computerspiel verbindet sich der Spieler so mit der Maschine, dass er sie nicht von außen steuert, sondern mittendrin sitzt und mit ihr verschmilzt. Dem könnte entgegengehalten werden, dass sei auch schon beim Autofahren der Fall. In einem gewissen Sinn ist das sogar richtig, und das viele Autofahren trägt wahrscheinlich dazu bei, dass die Computerspiele so gern angenommen werden. Es besteht aber doch ein erheblicher Unterschied. Auch wenn ich im Auto drin sitze und es dirigiere, kann doch ohne große Mühe verhindert werden, dass es mich ganz vereinnahmt. Dabei hilft, dass der größte Teil meiner Aufmerksamkeit von Dingen in Anspruch genommen wird, die mit dem Auto gar nichts zu tun haben (äußere Umgebung, andere Verkehrsteilnehmer, Mitfahrer). Das ist bei einem Computerspiel anders. Da ist alles, was ich erlebe, Teil der Maschinenwelt. Diese

Maschinenwelt entsteht, zumindest teilweise, durch mein Erleben und Handeln und wirkt darauf zurück. Dadurch gerät der Mensch in eine Maschinenumgebung, die ihn ganz umschließt und in die er hineinverflochten ist.

Es kommt hinzu, dass bei Computerspielen auch die illusionären Imaginationen und Inspirationen hineinwirken. So entsteht ein überaus verlockendes Angebot, das aber auch überaus wirksam Fähigkeiten schwächt und verhindert. Der Spieler kommt in eine Situation, in der er bei höchster Anspannung nur zu minimalen Aktivitäten in der Lage ist. Es kommt zu einem tiefen Eingriff in das organische Zusammenwirken der menschlichen Anlagen. Sie werden herausgelockt und zugleich in elektronische Ketten gelegt.

Ein weiterer Komplex von Medienwirkungen wird sichtbar, wenn bedacht wird, dass der Lebensschauplatz, der dem Menschen natürlicherweise zugewiesen ist, Bedingungen enthält, die unabdingbare Voraussetzungen für die Entwicklung von Selbstbewusstsein sind, Bedingungen, die der Medienwelt fehlen. Rudolf Steiner weist wiederholt oft darauf hin, dass der Mensch seine Fähigkeiten Kräften verdankt, die aus dem Kosmos hereinwirken. Nur das Selbstbewusstsein mache eine Ausnahme. Es entwickle sich aufgrund von Einflüssen, die mit der Erde zusammenhängen. Will man das verstehen, können folgende Überlegungen hilfreich sein. Wenn wir die Welt wahrnehmen, werden meistens zugleich Fragen wach, Fragen, die durch weitere Wahrnehmungen keine Antwort finden. Warum wird es, während ich am Schreibtisch sitze, draußen dunkel? Wenn zu den Wahrnehmungen nicht das Denken hinzukäme, blieben die einfachsten Fragen offen.

Das Zusammenspiel von Wahrnehmung und Denken führt zu einem Pendeln zwischen innen und außen. Zum einen gibt es die Gegenstände draußen im Raum, zum anderen sind da die Vorstellungen und Fragen im Inneren des Menschen. Der Mensch wird durch das, was von außen an ihn herandringt, dazu herausgefordert, in seinem Inneren durch Denken die fehlende Antwort zu finden. Dabei erlebt er: Meine Tätigkeit ist es, die die Antworten hervorbringt; ich denke.

In dem Kapitel »Die Erde und ihre Zukunft« beschreibt Rudolf Steiner diesen Sachverhalt mit folgenden Worten:

»Die farbige Welt, die tönende und so weiter, welche der frühere Mensch also in seinem Inneren wahrgenommen hat, tritt ihm während des Erdenlebens draußen im Raume entgegen. Dafür aber tritt in seinem Innern eine neue Welt auf, die Vorstellungs- oder Gedankenwelt. Von Vorstellungen oder Gedanken kann man beim Mondbewusstsein nicht reden. Dasselbe besteht lediglich in den gekennzeichneten Bildern. Ungefähr um die Mitte der Erdentwicklung – die Sache bereitet sich eigentlich schon etwas früher vor – tritt in dem Menschen die Fähigkeit auf, sich Vorstellungen und Gedanken über die Gegenstände zu bilden. Und diese Fähigkeit bildet auch die Grundlage für das Gedächtnis und das Selbstbewusstsein. Erst der vorstellende Mensch kann die Erinnerung an das ausbilden, was er wahrgenommen hat; und erst der denkende Mensch gelangt dazu, sich als ein selbstständiges selbstbewusstes Wesen von seiner Umgebung zu unterscheiden, sich als ein ›Ich‹ kennen zu lernen.«[91]

Diese Gedanken können dazu führen, Hochachtung und Wertschätzung für das zu bekommen, was wir geneigt sind, für das Selbstverständlichste zu halten. Der Raum mit seinen drei Dimensionen bietet uns einen Standort, auf dem nur wir stehen können, und er bietet Platz für Gegenstände, die uns draußen im Raum gegenüberstehen. Durch den Gegensatz von innen und außen entstehen Fragen, die durch innere Aktivität beantwortet werden können. Durch diese innere Aktivität erwacht der Mensch zu sich selbst. Er bemerkt: Von meiner Denkaktivität hängt es ab, ob ein Problem gelöst wird. Aus dem Bewusstsein, das auch der Träumende hat, wird so ein Selbstbewusstsein. Der Mensch tritt in ein Verhältnis zu sich selbst. Damit entsteht auch die Möglichkeit, dass er seine Gedanken und Handlungen prüft und hinterfragt. Er kann sich Rechenschaft ablegen über die Motive, die er seinen Handlungen zugrunde legt, und er kann schließlich entscheiden, welche Motive er auswählt, um seine Handlungen danach auszurichten. Damit wird deutlich, dass Selbstbewusstsein zu den Vorbedingungen der Freiheit gehört.

Welche Rolle Medien in diesem Zusammenhang spielen, hängt davon ab, wie sie benutzt werden. Sie lassen sich so verwenden, dass mit ihrer Hilfe das Vergangene und das Entfernte ins Hier und Jetzt geholt wird und Bereicherung eintritt. Es ist aber auch möglich, mit ihnen das Hier und Jetzt auszulöschen. Das geschieht besonders leicht bei den elektronischen Medien. Ein Fernsehapparat steht zwar – als Gegenstand betrachtet – für den Zuschauer draußen im Raum. Zugleich wirken aber verschiedene Faktoren so, dass die Bedeutung, die damit normalerweise verbunden ist, aufgehoben wird. Das beginnt damit, dass der individuelle Standort des Zuschauers für das, was er sieht und hört, bedeutungslos ist. Schon dadurch wird die Beziehung zwischen dem Wahrnehmenden und dem Wahrgenommenen geschwächt. Der unbeteiligte, in keiner Weise einbezogene Zuhörer und Zuschauer entsteht.

Bei den technischen Bildmedien kommt noch die Wirkung des Starrens hinzu. Der Zuschauer wird gezwungen, die Welt so zu betrachten, wie er es sonst nur beim Dösen und Tagträumen tut. Durch Akkomodieren und Fixieren stellen wir uns in der natürlichen Welt auf die Entfernung der verschiedenen Gegenstände ein. Dabei hilft der Bewegungssinn, die Augenmuskeln richtig zu betätigen. Die Wahrnehmungen des Bewegungssinns bleiben zwar weitgehend unbewusst, Rudolf Steiner betont aber, dass sie doch genügen, um den Betrachter allein aufgrund des Augenscheins davon zu überzeugen, dass der Raum und die Gegenstände in ihm wirklich existieren. Bei Film und Fernsehen wird der Bewegungssinn ruhig gestellt. Die perspektivisch korrekten Abbildungen führen so zwar zu Raumvorstellungen, nicht aber zu einem wirklichen Raumerlebnis. Das Starren bewirkt außerdem tranceartige Zustände, die mit Bewusstseinsdämpfung und Einschränkung der Denktätigkeit einhergehen. Nimmt man noch hinzu, dass die Bilder die Neigung haben, sich selbst zu deuten, dann wird verständlich, dass an die Stelle des Selbstbewusstseins ein Bilderbewusstsein treten kann, bei dem der Zuschauer seine eigene Individualität nur schwach erlebt. Wird die räumliche Welt aus dem Wahrnehmungshorizont ganz verdrängt, wie das beim Eintauchen in virtuelle Welten der Fall ist, dann bedeutet das ein Verleugnen des Lebensschauplatzes, der dem Menschen zugewiesen wurde. Dieser Lebensschauplatz ist aber unersetzbar.

Mit der Unterdrückung des Raumes korrespondiert die Ruhigstellung des Leibes. Damit kommt eine Entwicklung zum Abschluss, die sich historisch in drei Schritten vollzogen hat. Der erste Schritt hängt mit dem achten ökumenischen Konzil von Konstantinopel zusammen (869), auf dem die Auffassung, der Mensch bestehe aus Körper, Seele und Geist, für ketzerisch erklärt wurde. Leib und Seele blieben allein übrig, geistige Leistungen, so hieß es, seien Funktionen der Seele. Rudolf Steiner spricht im Zusammenhang mit dem Konzil von Konstantinopel, das er für außerordentlich folgenreich hält, von einer Abschaffung des Geistes.

Der nächste Schritt, die Abschaffung der Seele, geschah im 19. Jahrhundert, als der naturwissenschaftliche Materialismus behauptete, Gefühle und Gedanken kämen aus Nervenzellen. Die Ausbreitung von Medien und Computern bewirkt jetzt den dritten Schritt: die Abschaffung des Leibes.

Selbstverständlich haben wir nach wie vor unseren Leib, wie wir auch noch Seele und Geist haben. Es bedeutet aber eine Schwächung, wenn das, was man hat, geleugnet oder nicht geschätzt wird. Letzteres ist jetzt auch noch in Bezug auf den Leib der Fall. Beim Versuch, in das Datenmeer des Cyberspace einzutauchen, wird er zunehmend als lästig und altmodisch empfunden. Viele Tätigkeiten, denen die Menschen heute nachgehen, sind so geartet, dass der Leib nicht einbezogen ist. Stundenlange Bewegungslosigkeit ist das Ergebnis.

Das hat vielfältige Folgen. Unter dem Stichwort »Sensomotorik« hat die Anthropologie in den letzten Jahren eingehend den Zusammenhang von Wahrnehmung und Bewegung erforscht. Es hat sich gezeigt, dass hier der Ausgangspunkt aller leiblichen, aber auch seelischen und geistigen Entwicklung liegt. Das Kleinkind, das versucht, einen Gegenstand, den es sieht, zu ergreifen, setzt durch seine Bemühungen einen Strom von Entwicklungen in Gang. Jean Piaget spricht im Hinblick auf das kleine Kind von der Phase der sensomotorischen Intelligenz. Dabei sieht er das Herzstück der Sensomotorik in der Koordinierung von Sehraum und Greifraum. Beim Apfelschälen und Schleifebinden sind die Kinder auf diesem Felde tätig. Jeder Eingriff in den Zusammenhang von Wahrnehmung und Bewegung führt beim Kind zu Entwicklungsstörungen, hat aber auch beim Erwachsenen noch einschneidende Folgen. Es sei in diesem Zusammenhang angemerkt, dass es beim Hantieren am Computer weder einen Sehraum noch einen Greifraum gibt. Die Augen starren auf eine Fläche, und auch die Hände bewegen sich in der Ebene. Außerdem gibt es nichts miteinander zu koordinieren.

Aus anthroposophischer Sicht muss Folgendes ergänzt werden. Der Leib, vor allem alles, was mit dem Stoffwechsel und den Gliedmaßen zu tun hat, ist das physische Widerlager des Willens. Hier ist er – ganz im Unbewussten bleibend – tätig. Von hier steigt er auf und lebt im Trieb und in der Begierde. Er gibt aber auch dem Denken Kraft. Ohne den Willen ist das Denken nicht in der Lage, Ideen so zu ergreifen, dass sie zu Motiven des eigenen Handelns werden können. Ohne den Willen ist das Denken auch nicht in der Lage, das Bewusstsein in Selbstbewusstsein zu verwandeln.

Der Zusammenhang zwischen Denken und körperlicher Tätigkeit kann täglich erlebt werden. Wer am Schreibtisch sitzt und über einem Problem brütet, der steht gern auf, um ein paar Schritte zu tun oder um ein paar Handgriffe zu erledigen. Oft genug fällt dabei die gesuchte Lösung ein. Der Wille, durch die Bewegungen angeregt, hat das Denken belebt.

Bewegung ist sicher nicht die einzige Möglichkeit, den Willen anzuregen. Auch Ideen, die begeistern, ziehen den Willen an. Im Cyberspace sind beide Quellen verstopft. Der bewegungslose Mensch, in tranceartige Zustände versunken, ist von Unwesentlichem umgeben.

An dieser Stelle soll die Wirkung der Medien auf den Bereich des Ätherischen untersucht werden. In den vorangehenden Kapiteln war davon noch nicht die Rede, weil die Betrachtung des Ätherischen in dem hier gemeinten Sinn die Anthroposophie voraussetzt. Rudolf Steiner verstand darunter Kräfte, die im Lebendigen wirken und jedem Wesen seine artspezifische Gestalt geben. Ätherkräfte sind beim Menschen auch wirksam in der Verdauung, der Atmung, und auf ihnen ruht die Fortpflanzungsfähigkeit. Was wir Abwehrkräfte nennen, mit denen wir uns Krankheiten vom Leibe halten, beruht ebenfalls auf dem Ätherischen.

Die Ätherkräfte sind unentwegt in Bewegung. Auf ihrer Regsamkeit beruhen beim Menschen die Tätigkeit der Organe und der ständige Auf- und Abbau der Knochen, der Fette und so fort. Beim Menschen liegt die Besonderheit vor, dass nicht alle Ätherkräfte in organische Prozesse eingebunden sind. Dieser freien Ätherkräfte bedient sich die Seele zum Beispiel beim Denken.

Will man sich ein Bild davon machen, wie die Ätherkräfte zum Beispiel einen Knochen aufbauen, dann muss man sich vorstellen, das unentwegt die vielfältigsten Bildebewegungen ausgeführt werden. Die Strömungsformen des Wassers, das eine besondere Aufnahmefähigkeit für das Ätherische hat, kommen dem am nächsten.

Der Mensch kann die Bewegungen und die Beweglichkeit des Ätherischen anregen, und er kann sich so verhalten, dass die Ätherkräfte eher erstarren. Rudolf Steiner hat zwei neue Schulfächer in den Fächerkanon der Waldorfschule eingeführt, Formenzeichnen und Eurythmie, die beide eine enge Beziehung zum Ätherischen haben und die sowohl durch die damit zusammenhängende Tätigkeit als auch durch die sich dabei ergebenden Wahrnehmungen auf eine Verlebendigung des Ätherischen zielen.

Nach diesen Vorbemerkungen sind die Voraussetzungen dafür geschaffen, den folgenden Text Rudolf Steiners aus dem Jahre 1917 zu verstehen.

»Nehmen Sie so etwas, wie ich es heute gesagt habe, nicht in dem Sinne eines Agitatorischen, sondern in dem Sinne von etwas, das aussprechen will, was ist. Der Mensch muss gewiss mit seiner Zeit leben und soll mit seiner Zeit leben, und er soll nicht, wenn irgendetwas charakterisiert wird, das so auffassen, als ob man damit meinte, dass alles und alles damit abgewiesen werde. Aber es soll das Gegengewicht geschaffen werden. Es ist heute nur natürlich, dass die Welt vor Impulsen steht, die ganz in den Materialismus hineinführen. Das kann nicht aufgehalten werden, denn dieses Hineinführen in den Materialismus, das hängt zusammen mit dem tiefen Bedürfnis unserer Zeit. Aber ein Gegengewicht muss geschaffen werden. Ich möchte sagen, alle Mächte stellen es darauf an, den Menschen ganz fest in den Materialismus einzuführen. Das kann nicht aufgehalten werden; es gehört zum Wesen des fünften nachatlantischen Zeitraumes. Aber das Gegengewicht muss geschaffen werden. Ein besonders hervorragendes Mittel, den Menschen in den Materialismus hineinzujagen, ist das, was von diesem Gesichtspunkte aus kaum bemerkt wird: der Kinematograph. Es gibt kein besseres Erziehungsmittel zum Materialismus als den Kinematographen. Denn das, was man in dem Kinematographen schaut, das ist nicht Wirklichkeit, wie sie der Mensch sieht. Nur eine Zeit, welche so wenig Begriff hat von der Wirklichkeit wie diejenige, welche die Wirklichkeit als Götzen im Sinne des Materialismus anbetet, kann glauben, dass der Kinematograph eine Wirklichkeit bietet. Eine andere Zeit würde darüber nachdenken. Ob der Mensch auf der Straße so geht wie im Kinematographen; und dann, wenn er sich fragt: Was hast du gesehen? – ob er wirklich das so im Bilde hatte, wie der Kinematograph es ihm vorstellt. Fragen Sie sich einmal ehrlich, aber tief ehrlich: Ist dasjenige, was Sie gesehen haben auf der Straße, näher dem Bilde, das sich nicht bewegt, das ein Maler Ihnen macht, oder dem schauderhaften Funkelbilde des Kinematographen? Wenn Sie sich ehrlich fragen, so werden Sie sich sagen: Das, was der Maler in Ruhe gibt, das gleicht viel mehr dem, was Sie selber auf der Straße sehen. Daher aber auch nistet sich, während der Mensch vor dem Kinematographen sitzt, das, was ihm der Kinematograph bietet, nicht in das gewöhnliche Wahrnehmungsvermögen ein, sondern in eine tiefere materielle Schicht, als wir sonst im Wahrnehmen haben. Der Mensch wird ätherisch glotzäugig. Er bekommt Augen wie ein Seehund, nur viel größer, wenn er sich dem Kinematographen hingibt. Ätherisch meine ich das. Da wirkt man nicht nur auf dasjenige, was der Mensch im Bewusstsein hat, sondern auf sein tiefstes Unterbewusstes wirkt man materialisierend. Fassen Sie das nicht auf wie eine Brandrede gegen den Kinematographen. Es soll ausdrücklich noch einmal gesagt werden: Es ist ganz natürlich, dass es Kinematographen gibt; die Kinematographenkunst wird noch immer mehr und mehr ausgebildet werden. Das wird der Weg in den Materialismus sein. Ein Gegengewicht muss geschaffen werden. Das kann nur darin bestehen, dass der Mensch mit der Sucht nach Wirklichkeit, die im Kinematographen entwickelt wird, etwas verbindet. Wie er da mit der Sucht entwickelt ein Heruntersteigen unter die sinnliche Wahrnehmung, so muss er ein Heraufsteigen über die sinnliche Wahrnehmung, dass heißt in die geistige Wirklichkeit, entwickeln. Dann wird ihm der Kinematograph nichts schaden; da mag er sich dann die kinematographischen Bilder ansehen, wie er will. Aber gerade durch solche Dinge wird der Mensch dahin geführt, indem kein Gegengewicht geschaffen wird, nicht so, wie es notwendig ist, erdenverwandt zu werden und zuletzt völlig abgeschnürt zu werden von der geistigen Welt.«[92]

Rudolf Steiner stützt seine Beurteilung des Films auf die besondere Art, wie im Kino Wirklichkeit präsentiert wird. Er unterscheidet zwischen den Eindrücken, die zum Bewusstsein kommen, und denen, die unbewusst bleiben. Die unbewussten Eindrücke entstehen durch die rasend schnelle Folge von starren Einzelbildern und Dunkelphasen. Hier liegt der Ursprung dessen, was Rudolf Steiner »ätherisch glotzäugig« nennt. Dass die »Glotze« das Auge zum Starren bringt, ist bekannt. Rudolf Steiner weist darauf hin, dass auch der Ätherleib erstarrt. Wie das Anschauen eurythmischer Bewegungen den Ätherleib belebt, so geht vom Film und verwandten Medien eine erstarrende Wirkung aus, weil die abgehackten Bewegungen, denen das Auge folgt, sich bis ins Ätherische hinein fortsetzen.

Bedeutsam ist auch der Hinweis, der Film wirke auf das tiefste Unbewusste materialisierend. Die Vergröberung des Ätherischen wird noch durch das verstärkt, was weiter oben die Trennung von Erscheinung und Wesen genannt wurde. Der Film zeigt reine Oberflächen, und er zeigt sie so, dass der Zuschauer gefallen daran findet, obwohl alles Seelische und Geistige fehlt.

Es ist in diesem Zusammenhang aufschlussreich, dass Rudolf Steiner den menschlichen Ätherleib auch Gewohnheitsleib nennt. Wenn das Kind nach langen Bemühungen so schreiben kann, dass es schließlich wie von selbst geht, dann hat sich eine neue Fähigkeit gebildet, und der Ätherleib ist der Ort, wo diese Fähigkeit eingeschrieben ist.

In der Waldorfpädagogik wird in den ersten Schuljahren großer Wert darauf gelegt, die Kinder zu Tätigkeiten anzuregen, die eine günstige Wirkung auf den Ätherleib haben. Das Bildhafte und das Künstlerische spielen dabei eine besondere Rolle. Der noch nicht ganz ausdifferenzierte Ätherleib des Kindes soll Eindrücke empfangen, durch die zum Beispiel gute Gewohnheiten veranlagt werden. Es können auch die Grundlagen für Schönheitssinn und Wahrheitssinn gelegt werden.

Es kann hier nur angedeutet werden, wie der Ätherleib seine Eindrücke empfängt. Wenn ein Kind viele Anstrengungen unternimmt, schöne Formen zu zeichnen, dann hat es die vielen Bemühungen bald vergessen. Sie sinken ins Unbewusste ab, das heißt, sie gehen in den Ätherleib ein und werden dort zur Grundlage dafür, Schönes hervorbringen und Schönes schätzen zu können.

Film und Fernsehen sind so etwas wie eine Antipädagogik, die beim Schulkind vor allem auf den Ätherleib wirkt. Statt guter Gewohnheiten werden schlechte veranlagt, so zum Beispiel die Erwartung, ohne Anstrengung und Gegenleistung mit vielfältigen und vergnüglichen Eindrücken bedient zu werden. Der ideale Konsument wird so erzogen. Man muss auch sagen, dass die unbewusst bleibenden Einzelbilder, die eingefrorene Bewegungen in bizarren Stellungen festhalten, einen Sinn für das Hässliche und Abstruse veranlagen. In diesem Zusammenhang ist es aufschlussreich, dass die ersten Momentaufnahmen von galoppierenden Pferden von den Betrachtern zurückgewiesen wurden, weil die festgehaltenen Bewegungsphasen derart absonderlich wirkten, dass die Betrachter überzeugt waren, der Fotoapparat habe nicht richtig gearbeitet.

Die Inhalte gehen einher mit Bewusstseinszuständen, die ihnen angemessen sind. Bei Film und Fernsehen wird der Zuschauer auf zwei Ebenen beeindruckt. Es gibt den Strom der Einzelbilder, die gänzlich unbemerkt bleiben, und es gibt das, was wahrgenommen wird, wobei das Bewusstsein aber gedämpft ist. Beim Formenzeichnen, um bei diesem Beispiel zu bleiben, gibt es diese Spaltung nicht. Alles, was das Kind wahrnimmt und tut, hat seine volle Aufmerksamkeit, und es gibt gar nicht anderes. Wird das dann wieder vergessen, gelangen Eindrücke in das Unbewusste, die vorher bewusst waren. Man kann auch sagen, das, was ins Unbewusste absinkt, war einmal vom Ich ergriffen, ist »durchicht« worden.

Rudolf Steiner legt darauf den größten Wert. Seine Forschungen haben ihn zu dem Ergebnis geführt, dass es für den Ätherleib einen großen Unterschied macht, wie die Eindrücke in ihn hineinkommen. Sind sie vom Ich berührt worden, dann wirken sie verlebendigend auf das Ätherische. Sie stehen auch anders zur Verfügung. Ein Kind, das in der Schule durch Formenzeichnen an seinem Schönheitssinn gearbeitet hat, ist als Erwachsener beim Anblick eines schönen Gegenstandes eher in der Lage, sich Klarheit darüber zu verschaffen, worauf die Schönheit beruht.

Die ungünstigen Wirkungen, die von den technischen Bildmedien auf das Ätherische ausgehen, liegen demnach auf drei Ebenen. Da ist einmal das Starren der Augen, das sich bis in den Ätherleib hinein fortsetzt. Dazu kommen die »Ablagerungen«, die durch die vorbeihuschenden Bilder entstehen, Bilder, die vom Ich nicht einmal berührt worden sind. Sie rumoren und belasten, wie unverdauliche Speisen den Magen belasten. Schließlich wird der Ätherleib auch im Sinne des Gewohnheitsleibes bearbeitet. Neben den bereits erwähnten Gewohnheiten im Bereich des Geschmacks werden auch Denkgewohnheiten (man erinnere sich an die Ausführungen zum Atomismus) und Neigungen, das Handeln betreffend, veranlagt.

Möglicherweise spielen die Medien auch bei Folgendem eine Rolle. Rudolf Steiner sieht die Zukunft der Menschheit bedroht durch etwas, das er Illusionskraft[93] nennt. Diese Kraft ist seiner

Auffassung nach zum Beispiel am Werk, wenn die Menschen versuchen, mit Erkenntnissen, die aus der Naturwissenschaft stammen, ihre eigene Wesenheit zu erklären. Das führt dann zu Vorstellungen wie denen, Menschen seien biologische Computer, würden sich also letztlich nicht von Maschinen unterscheiden.

Illusionskraft ist auch am Werk, wenn gegenwärtig fast täglich in der Zeitung zu lesen ist, die Zukunft Deutschlands liege im Internet, und wenn Politiker und Vertreter der Wirtschaft Maßnahmen einleiten, die zur Folge haben, dass möglichst viele Aktivitäten in Zusammenhang mit dem Internet auf den Weg gebracht werden. Wobei die Illusion nicht darin besteht, anzunehmen, das Internet werde eine immer größere Rolle spielen. Das Problem besteht in der Unfähigkeit oder Unwilligkeit, das Internet insgesamt, das heißt mit allen seinen Folgen, anzuschauen. Man kann auch von einer Schwächung des Wirklichkeitssinns sprechen und darin die Kehrseite der Illusionskraft sehen.

Diese Entwicklung hat sicher viele Ursachen. Eine davon könnte durchaus mit den Bildmedien zu tun haben. Tief im Unbewussten veranlagen sie die Gewohnheit, sich täuschen zu lassen. Im Kino lernt man die Bereitschaft, einen blühenden, von Bienen und Schmetterlingen umschwirrten Apfelbaum zu sehen, wo in Wirklichkeit nur bewegungslose Bruchstücke sind. Vielleicht muss man hier schon von Illusionskraft sprechen und noch mehr beim Lautsprecher, wo ein einziges Stück vibrierende Pappe ein ganzes Orchester vorstellen kann.

Studiert man das Werk Rudolf Steiners mit der Frage im Hintergrund, was die Medien für den Menschen bedeuten, dann ist man überrascht, wie oft man auf Aussagen trifft, die für das Verständnis der Medien fruchtbar gemacht werden können. Aus der Fülle der möglichen Bezüge soll noch ein Bereich herausgehoben werden, bei dem es um Äußerungen Steiners zum Bild geht. Die folgenden Zitate stammen aus einem Text, dem Rudolf Steiner die Überschrift »Die Freiheit des Menschen und das Michael-Zeitalter« gegeben hat:

»Wenn der Mensch in der gegenwärtigen Epoche des kosmischen Werdens mit den Sinnen wahrnimmt, so ist dies Wahrnehmen ein augenblickliches Aufleuchten von Welt*bildern* im Bewusstsein. Das Aufleuchten kommt, wenn der Sinn auf die Außenwelt gerichtet ist; es durchhellt das Bewusstsein; es verschwindet, wenn der Sinn sich nicht mehr an die Außenwelt richtet. – Was da in der Menschenseele aufleuchtet: es darf nicht Dauer haben. Denn brächte der Mensch es nicht rechtzeitig aus seinem Bewusstsein heraus, er verlöre sich an den Bewusstseins-Inhalt. Er wäre nicht mehr er selbst. Nur kurze Zeit, in den so genannten Nachbildern, die Goethe so sehr interessierten, darf im Bewusstsein das ›Leuchten‹ durch die Wahrnehmung leben. Es darf dieser Bewusstsein-Inhalt auch nicht zum Sein erstarren; er muss *Bild* bleiben. Er darf ebensowenig real werden, wie das *Bild* im Spiegel real werden kann.

An etwas, das sich als Realität im Bewusstsein auslebte, würde sich der Mensch ebenso verlieren wie an das, was durch sich selbst Dauer hätte. Auch da könnte er nicht mehr er selbst sein.

So ist das sinnenfällige Wahrnehmen der Außenwelt ein innerliches Malen der Menschenseele. Ein Malen ohne Malsubstanz. Ein Malen im Geistwerden und Geistvergehen. Wie der Regenbogen in der Natur ersteht und dahingeht, ohne eine Spur zu hinterlassen, so ersteht die Wahrnehmung und geht dahin, ohne dass sie Erinnerung durch ihr eigenes Wesen zurücklässt.«[94]

Steiner unterscheidet zwischen Bild und Sein. Da die Wahrnehmungen Bildcharakter haben, entsteht ein Freiraum, der es dem Menschen erlaubt, sich gegenüber dem Sein zu behaupten und er selbst zu bleiben oder zu werden. Das wird noch dadurch erleichtert, dass die Bilder substanzlos sind und unentwegt entstehen und vergehen. Damit sind auch Bedingungen geschaffen, die die Entfaltung der Freiheit ermöglichen.

»Der Mensch ist aus einem Weltenwesen ein Erdenwesen geworden; er ist dazu veranlagt, wieder ein Weltenwesen zu werden, nachdem er als Erdenwesen *er selbst* geworden ist.

In dieser Tatsache, dass der Mensch in seinem augenblicklichen *Vorstellen* nicht im Sein, sondern nur in einer Spiegelung des Seins, in einem Bild-Sein lebt, liegt die Möglichkeit der Entfaltung der Freiheit. Alles Sein im Bewusstsein ist ein zwingendes. Allein das *Bild* kann nicht zwingen. Soll durch seinen Eindruck etwas geschehen, so muss es ganz unabhängig *von ihm* geschehen. – Der Mensch wird dadurch frei, dass er mit seiner Bewusstseinsseele aus dem Sein sich erhebt und in dem *nichtseienden* Bildwesen auftaucht.

Da entsteht die bedeutsame Frage: Verliert denn der Mensch das Sein nicht, indem er es mit einem Teile seines Wesens verlässt und sich in das Nicht-Sein stürzt?

Hier ist wieder einer der Punkte, wo man mit der Betrachtung der Welt von einem der großen Rätsel steht.

Was im Bewusstsein als Vorstellen erlebt wird, ist aus dem Kosmos heraus entstanden. Dem Kosmos gegenüber stürzt sich der Mensch in das Nicht-Sein. Er befreit sich im Vorstellen von allen Kräften des Kosmos. Er malt den Kosmos, außerhalb dessen er ist.

Wäre es nur so, so leuchtete im Menschenwesen für einen kosmischen Augenblick die Freiheit auf; aber in demselben Augenblick löste sich auch die Menschenwesenheit auf. – Aber, indem im Vorstellen der Mensch frei wird vom Kosmos, ist er doch in seinem nicht-bewussten Seelenleben an seine vorigen Erdenleben und Leben zwischen Tod und neuer Geburt angegliedert. Er ist als bewusster Mensch im Bild-Sein, und er hält sich mit seinem Unbewussten in der geistigen Realität. Während er im gegenwärtigen Ich die Freiheit erlebt, hält ihn sein vergangenes Ich in dem Sein.«

In dem Zitat wird deutlich, welche Gefahren mit den Bedingungen, die die Freiheit ermöglichen, verbunden sind. Sie können überwunden werden, weil im Unbewussten die Verbindung zur Wirklichkeit des Geistes erhalten bleibt.

Mit den Medien kommen zu den Bildern, die wir beim Wahrnehmen hervorbringen, technisch erzeugte Bilder hinzu. Diese technischen Bilder sind, insbesondere beim Fernsehen, den natürlichen Bildern erstaunlich nahe. Zugleich gibt es aber gewichtige Unterschiede. Die technischen Bilder bedrohen die Freiheit! Statt dass die Seele selbst malt, wie Steiner sich ausdrückt, malen die Medien ihr vor und zwingen ihr zugleich Gedanken auf.

Dabei dringen die Medienbilder auch in die Schicht des Unbewussten ein. Es entstehen schlechte Gewohnheiten. Außerdem wird die Verbindung zum Geist, die der Mensch im unbewussten Teil seines Wesens aufrecht erhält, gestört.

Diese Störung wird bemerkbar, wenn der Mensch versucht, das Geistige, das in seinem Unbewussten lebt, ins Bewusstsein zu heben. Wie Sokrates, für den das Lernen ein Wiedererinnern war, geht Steiner davon aus, dass jeder Mensch viele Geistesschätze, zum Beispiel die Inhalte der Anthroposophie, in sich trägt. Zum Heben dieser Schätze ist es, neben der eigenen Bemühung, nötig, dass von außen an den Menschen noch einmal das herantritt, was er in seinem Inneren trägt. (Wer versucht, spirituelle Gedanken an Menschen heranzutragen, der weiß, dass er nur das vermitteln kann, was die Gesprächspartner eigentlich schon wissen.)

Die Medien greifen in das Unbewusste in der Weise ein, dass sie Inhalte dort hineinbringen, die eine Pervertierung geistiger Inhalte darstellen. Der Film »Indiana Jones«, der den Gral lächerlich machte, ist keine Ausnahme. Medienereignisse, die ein weltweites Echo finden, greifen fast immer spirituelle Themen auf und pervertieren sie. Wer so etwas aufnimmt, für den ist der Weg zu den ursprünglichen Wahrheiten blockiert oder zumindest erschwert; denn wenn dann das Eigentliche von außen an den Menschen herantritt, kann es nicht erkannt werden, weil es nicht zu den bereits aufgenommenen Medieninhalten passt beziehungsweise der ursprüngliche Inhalt des Unbewussten von den Medieninhalten überlagert worden ist.

Die Bilder, die das Sein auf Distanz halten, entstehen durch die Art des Wahrnehmungsvorgangs von selbst. Der wahrnehmende Mensch muss sich dessen gar nicht bewusst werden. Das ist bei einer anderen Bildart, von der Steiner ebenfalls spricht, ganz anders. Das folgende Zitat weist auf das hier Gemeinte:

»Beim Bilde richtet sich die Anschauung gewissermaßen durch das sinnlich Angeschaute hindurch auf einen Inhalt, der im Geiste erfasst wird. Und so ist es auch bei der Betrachtung des Menschenwesens. Erfasst man dieses in rechter Art mit den Naturgesetzen, so fühlt man sich im Vorstellen dieser Naturgesetze nicht dem wirklichen Menschen nahe, sondern nur demjenigen, durch das sich dieser wirkliche Mensch offenbart.«[95]

Die Bilder, von denen hier die Rede ist, entstehen nur, wenn der Mensch das, was ihm vor Augen liegt, als Bild auffasst. Ich kann so auf eine Tafel blicken, dass ich dort nur Kreidespuren sehe, das heißt, ich sehe weiße Partikel, die auf dem Schwarz der Tafel haften. Wenn ich die Kreidespuren als Umrisslinien eines Hauses auffasse, dann hat sich die Aufmerksamkeit von den Farbpartikeln gelöst und wendet sich dem Inhalt zu, auf den die zum Bild gewordene Kreide verweist.

Bei der Kreide, die auf der Tafel haftet, ist es eher unwahrscheinlich, dass ich mich für sie als Kreide, das heißt für ihre Stofflichkeit, interessiere (es sei denn, ich wäre Kreidehändler oder -fabrikant). Bei einem Menschen ist das schon anders. Da kann ich mich dafür interessieren, dass jemand alt oder jung, groß der klein, Mann oder Frau ist, und bleibe doch immer bei dem Äußeren. Das ändert sich erst, wenn ich auch den Menschen als Bild auffasse. Dadurch gerät dann das in den Blick, was am Menschen Geistig und Seelisch ist.

Der folgende Text macht deutlich, warum Steiner immer wieder dazu angeregt hat, seine Mitmenschen so zu betrachten, wie man ein Bild betrachtet.

»Der Welt gegenüber ist die Menschenseele ein träumendes Wesen, wenn sie nicht auf den Geist achtet, der in ihr wirkt. Dieser weckt die im eigenen Innern webenden Seelenträume zur Anteilnahme an der Welt, aus welcher des Menschen wahres Wesen stammt. Wie sich der Träumende vor der physischen Umwelt verschließt und in das eigene Wesen einspinnt, so müsste die Seele ihren Zusammenhang mit dem Geist der Welt verlieren, aus dem sie stammt, wenn sie die Weckrufe des Geistes in sich selbst nicht hören wollte.«[96]

Rudolf Steiner spricht hier von der Neigung der menschlichen Seele, ins Träumen zu geraten, was zur Folge hat, dass die Beziehung zur Welt verloren geht. Vor diesem Träumen können Weckrufe des Geistes schützen. Dieser aufweckende Geist gehört zur menschlichen Seele; er lebt in ihr, muss aber Gelegenheit bekommen, tätig werden zu können. Solch eine Gelegenheit entsteht, wenn ein Mensch sich dazu aufraffen kann, die äußere Erscheinung eines anderen Menschen so aufzufassen, dass sie zum Bild wird. Es entsteht eine andere Seelen-Einstellung:

»Hat man begriffen, dass das sinnenfällig Anschauliche am Menschen*bild* ist, so erfasst man auch leicht, dass in dem Bilde anderes wirkt als dasjenige, was in ihm an Stoffartigem enthalten ist. Man wird sich aber auch mit einer ganz anderen Seelen- Einstellung dem gegenüber verhalten, dessen Bildwesenheit man anerkennt, als einem solchen gegenüber, das man nur in seiner eigenen stoffartigen Beschaffenheit ins Auge fasst.

Und in dieser anderen Seelen-Einstellung liegt etwas Aufweckendes. Empfindet man ganz lebhaft, wie man sich in einer solchen Einstellung innerlich verhält, wie man gestimmt ist, so fühlt man das Aufwachen von Seelenkräften, die im gewöhnlichen Leben schlummern. (...)

Weiß man, man hat ein Bild vor sich, so stellt man das Erkennen auf das Nicht-Sinnenfällige ein. Man wird dadurch von diesem Nicht-Sinnenfälligen ergriffen, wie man im Wahrnehmungsleben von dem Sinnenfälligen ergriffen wird.«[97]

Das Bewusstsein, es mit einem Bild zu tun zu haben, lenkt die Aufmerksamkeit vom Sinnenfälligen zum Geistigen. Dieses außen erfasste Geistige verbindet sich mit dem Geist in der Seele des Beobachters, lockt ihn gewissermaßen heraus. Nun kann er tätig werden und den Menschen zum Beispiel dazu anregen, sich mit der Welt zu verbinden.

Es gibt viele Hindernisse, die davon abhalten können, seine Mitmenschen so zu betrachten, wie man ein Bild betrachtet. Kraft, genauer gesagt, Wille, ist nötig, um den Umschwung vom Sinnenfälligen zum Geistigen zu vollziehen. Es ist auch erforderlich, aus der Begegnung mit dem anderen Menschen eigene Erwartungen auszuschließen; andernfalls interessieren diese Erwartungen und ihre Erfüllung mehr als der andere Mensch. Schließlich muss ich auch bereit sein, mich dem Fremden, dem Andersartigen zu öffnen.

266

Die Medien greifen in diese Bemühungen in der Weise ein, dass sie die Menschen mit Bildern umstellen, die fix und fertig da sind und die vielen Menschen außerdem interessanter erscheinen als die dreidimensionale Wirklichkeit. Außerdem spielt Folgendes eine Rolle. In der unmittelbaren Begegnung mit der Wirklichkeit kann mir bei einiger Aufmerksamkeit klar werden, dass ich einen Menschen anders betrachten muss als beispielsweise einen Baum. Einem Menschen gegenüber ist zu spüren, dass sich hinter seinem Äußeren eine ganze Welt auftut. Ich kann dieser Welt nur gerecht werden, wenn ich ihr so viel Platz einräume, dass ich mich selbst für einen Augenblick auslösche. Bleibe ich bei dem Äußeren stehen, dann erfahre ich – um einen von Rudolf Steiner verwendeten Vergleich zu benutzen – über den Menschen so viel, als würde ich mich bei einem Gemälde nur dafür interessieren, wie und woraus die Farben hergestellt wurden, welche Verbindung sie mit der Leinwand eingehen und dergleichen.

Die Medien bringen den Unterschied zwischen den Menschen und allen übrigen Wahrnehmungsgegenständen zum Verschwinden. Man kann das durch ein kleines Experiment nachprüfen. Man treffe sich mit einigen Menschen zu einem Gespräch. Bei der Gelegenheit lasse man den Blick von den Menschen zu den Stühlen, zum Fußboden und zu den Wänden gleiten und wieder zurück zum Menschen. Bei diesem Hin- und Herpendeln bringe man sich den eben beschriebenen Unterschied zum Bewusstsein. Dann mache man mit einer Sofortbildkamera eine Aufnahme, auf der einer der Teilnehmer mit einem Ausschnitt seiner Umgebung abgebildet ist. Wenn man nun mit dem Blick zwischen Mensch und Gegenständen pendelt, ist der zuvor erfahrene Unterschied nicht mehr spürbar. Damit wird eine Wahrnehmungsweise eingeübt, die insbesondere dem Mitmenschen nicht gerecht werden kann. Zu den vielen Nachwirkungen der Medien gehört, dass sie die Sinnesorgane schwächen und Wahrnehmungsgewohnheit veranlagen, Veränderungen, die man beim Verlassen der Medienwelt nicht einfach ablegen kann. Das kann zur Folge haben, dass sich der träumende Seelenzustand, der in der Medienwelt fast unvermeidlich ist, in die natürliche Welt hinein fortsetzt. Der Weckruf, durch den wir nach dem ersten Aufwachen am Morgen zu einem zweiten Aufwachen, diesmal für den Geist, kommen sollen, bleibt aus.

Eine träumende Seele ist eine Seele, die nicht wachsen kann. Wie der Leib durch die physische Nahrung wächst, so wachsen Seele und Geist durch Seelisches und Geistiges, dem sie sich öffnen. Die träumende Seele bleibt bei sich. Was an Gedanken und Gefühlen in ihr auftaucht, entsteht nicht durch Berührung durch Fremdes und Antwort darauf, sondern stammt aus eigenem Seelenvorrat. Das eigene Innere wird wieder und wieder durchgeschmeckt: Selbstgenuss statt inneres Wachsen.

Je länger man sich mit den Medien beschäftigt, umso deutlicher wird, wie genau sie auf Wesen und Schicksal des Menschen abgestimmt sind. Der gegenwärtige Mensch kann seinen Weg nicht ohne Medien gehen, aber wenn er sie falsch benutzt oder die falschen Medien auswählt, droht ihm die Überwältigung.

Zur richtigen Haltung gegenüber den Medien gehört auch, vor ihnen nicht zu erschrecken. Damit das vorliegende Buch nicht zu solchem Erschrecken beiträgt, sei Folgendes bemerkt. Wenn es eben hieß, die Medien bewirkten Selbstgenuss, dann wird eine Richtung, eine Tendenz angegeben. Das Ausmaß der Wirkungen auf einen einzelnen Menschen hängt von vielen Faktoren ab (Dauer der Mediennutzung, Art der Persönlichkeit, andere Tätigkeiten und so fort).

Zur Verdeutlichung der Wirkungsweise der Medien empfiehlt sich ein Blick auf die Art und Weise, wie schädliche Umwelteinflüsse wirken. Elektrosmog, Radioaktivität, Luftverschmutzung, um einiges zu nennen, wirken langfristig, und die Folgen einer einzelnen Belastung sind kaum nachzuweisen. Wenn gesagt wird, das Rauchen von Zigaretten führe zu Lungenkrebs, so ist damit ebenfalls, was den einzelnen Menschen betrifft, eine Tendenz angegeben.

So wenig, wie das vorliegende Buch genaue Angaben darüber machen kann, mit welchen Wirkungen ein bestimmter Mensch aufgrund der von ihm rezipierten Medien zu rechnen hat, so wenig kann – allerdings aus anderen Gründen – gesagt werden, wie mit den Medien umzugehen sei. Es sind nur Anregungen und Orientierungen möglich.

In diesem Sinne sei abschließend der letzte der von Rudolf Steiner verfassten Leitsätze behandelt. Es werden die für unser Thema wichtigen Gedanken wiedergegeben, wobei einige wörtliche Zitate eingefügt sind. – Als tätiges Wesen tritt der Mensch mehr und mehr aus den natürlichen Zusammenhängen heraus und gerät »in so weitem Umfang in eine Mechanik des technischen Geschehens, dass dies dem naturwissenschaftlichen Zeitalter seit langem eine ganz neue Nuance gegeben hat«. Als Erkennender wendet sich der Mensch Phänomenen zu (Pflanzen, Tiere, Menschen), die ihren Ursprung ganz überwiegend der Sonne und anderen kosmischen Kräften verdanken. Als handelnder Mensch haben wir es mit ganz anderen Kräften zu tun. »Der Mensch verbindet sich mit gewissen Erdenkräften, indem er seinen Organismus in diese Kräfte hineinorientiert. Er lernt aufrecht stehen und gehen, er lernt, mit seinen Armen und Händen sich in das Gleichgewicht der irdischen Kräfte hineinzustellen. Nun sind *diese* Kräfte keine solchen, die vom Kosmos hereinwirken, sondern die *bloß* irdisch sind.«

Unsere Fähigkeit, mechanische Gesetze zu erkennen und auszuwerten, beruht darauf, dass diese Gesetze unseren eigenen Bewegungen zugrunde liegen und wir sie zunächst innerlich erfahren, bevor wir sie außen anwenden. Mit dem Mechanischen erleben wir das rein Irdische. Was uns als Natur begegnet, beruht überwiegend auf Kräften, die aus dem Kosmos zugeflossen sind. »Das weitaus meiste dessen, was heute durch die Technik in der Kultur wirkt und in das er mit seinem Leben im höchsten Grade versponnen ist, das ist *nicht Natur*, sondern *Unter-Natur*. Es ist eine Welt, die sich nach unten hin von der Natur emanzipiert hat.« (Mit der Bezeichnung »Unter-Natur« will Steiner darauf hinweisen, dass dieser Bereich, etwa eine Fabrikhalle, unter das Niveau der Natur heruntergesunken ist, weil ihm Kräfte, die für die Natur wesentlich sind, fehlen.)

»Die Unter-Natur muss als solche begriffen werden. Sie kann es nur, wenn der Mensch in der geistigen Erkenntnis mindestens gerade so weit hinaufsteigt zur außerirdischen Über-Natur, wie er in der Technik in die Unter-Natur heruntergestiegen ist. Das Zeitalter braucht eine *über* die Natur gehende Erkenntnis, weil es innerlich mit einem gefährlich wirkenden Lebensinhalt fertig werden muss, der unter die Natur heruntergesunken ist. Es soll hier natürlich nicht etwa davon gesprochen werden, dass man zu früheren Kulturzuständen wieder zurückkehren soll, sondern davon, dass der Mensch den Weg finde, die neuen Kulturverhältnisse in ein rechtes Verhältnis zu sich und zum Kosmos zu bringen.

Heute fühlen noch die wenigsten, welche bedeutsamen geistigen Aufgaben sich da für den Menschen herausbilden. Die Elektrizität, die nach ihrer Entdeckung als die Seele des natürlichen Daseins gepriesen wurde, sie muss erkannt werden in *ihrer* Kraft, von der Natur in die Unter-Natur hinabzuleiten. Es darf der Mensch nur nicht mitgleiten.«

Durch das Hinaufsteigen in die außerirdische Über-Natur betritt der Mensch eine Sphäre, in der das Mechanische und die mit ihm verbundene Geistigkeit gar nicht anwesend sind. Im Hinaufsteigen erwirbt sich der Mensch Kräfte und Erkenntnisse, die ihm den nötigen Halt geben, um in der Welt den niederziehenden Kräften begegnen zu können.

Rudolf Steiner hat den hier wiedergegebenen Text am 28. März 1925, das heißt zwei Tage vor seinem Tod, verfasst. Man kann davon ausgehen, dass es sich um die letzte schriftliche Äußerung handelt.[98] Wenn man bedenkt, dass im Jahre 1925 nicht die Elektrizität, sondern die Dampfmaschine und andere Verbrennungsmotoren im Mittelpunkt des technisch-industriellen Komplexes standen, dann wird der vermächtnishafte und in die Zukunft weisende Charakter des Textes deutlich.

Rudolf Steiner möchte auf den »gefährlich wirkenden Lebensinhalt« aufmerksam machen, der die Menschen von kosmischen Kräften abschneidet und sie stattdessen niederziehenden Einflüssen aussetzt. Zugleich betont er, seine Warnung sei keine Aufforderung, zu früheren Kulturzuständen zurückzukehren, da die gegenwärtige Menschheit die moderne Welt für ihre Bewusstseinsentwicklung benötige. Aber so gewiss es ist, dass die durch moderne Technik geprägten Lebensverhältnisse eine notwendige Voraussetzung für die Entwicklung von Selbstbewusstsein sind, so gewiss ist aber auch, dass von den modernen Lebensverhältnissen nur dann ein förderlicher Einfluss ausgeht, wenn es dem Menschen gelingt, zu ihnen das richtige Verhältnis zu finden.

Dazu ist zunächst einmal nötig, die Unter-Natur in ihrer Eigenart zu erkennen. Von besonderer Wichtigkeit ist dabei, die Rolle der Elektrizität zu durchschauen. Bei der Unter-Natur (Autos, Züge, Fabriken, Einkaufszentren, »Wohnmaschinen«) handelt es sich zunächst einmal um etwas Totes, das den Menschen kaum dazu anregt, länger als nötig darin zu verweilen. Die Elektrizität ist in der Lage, im Toten die Illusion des Lebendigen und des Seelischen zu erzeugen. Dadurch wird die Unter-Natur so ausstaffiert, dass sie für viele Menschen etwas höchst Reizvolles bekommt. Man denke an große Bahnhöfe. Bisher waren das Orte, die durcheilt wurden. Seitdem man dort Fernsehgeräte aufgestellt hat, werden viele Menschen zu einem längeren Verweilen gebracht. Wenn Rudolf Steiner das, was es bis dahin an Medien gab, auch nicht ausdrücklich nennt, so ist doch ganz deutlich, dass die Medien zur Unter-Natur gehören und dort eine besondere Rolle spielen. Besonders aufschlussreich finde ich in diesem Zusammenhang die Formulierung, die Unter-Natur sei eine Welt, »die sich nach unten hin von der Natur emanzipiert«. Man denke an einen virtuellen Star, auf den man im Internet trifft. Der natürliche Mensch steht auf der Erde und gibt seinem Leib eine Richtung, die zum Kosmos weist. Ein virtueller Mensch erscheint an der materiellen Bildfläche, ragt von hier aber nicht nach oben, sondern verzweigt sich in Maschinen, Festplatten und Programme. Hier liegen die Wurzeln seiner Existenz.

Ist die durch Medien erweiterte Unter-Natur etwas qualitativ anderes? Stellt sich die Aufgabe, das richtige Verhältnis zur Unter-Natur zu finden, auf neue Weise? Über diese Frage ist verständlicherweise schon viel diskutiert worden. Zu den Positionen, die dabei vertreten werden, gehört die folgende Auffassung.

Jemand sagt, er benutze die Medien, zum Beispiel Fernsehen und Internet, und achte darauf, sich im gleichen zeitlichen Umfang mit anthroposophischen Inhalten zu beschäftigen. Damit würde die Forderung Rudolf Steiners erfüllt, sich dem modernen Leben zu stellen und gleichzeitig würde durch das Hinaufsteigen in die geistige Welt ein Ausgleich geschaffen.

Diese Auffassung ist in mehrfacher Hinsicht problematisch. Das, was nötig ist, um von den Kräften der Unter-Natur nicht überwältigt zu werden, wird als Stärke, innere Erkenntniskraft und erlebte Geist-Erkenntnis bezeichnet. Damit wird deutlich auf neue Erkenntnisfähigkeiten verwiesen. Warum kann der Kinematograph nicht mehr schaden, wenn diese Fähigkeiten erworben sind? Weil sich der Mensch mithilfe von Imagination, Inspiration und Intuition soweit in die geistige Welt erheben kann, dass er den Film vollständig durchschaut und außerdem seinem Einflussbereich entzogen ist. Man bedenke auch, dass zu den Fähigkeiten, die auf dem Einweihungsweg zu erwerben sind, diejenige gehört, sich einen seelischen Panzer umlegen zu können, der verhindert, dass über die Sinne ungewollte Eindrücke in die Seele eindringen. [99]

Die »Leitsätze« sind nicht für Eingeweihte geschrieben, sondern für Menschen, die auf dem Wege sind, sich neue Fähigkeiten zu erwerben. Der erste Schritt auf diesem Weg besteht darin, die vorhandenen Seelenkräfte des Denkens, Fühlens und Wollens zu läutern und zu stärken. Das wird durch die Medien sehr erschwert. Sie bringen auch, wie gezeigt wurde, die Ansätze höherer Fähigkeiten vorübergehend wieder zum Verschwinden. Extreme Medieninhalte können auch dazu führen, dass die Übungen, die zu neuen Fähigkeiten führen sollen, tagelang nicht gelingen.

Insgesamt schafft die durch Computer und Medien erweiterte Unter-Natur eine außerordentlich schwächende Situation. Es ist nicht auszuschließen, dass ein als Ausgleich wirkendes Hinaufsteigen in die geistige Welt misslingt, weil die Voraussetzungen dafür zerstört wurden. Meines Erachtens gehen die Wirkungen längerfristig bis zu leiblichen Veränderungen. In einem früheren Leitsatz (Nr. 171) heißt es:

»Die menschliche Sinnesorganisation gehört nicht der Menschen-Wesenheit an, sondern ist von der Umwelt während des Erdenlebens in diese hineingebaut. Das wahrnehmende Auge ist räumlich im Menschen, wesenhaft ist es *in der Welt*. Und der Mensch streckt sein geistig-seelisches Wesen in dasjenige hinein, was die Welt durch seine Sinne in ihm erlebt. Der Mensch nimmt die physische Umgebung während seines Erdenlebens nicht in sich auf, sondern er wächst mit seinem geistig-seelischen Wesen in diese Umgebung hinein.«

Unsere Sinnesorgane wären demnach das Werk der Kräfte, die auch unsere Umwelt geschaffen haben. Ganz in diesem Sinne hat Goethe sich über das Auge geäußert:

> Wäre nicht das Auge sonnenhaft,
> Die Sonne könnt' es nie erblicken;
> Läg' nicht in uns des Gottes eigne Kraft,
> Wie könnt' uns Göttliches entzücken?

Dem Gedicht, das Goethe seiner Einleitung zur Farbenlehre beifügte, stellte er folgende Bemerkung voran: »Hierbei erinnern wir uns der alten ionischen Schule, welche mit so großer Bedeutsamkeit immer wiederholte: nur von Gleichem werde Gleiches erkannt.«

Man bedenke in diesem Zusammenhang auch, dass Tiere, die in Höhlen einwandern, in wenigen Generationen ihre Augen verlieren. Der Aufenthalt des Menschen in der Unter-Natur ist solch ein Höhlen-Leben. Die hier wirksamen Kräfte sind ganz andere als diejenigen, die in der natürlichen Welt wirken. Sie werden die Sinnesorgane des Menschen allmählich umbauen, was zum Beispiel zur Folge haben kann, dass er sich mehr für die Helden von Computerspielen interessiert als für den Sonnenaufgang oder einen blühenden Apfelbaum. Der lebendige Mitmensch wird auch immer weniger Aufmerksamkeit finden. Längerfristig machen sich die Menschen, die ihren Lebensschauplatz in die Unter-Natur verlegen, auf einen Weg, der sie den virtuellen Gestalten immer ähnlicher werden lässt. Ganz in diesem Sinne kann man bereits heute Folgendes in der Zeitung lesen. In einem Zeitungsartikel (»Weser-Kurier« vom 19.2.2000), der überschrieben ist »E-Cyas bekommt eine Partnerin. Virtueller Popstar auf Erfolgskurs« heißt es zum Schluss:

»Den überraschenden Erfolg der aus mehr als einer halben Million Polygonen (Vielecken) bestehenden Kunstfigur verbucht Kolb als Bestätigung seiner Strategie. ›Wir haben damit einen wegweisenden Schritt in Richtung einer neuen, digitalen Medien-Ökonomie gemacht‹, sagte er. Die heutige Medienrealität sei ohnehin eine Kunstwelt. ›Auch Popgruppen aus Fleisch und Blut wie die Spice Girls sind heute nichts anderes als ein Industrieprodukt.‹ Die Entwicklung von künstlichen Avataren sei dabei nur eine logische Folge.«

Was für die Stars gilt, das gilt auch für ihre Konsumenten. Artikel wie der zitierte dürften übrigens wesentlich zu der Entwicklung, über die sie schreiben, beitragen. Etwas, über das der Leser eigentlich erschrecken müsste, wird als Selbstverständlichkeit dargestellt, als Zeitphänomen, das man zur Kenntnis nimmt und dabei vielleicht noch stolz darüber ist, Bescheid zu wissen.

Zu den als problematisch bezeichneten Auffassungen, die in der angenommenen Diskussion vertreten werden, gehörte auch die Auffassung, Rudolf Steiners Äußerungen zur Technik enthielten sinngemäß die Aufforderung, auch Dinge wie das Fernsehen und den Computer zu benutzen. In der Tat gibt es eine Reihe von Äußerungen, die das nahe legen. In dem Vortrag »Technik und Kunst« heißt es zum Beispiel:

»Es wäre das Allerfalscheste, wenn man nun etwa sagen würde, da müsse man sich sträuben gegen das, was nun einmal die Technik uns in dem modernen Leben gebracht hat, man müsse sich hüten vor dem Ahriman, man müsse sich eben zurückziehen von diesem modernen Leben. Das würde in gewissem Sinne eine spirituelle Feigheit bedeuten. Das wahre Heilmittel besteht darinnen, nicht die Kräfte der modernen Seele schwächen zu lassen und sich zurückzuziehen von dem modernen Leben, sondern die Kräfte der Seele stark zu machen, damit das moderne Leben ertragen werden kann. Ein tapferes Sich-Verhalten zum modernen

Leben ist dasjenige, was notwendig ist nach dem Weltenkarma, und deshalb hat die wahre Geisteswissenschaft diesen eigentümlichen Charakter, dass sie von vornherein Anstrengungen, mehr oder weniger sogar intensive Anstrengungen von der menschlichen Seele fordert.«[100]

Das Zitat ist verschiedentlich verwendet worden, um die Auffassung zu belegen, Rudolf Steiner verlange, alle technischen Neuerungen, also auch Medien und Computer, zu benutzen. Um diese These zu überprüfen, muss genauer betrachtet werden, was Rudolf Steiner unter der Technik, die das moderne Leben prägt, versteht. Dazu ist es hilfreich, sich die Beispiele anzuschauen, die er erwähnt. Tut man das, kann man feststellen, dass er von Autos, Zügen, Dampfschiffen, Straßenbahnen und besonders oft von der (mechanischen) Schreibmaschine spricht. Das heißt, Steiner hat, wenn er davon spricht, sich dem modernen Leben nicht zu entziehen, die Werkzeug- und Maschinentechnik vor Augen. Das wird auch an der folgenden Aussage deutlich, die der zitierten Stelle, in der von spiritueller Feigheit die Rede ist, vorangeht:

»Unsere Aufgabe aber besteht darin, dass wir die Seele stark machen durch das Sich-Durchdringen mit den Impulsen, die aus der Geisteswissenschaft und Geistesforschung kommen, damit sie gewappnet ist gegen die Einflüsse des modernen Lebens, sodass die Seele es aushalten kann, wenn es auch noch so sehr um sie hämmert und klopft, dass sie dennoch imstande ist, ihren Weg in die geistig-göttlichen Gebiete zu finden durch das Hämmern und Klopfen der ahrimanischen Geister hindurch.«

Mit der Technik, vor der man nicht fliehen dürfe, meint Steiner also eine Technik, der wir uns bedienen, um Aufgaben zu bewältigen, für die wir andernfalls unsere Körperkräfte einsetzen müssten. Wenn ich in Bremen in den Zug steige, um nach Hamburg zu fahren, dann übergebe ich dem Transportmittel eine Arbeit, die sonst meine Beine verrichten müssten.

Mit Medien und Computern ist eine Technik entstanden, deren Leistungen sich auf den fühlenden und denkenden Menschen beziehen. Die alte Maschinentechnik hat auch ihre Folgen, ihre Wirkungen sind aber gut zu erkennen und lassen sich ausgleichen. Der Kern der menschlichen Persönlichkeit bleibt weitgehend unberührt. Bei Film, Fernsehen, Multimedia und dergleichen öffnet der Mensch sein seelisches Innenleben für Phänomene, bei denen es sich um nichts anderes als elektronisch belebte und beseelte Mechanik handelt. Das hat, wie gezeigt wurde, weitreichende Folgen.

Rudolf Steiner muss den Unterschied zwischen beiden Technikarten deutlich gesehen haben. Jedenfalls gibt es bei den vielen Aussagen zu dem, was wir heute als Medien bezeichnen, keine einzige, mit der gefordert wird, die Menschen müssten lernen, das auszuhalten. Beim Film heißt es, nur der sei geschützt, der sich ganz neue Fähigkeiten erworben habe. Gegenüber dem Grammophon, das damals in Mode kam, geht Steiner noch weiter:

»Den Dingen gegenüber, die für die mechanische Verrichtung der Menschendienste in die Welt eintreten, wird sich die Menschheit selber helfen können. Und so kann man schon sagen: gegen all das, was von Auto, Schreibmaschine und so weiter auftritt, wird sich die Menschheit selber helfen können.

Anders liegt die Sache – verzeihen Sie, dass ich mit diesem scheinbar Trivialen abschließe – beim Grammophon. Beim Grammophon ist es so, dass die Menschheit in das Mechanische die Kunst hereinzwingen will. Wenn die Menschheit also eine leidenschaftliche Vorliebe für solche Dinge bekäme, wo das, was als Schatten des Spirituellen in die Welt herunterkommt, mechanisiert würde, wenn die Menschheit also Enthusiasmus für so etwas, wofür das Grammophon ein Ausdruck ist, zeigen würde, dann könnte sie sich davor nicht mehr helfen. Da müssten ihr die Götter helfen.

Nun, die Götter sind gnädig, und heute liegt die Hoffnung ja auch vor, dass in Bezug auf das Vorrücken der Menschheitszivilisation die gnädigen Götter selbst über solche Geschmacksverirrungen, wie sie beim Grammophon zum Ausdrucke kommen, weiter hinweghelfen.« (Aus dem Zyklus »Initiations-Erkenntnis«, Schluss des 11. Vortrags.)[101]

Auch gegenüber der Elektrizität äußert sich Steiner anders als gegenüber dem mechanischen Hämmern und Klopfen, wie das folgende Zitat eindrucksvoll zeigt, bei dem es um Phänomene geht, die wir heute als Elektrosmog bezeichnen würden.

»Vergleichen Sie die Welt von heute mit der von vor hundert Jahren. Sie werden sagen, wenn man die Welt von heute mit der von vor hundert Jahren vergleicht, so ist im Ganzen ein Unterschied zwischen heute und der Zeit vor hundert Jahren da; aber einer der gewaltigsten Unterschiede, der nicht aufgezählt wird, das ist der, dass wir heute unsere Atmosphäre durchzogen haben von lauter Telegrafendrähten, Telefondrähten und so weiter. Nun, in Europa scheint das Durchwachsensein mit Drähten noch ein Kinderspiel zu sein gegenüber Amerika. Deshalb ist dort eine Spur von Einsicht vorhanden, was das für den Menschen bedeutet. Man ahnt dort endlich, dass der Mensch nicht unbeeinflusst bleibt von dem, was in den Telegrafendrähten lebendig durch die Luft schwirrt, dass der Mensch ein richtiger Induktionsapparat wird. Bedenken Sie, dass entgegengesetzter Strom in Ihren Nerven und wiederum ein gleichgerichteter Strom in Ihrem Blutsystem wirkt. Das alles trägt die Menschheit heute in sich, aber davon spricht man kaum. Das sind im eminentesten Sinne ahrimanische Kräfte, die der Mensch heute durch die äußere Kultur aufnimmt, die er auch gar nicht ablehnen kann. Man macht sich ja Gedanken über das Mögliche und Unmöglichste, aber gerade über die stärksten Realitäten macht sich die heutige Menschheit am wenigsten Gedanken. Man sollte zum Beispiel auch einmal darüber sprechen, inwiefern der Unterschied zwischen Goethe und den heutigen Menschen darin besteht, dass Goethe noch nicht von Telegrafendrähten umwickelt war. Sehen Sie, was heute die Verödung der Menschenseele ist, das ist wesentlich mit alldem zusammenhängend ...«[102]

Ist den Äußerungen Steiners, die sich direkt oder indirekt auf die Medien beziehen, zu entnehmen, dass wir sie nicht benutzen sollen? Diese Annahme wäre so falsch wie die Behauptung, Steiners Warnung vor der spirituellen Feigheit würde bedeuten, man müsste sich auch der Medientechnik aussetzen. Steiner hat ganz bewusst offen gelassen, was der Einzelne tun soll. Er hätte sich andernfalls auch selbst widersprochen, denn in der »Philosophie der Freiheit« [103] wird von ihm dargelegt, dass ein Handeln nach Normen mit der Bewusstseinsverfassung des modernen Menschen unvereinbar sei.

Rudolf Steiner gibt keine Anweisungen, wie mit den Neuerungen des modernen Lebens umzugehen sei, aber er hat ein deutliches Anliegen, das er wieder und wieder formuliert: Wir sollen den Dingen erkennend gegenübertreten. Das ist ihm die Hauptsache! Je weiter die technische Entwicklung voranschreitet, umso nötiger werden solche Bemühungen. Viel zu oft geht es bei Diskussionen um die Frage, ob man nun fernsehen solle (dürfe) oder nicht. Oder es werden Fronten aufgebaut: Die Mediengegner streiten mit den Befürwortern. Das ist alles unfruchtbar. Die Wahrheitsfrage muss gestellt, um Antworten muss gerungen werden. Durch solche Erkenntnisarbeit kann der Einzelne mit dem beschenkt werden, was Steiner in der »Philosophie der Freiheit« moralische Intuition, moralische Fantasie und moralische Technik nennt. Das sind die Hilfen, die wir benötigen, um den Aufgaben, die uns das gegenwärtige Leben stellt, gewachsen zu sein.

13. Medien, Computer und die Frage nach der Wirklichkeit

Die Frage, was »wirklich« bedeute, wird in letzter Zeit häufig aufgeworfen. Das weist auf eine Verunsicherung hin, die dadurch entstanden ist, dass zu der bisher bekannten Wirklichkeit neue, technisch erzeugte Wirklichkeiten hinzugekommen sind. Ist die virtuelle Welt des Cyberspace so wirklich wie die Welt, in der ich mein Brot esse und mit meinen Kindern lache? Die Frage wird gestellt, weil sie beunruhigt. Sie beunruhigt, weil jeder den Wunsch hat, sein Leben so zu führen, dass er auf dem Boden der Wirklichkeit steht. Wer irgendwann einmal einsehen muss, dass er sich an Illusionen und Irrtümern orientiert hat, ist enttäuscht und deprimiert.

Damit gehört die Klärung der Frage »Was ist wirklich?« zu den zentralen Lebensaufgaben. Sie lässt sich, wie jeder bald feststellen muss, nicht dadurch lösen, dass die Welt in »wirklich« und »unwirklich« unterteilt wird. Die folgende Schilderung möchte verdeutlichen, worum es geht und was zu leisten ist.

Ich stehe an einem Wochentag morgens in der Küche und bereite das Frühstück zu. Ich wasche und schneide Obst, vermische es mit Getreideflocken und füge Milch und Honig hinzu. Rosinen und Sonnenblumenkerne dürfen nicht fehlen. Derweil bringt die Gasflamme Wasser zum Kochen. Ich decke den Tisch im Nebenzimmer, laufe hin und her, damit alles an seinen Platz kommt. Dabei denke ich an dies und das. Morgen werde ich ein anderes Frühstück machen. Ich stelle mir vor, was es sein wird, und freue mich über die vielen Möglichkeiten, die Abwechslung erlauben.

Mein Sohn kommt, grüßt kurz und liest erst einmal in der Zeitung, die heute Morgen gekommen ist. »Was sagt der Wetterbericht?«, rufe ich. Gleichzeitig schaue ich aus dem Fenster. Die Sonne scheint und bringt die Regentropfen zum Glänzen, die heute Morgen gefallen sind. Der Tisch ist gedeckt, alles ist vorbereitet, nur der Tee muss noch ein paar Minuten ziehen. Ich denke an etwas, das ich nachher tun werde und das mir besonders wichtig ist. Gestern vor dem Einschlafen habe ich schon daran gedacht und um Hilfe gebeten.

Schließlich sitzen wir alle am Tisch, essen, schmecken, sprechen, sehen uns und das Zimmer, in dem wir das tun, und leben für Augenblicke in Vorstellungen und Gedanken, die mit dem, was wir tun und wahrnehmen, nichts zu tun haben.

Alles, was im Zusammenhang mit der Frühstücksszene geschildert wurde, gehört zur Wirklichkeit. Es würde keinen Sinn machen, einiges als weniger wirklich oder unwirklich zu bezeichnen. Es macht aber Sinn, darüber nachzudenken, welche Bereiche der Wirklichkeit bevorzugt ins Bewusstsein treten und welche Aufgaben und Probleme sich dadurch ergeben.

Da ist zunächst einmal die Wirklichkeit der Dinge, die einen Platz im Raum beanspruchen und mit den Sinnen wahrgenommen werden können. An dem geschilderten Morgen waren das vor allem Haushaltsgegenstände, Nahrungsmittel und die Menschen, mit denen ich zusammenlebe. Diese Dinge treten, ohne dass besondere Aufmerksamkeit darauf gerichtet werden müsste, ins Bewusstsein und bilden das, was treffender Weise Gegenstandsbewusstsein genannt wird. Ohne Aufmerksamkeitsanstrengung hat man auch Zugang zu den eigenen Gedanken und Gefühlen. Bliebe es beim Wahrnehmen und Erkennen der drei genannten Bereiche, könnte man die Welt nicht verstehen und wäre auch nicht in der Lage, sinnvoll in ihr zu handeln. Die Gedanken und Gefühle meiner Mitmenschen müssen ebenfalls zur Wirklichkeit gerechnet werden. In welchem Umfang ich sie erkenne, hängt allerdings von der Art meines Interesses ab.

Es soll jetzt noch die Aufmerksamkeit auf Wirklichkeitsbereiche gelenkt werden, die meistens nur undeutlich ins Bewusstsein treten. Weiter oben waren neben Haushaltsgegenständen und Nahrungsmitteln auch Menschen als Dinge bezeichnet worden. Das hat seine Berechtigung. Zugleich muss gesehen werden, dass beim Menschen zum dinghaften Aspekt Seele, Geist und das Ich hinzukommen. Das Ich, der individuelle Wesenskern eines Menschen, ist das, was den Mitmenschen am meisten verborgen bleibt. Etwas wird meistens wahrgenommen, insofern wir zum Beispiel die Einmaligkeit eines Menschen erkennen und auch in der Lage sind, ihn unter vielen anderen wiederzuerkennen. Welches Schicksal, welche Fähigkeiten, welche Ziele mit einem Ich verbunden sind, das bleibt aber meistens im Dunkeln.

Das gilt auch für das, was vielen Stimmungen zugrunde liegt, die bei verschiedenen Gelegenheiten erlebt werden. Ein heiterer Frühlungsmorgen, eine Fabrikhalle, in der am Fließband gearbeitet wird, eine Gruppe von zänkischen und missgünstigen Menschen – da sind Kräfte und Wesen beteiligt, die unerkannt bleiben, obwohl jeder ihre Wirkung spürt.

Das Beispiel der morgendlichen Zubereitung eines Frühstücks hat gezeigt: Wirklichkeit ist ein verschlungenes Geflecht verschiedener Ebenen, ein lebendiger, dynamischer Zusammenhang, wo eines das andere durchdringt und bedingt.

Damit ist auf einige Eigenschaften der Wirklichkeit verwiesen. Eine Definition ist das nicht, und sie ist auch unmöglich. Ein Fahrrad lässt sich mithilfe einer Definition identifizieren. Ich sage zum Beispiel: Ein Fahrrad ist ein Fahrzeug mit zwei Rädern, das von dem, der es für seine Fortbewegung benutzt, selbst angetrieben und gelenkt wird. Die Voraussetzung für das Gelingen dieser Definition ist die Tatsache, dass es zu »Fahrrad« den Oberbegriff »Fahrzeuge« gibt. Durch Eigenschaften, die nur für das Fahrrad zutreffen, kann es von anderen Fahrzeugen unterschieden werden. Dieses Definitionsverfahren – es gibt kein anderes – lässt sich auf den Begriff der Wirklichkeit nicht anwenden, weil es keinen Oberbegriff gibt, also keinen Begriff, der mehr umfasste als »Wirklichkeit«.

Wer verstehend in das eindringen will, was wir Wirklichkeit nennen, kann gleich damit beginnen, die verschiedenen Wirklichkeiten und ihren Zusammenhang zu betrachten. Der nächste Schritt kann darin bestehen, die Aufmerksamkeit darauf zu lenken, welche Aufgaben dem Menschen die Wirklichkeit, in der er lebt, stellt. Da kann bemerkt werden, dass eine Offenheit für die verschiedenen Wirklichkeiten erworben werden sollte, auch die Fähigkeit, sich auf den verschiedenen Ebenen zu bewegen und sie miteinander zu verbinden. Man kann auch fragen, wo das, was für das eigene Leben entscheidend ist, seinen Ursprung hat. Woher stammen die Kräfte, die dem eigenen Leben immer wieder seine Orientierung geben? Woher stammen Mut und Zuversicht? Worauf beruht die Fähigkeit, mit anderen Menschen zusammenleben zu können? Diese Fragen führen zu der Einsicht, dass die wichtigsten Impulse aus Wirklichkeitsbereichen kommen, zu denen wir kaum einen bewussten Zugang haben.

Rudolf Steiner hat einen drastischen Vergleich verwendet, um deutlich zu machen, wie sich das sinnlich Wahrnehmbare zum Unsichtbaren verhält. Man stelle sich eine Wasserflasche vor, die randvoll mit Sprudel gefüllt und fest verschlossen ist. Wenn man den Verschluss etwas öffnet, steigen Blasen auf. Was man da sieht, sind die Stellen, wo die Luft das Wasser verdrängt. In einer Flasche, die mit Wasser gefüllt ist, fallen die Stellen ins Auge, wo kein Wasser ist.

Die Gegenstände, mit denen wir es in der räumlichen Welt zu tun haben und die wir mithilfe unserer Sinne wahrnehmen können, entsprechen den Blasen in der Flasche. Wie die Blasen das Wasser verdrängen, so die materiellen Gegenstände den Geist. Das Sinnlich-Wirkliche fesselt unsere Aufmerksamkeit derart, dass der Geist, der das Sinnliche hervorgebracht hat, nicht wahrgenommen werden kann.

Je weiter man in der kulturellen Entwicklung der Menschheit zurückgeht, umso deutlicher trifft man auf die Auffassung, die sinnliche Welt habe gar keine eigene Bedeutung, sie diene nur dazu, die geistige Welt zu verbergen. Aufgabe des Menschen sei es, den Schleier der Maya zu zerreißen, um zu der eigentlichen Wirklichkeit zu kommen. Die Aufgabe, die den heute lebenden Menschen gestellt ist, besteht darin, die Vergänglichkeit der sinnlichen Welt zu erkennen und sie gleich wohl zu schätzen. Für dieses Schätzen gibt es Gründe genug. Wer sich erlebend in eine Blume vertieft, kann Weisheit und Liebe der Schöpfermächte erkennen, ohne dass diese Mächte ihn bedrängen und vereinnahmen.

In dem Kapitel über Cyberspace und virtuelle Welten war bereits dargestellt worden, dass die dreidimensionale Welt dem Menschen die Möglichkeit gibt, Selbstbewusstsein und Freiheit zu erlangen. Wenn das erreicht ist, besteht die Aufgabe der weiteren Entwicklung darin, sich neue Seelenkräfte zu erwerben, die es erlauben, in immer tiefere Wirklichkeitsschichten vorzudringen. Das Ziel besteht darin, in der Welt der Sinne und in der des Geistes und in allen Zwischenreichen leben zu können.

Cyberspace und virtuelle Welten können auch unter dem Aspekt betrachtet werden, dass sich hier der von vielen Menschen gespürte Wunsch, neue Wirklichkeiten zu betreten, auslebt. Die elektronisch erzeugten Wirklichkeiten schaffen jedoch Bedingungen, die zum Gegenteil dessen führen, was dem Menschen eigentlich vorgezeichnet ist. Wer eine Blume betrachtet, kann das tun, wie er es will. Er ist auch ganz frei darin, wie er zum Beispiel seine Vorstellungen der Blüte mit seinen Vorstellungen der Insekten verbindet. Bereits beim Film endet diese Freiheit. Da muss der Zuschauer anschauen, was ihm gezeigt wird, und auch die Gedankenverbindungen sind vorgegeben. Selbst die Gefühle können von außen gesteuert werden.

Ein weiterer Unterschied zur natürlichen Sinnenwelt besteht darin, dass dort jede hingebungsvolle Wahrnehmung ahnen lässt, dass sich etwas verbirgt. Rudolf Steiner hat das mit folgendem Spruch zum Ausdruck gebracht:

Warum strebt des Menschen
Suchende Seele
Nach Erkenntnis
Der höheren Welten?
Weil jeder seelenentsprossene Blick
In die Sinneswelt
Zur sehnsuchtsvollen Frage wird
Nach dem Geistessein.

Aus »Wahrspruchworte«

Durch die Trennung von Erscheinung und Wesen schaffen die technisch erzeugten Welten eine nur auf sich selbst verweisende Wirklichkeit, die die Frage nach dem Geist vergessen lässt. Dadurch tritt verstärkt die Gefahr auf, in der sich der Mensch heute ohnehin befindet. Um der Freiheit willen drängt sich der Geist nicht auf, während die Wirklichkeit der sinnlichen Welt ständig mit aller Deutlichkeit gegenwärtig ist. Den Geist findet nur, wer ihn sucht und sich immer wieder für diese Suche entscheidet. Wer diese Entscheidung nicht trifft, ist in der Gefahr, nur in der sinnlichen Welt zu leben und durch sie seine Seeleninhalte bestimmen zu lassen, was bedeutet, dass Triebe und Begierden im Mittelpunkt stehen.

Dem wirkt in der natürlichen Welt entgegen, dass es dort viele Wahrnehmungen gibt, bei denen, wenn nur ein wenig Offenheit besteht, der Geist hindurchspricht. Bei der Begegnung mit einem anderen Menschen ist das ganz offensichtlich. Da ist es kaum möglich, nur das wahrzunehmen, was der Sinneswirklichkeit angehört. Seelisches und Geistiges tut sich daneben unübersehbar kund.

Mit den technisch erzeugten Welten sind Wirklichkeiten entstanden, die aus dem Zusammenhang mit dem geistigen Ursprung ganz herausgelöst sind. Dadurch tritt verstärkt die Gefahr auf, dass sich das Seelenleben der Menschen, die in der künstlichen Welt leben, auf Triebe und Begierden reduziert. Da, wo das weitgehend geschieht, sinkt der Mensch auf die Stufe des Tieres herab, allerdings ohne dessen in den Instinkten lebende Weisheit.

Dazu passt, dass in den technisch erzeugten Welten eine Erkenntnishaltung eingeübt wird, die das genaue Gegenteil der Haltung ist, die derjenige einnehmen muss, der erkennen will, welche Kräfte und Wesen hinter der Welt der Erscheinungen tätig sind.

Nehmen wir zum Beispiel an, ich möchte zu einer vertieften Erkenntnis des Apfelbaumes kommen, der in meinem Garten blüht. Solange ich nur das über ihn weiß, was in einem bestimmten Augenblick zu erfahren ist, bleibt er mir ein Rätsel. Woher kommen die Blüten? Wozu dienen sie? Ich muss die vergangenen und die zukünftigen Entwicklungen einbeziehen, um zu wissen, was ein Apfelbaum ist.

Normalerweise geschieht das auf dem Wege der Erinnerung. Ich weiß aus Erfahrung, dass und wie sich Bäume im Laufe der Jahreszeit verändern.

Eine vertiefte Erkenntnis ergibt sich, wenn der Erkennende sich die verschiedenen Entwicklungsstufen des Baumes innerlich so vorstellt, dass sie ineinander übergehen und fast gleichzeitig gegenwärtig werden. Durch diese innere Aktivität, bei der die Entwicklung des Baumes innerlich nachvollzogen wird, arbeitet man an den Voraussetzungen dafür, dass die hinter der sinnlichen Oberfläche wirkenden Kräfte erkannt werden können.

Wo das gelingt, spricht die Esoterik von Erleuchtung. In Rudolf Steiners Buch »Wie erlangt man Erkenntnisse der höheren Welten?« werden verschiedene Übungen beschrieben, die zu dieser Stufe führen. Hier sei kurz auf die so genannte Samenkornübung hingewiesen. Man betrachtet, um ein Beispiel zu nehmen, ein Weizenkorn. Man beobachtet genau, welche Farbe, welche Form es hat, sucht die Stelle, wo der Keim austreten würde. Dann stellt man sich zu dem, was sinnlich wahrnehmbar vor Augen liegt, vor, wo das Korn herkommt. Man schafft sich das innere Bild einer Weizenähre. Dem wird dann auf dieselbe Art hinzugefügt, wie das Korn zu keimen und zu sprossen beginnt. Man lässt die Pflanze innerlich wachsen, bis wieder eine Ähre da ist, die Körner enthält.

Durch diese innere Tätigkeit kommt der Übende in Verbindung mit jenen Kräften, die in der Natur das bewirken, was sich der Übende vorgestellt hat. Und wie nach der oben bereits zitierten Auffassung Goethes das Licht sich die Augen schafft, die es sehen können, so schaffen diese Kräfte im übenden Menschen die Organe (Lotosblumen oder Chakren – nichts Physisches), die für ihre Wahrnehmung nötig sind.

Der nächste Schritt auf dem Wege vom Physischen zum Geistigen besteht dann in dem, was die Esoterik Einweihung nennt. Bei der Erleuchtung sieht der Mensch in die geistige Welt hinein. Er hat sich eine Kraft erworben, mit der er in diese Welt hineinleuchten kann, sodass er Wesen und Kräfte sehen kann, die ihm vorher verborgen blieben. Bei der Einweihung wird das höhere Ich des Menschen geboren. Mit diesem höheren Ich, das ganz unabhängig von dem physischen Menschen existieren kann, ist es nun möglich, die geistige Welt zu betreten.

Werden die künstlichen Medienwelten auf dem Hintergrund von Erleuchtung und Einweihung gesehen, dann ergibt sich Folgendes. Nehmen wir an, ein Mensch bewegt sich im Cyberspace in einer exotischen Landschaft und begegnet dort einem menschenähnlichen Wesen, nennen wir es Aka. Alles, was der Mensch wahrnimmt, wird nur für diesen Augenblick des Wahrgenommenwerdens erzeugt. Es hat keine eigenständige Existenz, zu der eine Vergangenheit und eine Zukunft gehören würde. Fragt man, wo Aka war, bevor sie auf der Projektionsfläche erscheint, wird man auf ein Computerprogramm verwiesen, auf eine Folge von Ein- und Ausschaltungen also. Die haben mit Aka nichts zu tun, wenigstens nicht in dem Sinne, dass zwischen ihnen eine Beziehung oder Verwandtschaft bestünde wie zwischen der Apfelblüte und dem Apfel.

Angesichts eines blühenden Baumes kann ich den winterlichen und den herbstlichen Baum hinzufügen und begebe mich damit auf einen Weg, der über die sinnliche Welt hinausführt. Für die Erkenntnisse, die dabei gefunden werden, gilt, dass sie nur gewonnen werden können, wenn während des Erkennens eine wirkliche Beziehung zu dem Erkannten besteht.

Aus allem, was auf der Projektionsfläche der medialen Welt erscheint, ist das Geistig-Seelische ausgetrieben. Durch die Art und Weise, wie die Bilder erzeugt werden, ist auch der Weg dahin verbaut. Der Betrachter kann der durch die Bildschirmphänomene hervorgerufenen Augenblickswahrnehmung nichts hinzufügen. Der sinnliche Eindruck und alles, was sich daran heften kann, wird zum ausschließlichen Seeleninhalt. Damit wird eine problematische Haltung zur Welt, die überwunden werden sollte, eingeübt.

Das hat viele Folgen, von denen bereits in früheren Kapiteln die Rede war. Hier sei noch etwas hinzugefügt. Zu den Aufgaben, vor denen jeder Mensch steht, gehört, dass er sich ein Verständnis für sein eigenes Menschsein erarbeitet. Was bedeutet es, ein Mensch zu sein, und was hat dieser eine Mensch für Aufgaben aufgrund seines persönlichen Schicksals? In jedem lebt der Wunsch, diese Fragen zu klären. Der Wunsch ist sogar so stark, dass man sich betäuben muss, wenn man sich nicht auf den Weg macht, die Antworten zu suchen.

Wer viel in der Medienwelt lebt, ist kaum in der Lage, sich über sein eigenes Wesen aufzuklären. Zugleich hat er die Mittel zur Hand, die ihn von diesem Mangel ablenken können. Dabei begünstigen die Medien auch noch das Gegenbild der Suche nach dem eigenen Menschsein. Dieses Gegenbild besteht darin, dass man sich in der Weise für sich interessiert, dass man sich selbst erlebt und genießt und mit sich selbst befriedigt. Die von den Medien erzeugte Welt leistet dem im besonderen Maße Vorschub, weil sie die vielschichtige Wirklichkeit auf den sinnlichen Aspekt reduzieren. Der kann leicht unter dem Gesichtspunkt interessieren: Wie reagiere ich darauf? Werden Gefühle ausgelöst, die sich genießen lassen?

Dabei ist zu bedenken, dass die technische Erzeugung von Bildern und Tönen nicht einfach zu einer unvollständigen Welt führt, einer Welt, der das Wesentliche entzogen ist. Durch die Aushöhlung der komplexen Wirklichkeit, ihre Reduktion auf eine Vorspiegelung der Oberfläche, entsteht ein Vakuum. In dieses Vakuum können Wesen einziehen, die die problematischen Seiten der Medien verstärken und insgesamt ein Interesse daran haben, dass die Medien zerstörerisch wirken.

In diesem Zusammenhang soll einmal die Frage aufgeworfen werden, ob manche Handlungen in Internet und Cyberspace nicht Merkmale magischer Praktiken aufweisen. Der Magier, der Regen herbeizaubern will, taucht einen Zweig in den Fluss und schüttelt ihn über dem Land. Beim Anblick der Wassertropfen, die auf die trockene Erde fallen, stellt er sich den großen Regen vor und versucht, die Kräfte herbeizuzwingen, die in der Natur für den Regen verantwortlich sind.

Die Vermischung von Wirklichkeit und Fantasie und die Absicht, das Fantasierte durch Zwang Wirklichkeit werden zu lassen, sind Merkmale der (grauen oder schwarzen) Magie. Wesentliche Merkmale dieses Vorgangs treten auch bei Handlungen im Cyberspace auf. Der Cybernaut, wie er in der entsprechenden Literatur genannt wird, unterhält sich wirklich mit Aka. Was er eigentlich sucht, die Begegnung mit einem Menschen, das muss er sich allerdings vorstellen, denn die projizierte Aka hat mit einem wirklichen Menschen noch weniger zu tun als ein tropfender Zweig mit dem Regen. Trotzdem wird in der physischen Welt ein Dialog geführt, als wäre das Fantasierte wirklich.

Vergleichbares findet auch statt, wenn mithilfe eines Computerspiels ein Autorennen simuliert wird. Der Spieler dreht wirklich an einem Steuerrad, betätigt Gas- oder Bremspedal und erlebt in seinem Blickfeld entsprechende Veränderungen. Dennoch sitzt er in seinem Zimmer oder in einem Spielsalon, tut aber alles, um das zu vergessen.

Der Spieler ist sich der magischen Elemente seines Tuns nicht bewusst; das unterscheidet ihn vom wirklichen Magier. Diesem Unterschied entspricht, dass er nichts in der Außenwelt erreicht. Die magischen Wirkungen treten in ihm selbst auf, etwa als Verlust des Zeitgefühls oder als das vollständige Vergessen der dreidimensionalen Umgebung. Es gibt auch körperliche Veränderungen, die bei jemandem, der in ein Computerspiel versunken ist, leicht zu beobachten sind.

In welchem Maße die Wirkungen der verschiedenen Medien, jetzt ganz unabhängig von magischen Einflüssen gesehen, den einzelnen Menschen treffen, hängt, wie schon öfter festgestellt, davon ab, wie die Medien eingeschätzt und gegebenenfalls benutzt werden. Im Hinblick auf Letzteres ist zu fragen, ob derjenige, der ein bestimmtes Medium benutzt, grundsätzlich als jemand betrachtet werden muss, der in einer Täuschung (Illusion) befangen ist.

Die Antwort auf diese Frage setzt einige Überlegungen zu dem voraus, was gemeinhin als Illusion bezeichnet wird, wobei die Klärung dieses Begriffs nur in der Abgrenzung zu Wirklichkeit und Wahrheit möglich ist. Im Folgenden soll das Verhältnis von Illusion und Wirklichkeit zunächst an einigen Beispielen verdeutlicht werden. Nehmen wir an, ein Reisender, der die Wüste durchqueren will, kommt vom Wege ab und ist, nach einigen Tagen des Umherirrens, dem Verdursten nahe. In dieser Situation sieht er plötzlich eine Oase mit Dattelpalmen und menschlichen Behausungen.

Wenn der Reisende dort, wo er die Oase sieht, in absehbarer Zeit Wasser und Schatten finden kann, dann ist das, was er sieht, wirklich. Wenn er aber eine Fatamorgana sieht, die seinen Durst nicht stillen kann, dann ist er das Opfer einer Täuschung.

Stellen wir uns jetzt einen Wüstenreisenden vor, der keineswegs am Verdursten ist und obendrein über einige Kenntnisse der physikalischen Optik verfügt. Er sieht plötzlich eine Oase vor sich, wo er sie nicht vermutet hat. Nach einem Blick auf die Karte kommt er zu dem Schluss, dass er die Spiegelung einer weit entfernten Oase sieht.

Diese Spiegelung ist so wirklich wie der Sand, auf dem der Reisende steht. Wird sie als Fatamorgana oder Täuschung bezeichnet, dann beziehen sich diese Begriffe auf die falsche Beurteilung der wahrgenommenen Phänomene.

Es gibt einmal alles, was existiert, sei es nun physisch oder geistig. Man kann das insgesamt Existierende auch als Wirklichkeit bezeichnen, wobei dann allerdings der Begriff im weiteren Sinn genommen wird. Vielleicht sollte man sogar von einem uneigentlichen Wortgebrauch sprechen.

Aufgabe des Menschen ist es, sich in dem, was existiert, zu orientieren und zu entwickeln. Das kann nur gelingen, wenn das Existierende sachgemäß beurteilt wird. In dem Maße, wie das gelingt, entsteht Wirklichkeit im engeren Sinne. Wie man eine Fatamorgana sowohl als Spiegelung bezeichnen kann und dann von einer Wirklichkeit spricht, in ihr aber auch eine Oase sehen kann und dann in einer Täuschung befangen ist, so kann man auch von Medien und Cyberspace so reden, dass entweder eine Wirklichkeit in den Blick kommt oder eine Täuschung vorliegt.

Von Medien und Cyberspace so zu sprechen, dass eine Wirklichkeit in den Blick kommt, ist besonders schwer, obwohl der

Mensch diese Dinge selbst hervorgebracht hat. Die Schwierigkeit hat wohl damit zu tun, dass in die Schaffung der künstlichen Welten Hoffnungen auf ein leichteres und angenehmeres Leben eingeflossen sind, Hoffnungen, deren Erfüllung ein wirklichkeitsgemäßes Erfassen dieser Erzeugnisse verhindern würde.

Ein weiterer Grund hängt mit der Elektrizität zusammen, die eine Art künstliche Welt entstehen lässt, die schwer zu durchschauen, dafür aber umso faszinierender ist. Am Beispiel der exotischen Landschaft, in der sich das Wesen Aka bewegt, seien einige Hinweise gegeben, die das Besondere dieser Art von Wirklichkeit verdeutlichen sollen. Man stelle sich vor, ein Besucher des Cyberspace fragt Aka: »Wie geht es dir?« Die Antwort laute: »Gut. Was kann ich für dich tun?«

Seit Joseph Weizenbaum das Programm »Eliza«, das Antworten eines Psychiaters simuliert, geschrieben hat, weiß man, dass Computerprogramme auf Fragen, die sich in einem bestimmten Rahmen bewegen, Antworten hervorbringen können, die eine gewisse Plausibilität haben. Bei den Benutzern solcher Programme tritt, wie Weizenbaum bereits mit Schrecken feststellen musste, die Neigung auf, die maschinelle Hervorbringung der Antworten zu vergessen. Das hat nachvollziehbare Gründe. Wenn derjenige, der sich an Aka wendet, die auf seine Frage vorgesehene Antwort selbst aussuchen und durch das Betätigen eines Schalters auslösen müsste, würde sich keinerlei Faszination einstellen. Er hätte den Eindruck, sich mit sich selbst zu beschäftigen.

Das technische System, das den Cyberspace hervorbringt, gibt ihm mithilfe der Elektrizität etwas, das wie Intelligenz und Lebendigkeit wirkt. Die Frage »Wie geht es dir?« wird verarbeitet (»wahrgenommen« und »verstanden«) und dann zu der Stelle geleitet, die die passende Antwort hervorbringt. Auf diese Weise wird die Frage »Wie geht es dir?« zum »Schalter« für das Auslösen der Antwort. Dieser Vorgang tritt aber nicht ins Bewusstsein, und so entsteht leicht der Eindruck, einer selbstständig handelnden Intelligenz zu begegnen.

Die Art, wie hier etwas verborgen und vorgetäuscht wird, unterscheidet sich grundlegend davon, wie das in der natürlichen

290

Sinneswelt geschieht. Der Schleier, den die Sinneswelt über das Geistige legt, hat seine volle Berechtigung. Es handelt sich um ein Göttergeschenk, das uns hilft, die geistige Welt nicht eher zu betreten, bis wir – in der Auseinandersetzung mit der Sinneswelt – die dafür notwendigen Kräfte erworben haben. Die Menschen haben so allen Grund, die sinnlich wahrnehmbare Welt zu schätzen und liebevoll damit umzugehen.

Die technisch erzeugte Sinneswelt bildet eine Maya, die undurchdringlich ist. Sie verhüllt auch nicht nur, sondern täuscht Falsches vor. Der Mensch wird leicht zum Gefangenen der technischen Scheinwelt. Dabei läuft er Gefahr, so viele Kräfte zu verlieren, dass er sich nicht mehr befreien kann.

14. Neuere Entwicklungen

In diesem Abschlusskapitel sollen einige der Entwicklungen betrachtet werden, die in den eineinhalb Jahren der Abfassung dieses Buches stattgefunden haben. Allgemein ist festzustellen, dass das Tempo der Entwicklung und Veränderung im Bereich der Informations- und Kommunikationstechnologien nach wie vor ungebrochen ist, und zwar derart, dass auch jemand, der diese Dinge seit Jahren beobachtet, immer aufs Neue überrascht ist.

Zu den Veränderungen der letzten Zeit gehört, dass Computer, Internet und dergleichen den Charakter der Neuartigkeit verlieren und stattdessen als Selbstverständlichkeit betrachtet werden, eine Selbstverständlichkeit zudem, die mehr und mehr das Leben der Menschen prägt und der folglich besondere Aufmerksamkeit gebührt.

Parallel zu dieser Entwicklung treten Pädagogen, Politiker und andere einflussreiche Leute immer entschiedener mit der Forderung auf, jeder müsse sich in die Nutzung der neuen Möglichkeiten einüben. Wurde vor einigen Jahren noch allgemein von einer drohenden Zweiklassen-Gesellschaft geredet, so können jetzt konkret Nachteile genannt werden, die denjenigen treffen, der zum Beispiel keinen Zugang zum Internet hat.

Inzwischen liegt auch die erste Studie vor, die Nutzer des Internet und solche, die das Internet nicht nutzen, miteinander vergleicht. Da diese Studie in vieler Hinsicht symptomatisch ist, wird sie hier einigermaßen ausführlich referiert.[104] Zunächst werden einige Nachteile genannt, die in Kauf nehmen muss, wer keinen Internetzugang hat: Es ist schwieriger, an der Börse zu spekulieren und begehrte Aktien zu bekommen. Die Stellensuche wird schwierig, weil eine zunehmende Zahl von Firmen ihre Stellenangebote im Internet veröffentlicht. Solche Firmen erwarten dann auch, dass der Bewerber über die Homepage der Firma Kontakt aufnimmt. Studenten finden im Internet die Vorlesungsverzeichnisse aller Universitäten. Die gedruckten Verzeichnisse erscheinen viel später. Schüler und Studenten ohne Internetzugang haben mehr Mühe, Unterlagen und Anregungen für Hausaufgaben und Referate zu bekommen. Das Internet bietet Vorschläge, Vorlagen und Materialien. Aus eigener Erfahrung kann ich anmerken, dass es zunehmend schwierig wird, ohne Internet Informationen über Veranstaltungen, Tagungen und dergleichen zu bekommen. Die während der Weltausstellung in Hannover im Laufe eines Tages stattfindenden Veranstaltungen waren außerhalb Hannovers praktisch nur über das Internet zu erfahren.

Was die Zahl derjenigen betrifft, die einen Zugang zum Internet haben, so lag sie Ende 1999 bei 10,3 Millionen. Drei Monate später hatten bereits 13 Millionen Deutsche einen Zugang. Bis Ende des Jahres wird mit 20 Millionen Teilnehmern gerechnet.

Die Umfrage wurde im Auftrag von »Spiegelreporter« und »Spiegel-Online« von dem Meinungsforschungsinstitut Emnid durchgeführt. Das Institut befragte 1000 Menschen, die das Internet häufig benutzen, und 1000 Menschen ohne Internetzugang. Die folgenden Zitate enthalten die wichtigsten Ergebnisse der Untersuchung. (Als Viel-Nutzer galt bei der Umfrage, wer mindestens mehrmals pro Woche ins Netz geht; als Nicht-Nutzer galt, wer seltener als einmal im Monat oder nie ins Netz geht.) Die Unterschiede sind gravierend.

Wer selbstständig ist, wer flexibel, leistungsbereit, gebildet und gut verdienend ist, der geht deutlich häufiger online als Angestellte mit geringem Einkommen. Das liegt sicher zum Teil an den rund 2000 Mark, die man bei Aldi für Computer nebst Modem hinlegen muss, aber nicht nur: Wer kein Internet hat, der ist auch anderen Techniken gegenüber skeptisch. Gentechnik, Roboter, Automatisierung, künstliche Intelligenz flößen ihm mehr Furcht ein. Jeder Zweite aus dieser Gruppe gebraucht nicht einmal ein Handy.

Die Netz-Deutschen sind zufriedener in ihrem Beruf, behaupten häufiger, sie seien auch erfolgreich, und sie sind leistungsbereiter: Jedenfalls sagen 43 Prozent von ihnen, sie würden auch ohne Ausgleich mehr arbeiten. (…)

Das Internet ist FDP-Land. Schon jetzt liegen die Liberalen unter den Netz-Junkies bei 14 Prozent Stimmenanteil. (...)

Auch die Grünen werden überproportional oft gewählt, den großen Volksparteien trauen die Surfer nicht viel zu. (...)

»Ich will Macht und Einfluss«, sagen fast doppelt so viele Surfer wie Deutsche ohne Netzanschluss. Auch das ist typisch für den Graben, der die Deutschen teilt. Die Onliner gebrauchen ihre Ellenbogen. Die traditionellen Solidaritätsthemen wie Menschenrechte, Umweltschutz, Familie und Kirche sind ihnen dagegen weniger wichtig. Dem Satz »Ich bin auf der Welt, um Gutes zu tun« stimmen zehn Prozent weniger zu als bei den Nicht-Nutzern.

Die digitale Kluft verläuft zunächst einmal zwischen den Generationen: Die Internet-Deutschen sind im Gros zwischen 25 und 45 Jahre alt und damit jünger als die Restbevölkerung, wenn auch nicht ganz so jung, wie oftmals angenommen.

Der zweite demographische Unterschied betrifft das Einkommen. Internet-Deutsche verdienen mehr.

Könnte es aber sein, dass Egoismus, Karrierebewusstsein und Leistungsbereitschaft ohnehin typisch für Leute mittleren Alters mit hohem Einkommen sind, ganz gleich, ob nun mit Netzanschluss oder ohne?

Emnid hat bei den Deutschen ohne Internet die »statistischen Zwillinge« der typischen Viel-Surfer untersucht. Das Ergebnis: Viel-Surfer haben tatsächlich ein anderes Lebensgefühl – auch gemessen an jenen, die ihnen nach Geschlecht, Alter und Bildung gleichen. (...)

Die anderen, die Internet-Losen, werden ganz allmählich zum Proletariat der vernetzten Wissensgesellschaft. Und sie ahnen es bereits. 18 Prozent von ihnen sagen, Menschen ohne Internet werden bald arbeitslos sein. (...)

Jugendliche bewegen sich völlig anders im Netz als ältere Surfer. Sie verschicken weniger Mails, sie kaufen viel weniger ein, aber sie sind dreimal so häufig in Chat-Räumen und Diskussionsforen. Sie verlieren schneller das Gefühl dafür, wie lange sie schon im Internet surfen. (...)

Satte 37 Prozent der Viel-Nutzer wollen an sich beobachtet haben, dass ihr Leben durch das Netz schneller geworden sei. 17 Prozent sagen, sie seien durch das Netz ungeduldiger geworden.

Emnid fragte nach, bei welchen Gelegenheiten sich das bemerkbar gemacht habe. Im Gegensatz zu den anderen Fragen gab Emnid diesmal keine Antworten vor, die Interviewten mussten sich selbst etwas ausdenken.

Das Ergebnis: Die meisten gaben spontan an, sie seien im täglichen Leben ungeduldiger geworden. »Es muss alles schneller gehen, ich will alles sofort haben«, war beispielsweise eine der typischen Antworten. Was das Internet an All-Verfügbarkeit verspricht, verlangen Heavy-User auch vom realen Leben. 13 Prozent der Ungeduldigen sind bereits genervt, wenn sie auf eine E-Mail warten müssen. (…)

Das Online-Sein verändert das Bewusstsein, dafür liefert Emnid noch weitere Indizien.

Mehr als zwei Drittel der Viel-Surfer finden es beispielsweise großartig, rund um die Uhr im Netz einkaufen zu können. Das ist erst mal nicht überraschend. Aber 50 % verlangen im realen Leben einen ähnlichen Komfort: Sie wollen auch am Sonntag durch die realen Läden stöbern können. (…)

Auf manche Fragen, das wissen die Demoskopen, gibt es keine ehrlichen Antworten, so zum Beispiel auf die Frage: »Schauen Sie sich im Netz Porno-Seiten an?« Wenn die Befragten aber nicht über sich selbst sprechen sollen, sondern über einen abstrakten »typischen Internet-Nutzer«, schreiben sie der Kunstfigur genau die Verhaltensweisen zu, die sie von sich selbst kennen.

Von allen Merkmalen, die Emnid für den typischen Surfer vorgab, wählten die Internet-Nutzer am häufigsten den Porno-Konsumenten – 70 % der Internet-Deutschen sind männlich. (…)

Das Internet ist mehr als ein Kommunikationsmittel, es ist ein Lebensmittel, das die Art und Weise verändert, wie die Deutschen lernen und arbeiten, produzieren und konsumieren, denken und leben – je schneller und je mehr Bundesbürger das begreifen, desto besser für sie.

Das letzte Zitat bildet den Schluss des Beitrages. Er knüpft an den Anfang an, wo erwähnt wird, der amerikanische Präsident Bill Clinton habe eine Zwei-Milliarden-Dollar-Programm initiiert, »um ärmeren Amerikanern das Menschenrecht auf Internet zu finanzieren«.

Zur Einschätzung des Artikels muss man wissen, dass es seit einigen Jahren üblich ist, die Nutzer der verschiedenen Medien nach Typen zu unterteilen. Die beiden öffentlich-rechtlichen Fernsehsender (ARD und ZDF) machten den Anfang und entwickelten 1997 auf der Basis von Lebensstilansätzen eine Medien-NutzerTypologie (abgekürzt (MNT). Die Typologie berücksichtigt Themeninteressen, Musikgeschmack, Wertorientierung und Lebensziele. Man kam auf insgesamt neun Typen: Junge Wilde, Erlebnisorionte, Leistungsorientierte, Neue Kulturorientierte, Unauffällige, Aufgeschlossene, Häusliche, Klassisch Kulturorientierte, Zurückgezogene.[105]

Man weiß, wie hoch der Anteil der einzelnen Typen an der Gesamtzahl der Zuschauer ist, und kennt die Gewohnheiten, die sie bei der Programmauswahl leiten. Dieses Wissen wird für die Programmgestaltung eingesetzt. Noch nützlicher ist es für die Werbewirtschaft.

Der Unterscheidung von Nutzertypen diente auch die Allensbacher Computer- und Telekommunikationsanalyse (ACTA). Die Untersuchung basiert auf einer repräsentativen Stichprobe von 9558 Personen über 14 Jahren in Deutschland. Zur Gewinnung einer Typologisierung wurden folgende Merkmale berücksichtigt: Nutzungsverhalten, inhaltliche Interessen und Themenwahl, Einstellung (zum Beispiel gegenüber der Technik) und Persönlichkeitseigenschaften. Die Befragung nach diesen Kriterien ergab insgesamt sechs Typen: der versierte User, der engagierte User, der zweckorientierte User, der Einsteiger, der Indifferente, der Desinteressierte.[106]

Solche Typologisierungen sind insbesondere seit den letzten Jahren zu beobachten, und man gewinnt den Eindruck, dass sie immer mehr Bedeutung gewinnen. Ich möchte auf zwei Aspekte hinweisen. Die Menschen werden durch solche Einteilungen zu

Bestandteilen der Medien- und Computermaschinerie, zu Bestandteilen, über die man verfügen und die man einplanen kann, weil sie berechenbar sind. Als Individuum spielt der Mensch schließlich keine Rolle mehr.

Zusätzlich muss darauf hingewiesen werden, dass solche Typenbildungen darauf angelegt sind, alle diejenigen, die Medien und Computern gegenüber skeptisch sind, zu Verlierern und Dummköpfen zu stempeln. Bei der zuletzt angeführten Untersuchung machen die als indifferent oder desinteressiert Bezeichneten über die Hälfte der Befragten aus. Dennoch werden sie mehr oder weniger abgeschrieben. Die Charakterisierung der Desinteressierten lautet: »eher älter und unterdurchschnittlich gebildet.«[107] Würde heute jemand in dieser Weise von den Angehörigen einer bestimmten Volksgruppe reden, müsste er mit dem Vorwurf des Rassismus rechnen.

Für die weitere Entwicklung wird viel davon abhängen, ob es auch weiterhin Menschen gibt, die sich für Medien und Computer interessieren, aufgrund dieses Interesses aber zu einer skeptischen Haltung kommen. Es wäre natürlich auch wichtig, dass diese Menschen mit ihren Ansichten in der Öffentlichkeit präsent bleiben.

Zu den Entwicklungen der letzten Zeit gehört auch, dass verstärkt diskutiert wird, ob sich die Menschen durch das Leben in der Welt der Medien und Computer verändern. So warfen verschiedene Tageszeitungen im Juli 2000, teilweise auf der Titelseite, die Frage auf, ob Fernsehen und Computer die Menschen klüger oder dümmer mache. Es wurde von Forschungen berichtet, die dieser Frage nachgegangen waren.

Am bekanntesten ist in diesem Zusammenhang der so genannte Flynn-Effekt. Der neuseeländische Politikwissenschaftler James Flynn kam in den achtziger Jahren zu dem Ergebnis, der Intelligenzquotient sei in den Industrieländern seit Beginn des 20. Jahrhunderts kontinuierlich gestiegen.

Diese Feststellung wird erst aussagekräftig, wenn man schaut, welche Tests Flynn benutzte und welche Testergebnisse die Steigerung des Intelligenzquotienten bewirkten. Geht man dieser

Frage nach, dann zeigt sich, dass es vor allem nonverbale Tests sind, die besser bewältigt werden. Diese Tests werden auch kulturreduzierte Tests genannt, weil durch Lernen und Studium erworbene Bildung bei ihnen keine Rolle spielt. Die Testergebnisse weisen darauf hin, dass akustische und optische Reize immer schneller verarbeitet werden. (Man spricht von einer Steigerung um dreißig Prozent.)

Ein in diesem Zusammenhang häufig verwendeter Test ist der Raven-Test, benannt nach dem britischen Psychologen John C. Raven.

»Die Getesteten erhalten jeweils eine Matrix aus geometrischen Mustern, in der ein Element so zu ergänzen ist, dass sich in den Reihen und Spalten der Matrix eine geometrische Ordnung ergibt (siehe Abbildung 13). Die mit diesem Test gemessenen Leistungen sind im Lauf der Zeit geradezu gespenstisch gestiegen, im Schnitt um etwa fünf IQ-Punkte pro Jahrzehnt. In den Niederlanden, wo der Raven-Test zum Standardrepertoire bei der Musterung von Wehrpflichtigen zählt, kletterte die mittlere Testleistung zwischen 1952 und 1982 um insgesamt 21 IQ-Punkte in die Höhe. Ein junger Mann, der 1952 mit seinem Testwert im obersten Zehntel der Intelligenz gelandet wäre, hätte mit demselben Resultat 30 Jahre später nur noch einen Durchschnittsrang.«[108]

Die amerikanische Kognitionsforscherin Patricia Greenfield fand heraus, wie sich die Ergebnisse bei Intelligenztests verbessern lassen. Eine Gruppe von zwölfjährigen Schülern wurde getestet und dann in zwei Gruppen geteilt. Die eine Gruppe übte mehrere Wochen ein Videospiel, bei dem das räumliche Vorstellungsvermögen trainiert wird. Mit der Kontrollgruppe wurden Wortspiele geübt. Bei einem erneuten Intelligenztest zeigten die Videospieler deutlich verbesserte Ergebnisse, während bei der anderen Gruppe kaum ein Anstieg zu verzeichnen war.

Auf die Frage, wie sich Medien und Computer auf die sprachlichen Fähigkeiten auswirken, antwortete Patricia Greenfield in einem Interview folgendermaßen:

»Auch die Ergebnisse in sprachlichen Testaufgaben haben sich verbessert, allerdings wesentlich geringer. Das Sprachvermögen

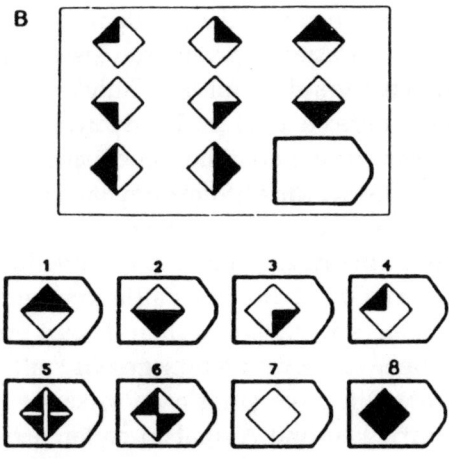

Abbildung 13: Welche der Figuren 1–8 gehört in das leere Feld?

und der Wortschatz breiter Massen sind durch das Fernsehen erweitert worden, wenn auch nicht auf einem hohen Niveau. Deutlich gesunken sind hingegen die Ergebnisse der Schulleistungstests in den USA. Hier wird ein gehobenes literarisches Vokabular verlangt und eine Beherrschung von Grammatik und Syntax, wie sie eben nicht durchs Fernsehen vermittelt wird. Die vielen Stunden, die vor dem Fernseher und mit Videospielen verbracht werden, bedeuten zwangsläufig, dass weniger gelesen wird.

Damit sinkt auch das Interesse am sprachlichen Ausdruck. Gleichzeitig entwickelt sich ein internationaler Verständigungsstil, der weniger auf Sprache als auf symbolische Bilder gestützt ist. Auf einem großen Flughafen etwa verlassen Sie sich auf bildliche Zeichen, um die Gepäckausgabe oder die Toiletten zu finden. Diese Entwicklung entwertet die Sprache.«[109]

Demnach sind die Intelligenztests von der Art, dass sie eine Zunahme von Intelligenz anzeigen, obwohl die sprachliche Ausdrucksfähigkeit sinkt und die Sprache insgesamt eine Abwertung erfährt.

Abschließend sei noch ein Blick auf etwas geworfen, worin viele heute eine Schlüsselqualifikation der Wissens- und Informationsgesellschaft sehen und das mit dem Wort »Multitasking« bezeichnet wird. Der Ausdruck stammt ursprünglich aus der Computertechnologie und meint die Fähigkeit des Computers, mehrere Aufgaben gleichzeitig zu bearbeiten (dafür steht auch die englische Bezeichnung »parallel processing«).

Ein typisches Beispiel für Multitasking läge vor, wenn jemand beim Autofahren mit dem Handy telefoniert, Musik hört, mit seinem Mitfahrer spricht und dabei den Verkehr im Auge hat. Von Jugendlichen heißt es, die Beschäftigung mit einer einzigen Aufgabe würde sie schnell langweilen. Damit entsprächen sie den Anforderungen der Informationsgesellschaft, deren Tempo und Informationsfülle übergangslosen Wechsel zwischen verschiedenen Eindrücken und Aufgaben verlange, während Konzentration auf eine Sache und längeres Verweilen bei ihr nicht gefragt seien.

Kritische Stimmen meinen, Multitasking könne süchtig machen und begünstige Aufmerksamkeitsstörungen. Der Psychologe und Hirnforscher Ernst Pöppel ist der Auffassung, der Mensch könne zuvor, während er mit einer Sache beschäftigt sei, anderes nebenbei wahrnehmen oder tun, er sei aber nicht in der Lage, sich mit voller Aufmerksamkeit mehreren Dingen gleichzeitig zu widmen. Wörtlich heißt es bei ihm:

»Obwohl man sich also mit einem Multitaskingstil des inneren ›Mental-Zappings‹ daran gewöhnen kann, in kurzen, unzusammenhängenden Sequenzen oder ›Clips‹ wahrzunehmen, sehe ich darin nichts Positives, weil es tatsächlich einen schizoiden, unzusammenhängenden Denkstil fördert: Das Bewusstsein kann die jeweiligen Inhalte nicht mehr sinnvoll repräsentieren oder gar verarbeiten – die jeweilige Informationsflut rauscht gewissermaßen an einem vorbei. Vor allem verhindert der dauernde Wechsel zwischen bedeutungsvollen Kontexten eine nachhaltige Verinnerlichung dessen, was repräsentiert wird: Man kann kein fundiertes oder ›vertieftes‹ Wissen aufbauen. (...)

Und da Multitasking kein eigentliches ›Weltwissen‹ schafft, ist es auch für die individuelle Intelligenz- und Wissensentwicklung wenig hilfreich.«[110]

Die Einteilung der Menschen nach Nutzertypen einerseits und die Veränderungen im Bereich der menschlichen Leistungsfähigkeit andererseits haben gemeinsam, dass der einzelne Mensch mit seinen persönlichen Möglichkeiten und Zielen immer weniger gefragt ist. Betrachtet man die Testaufgaben, deren Lösung zu einem Anstieg der Intelligenz geführt haben, dann trifft man auf Leistungen, die auch Maschinen erbringen können. Der Anstieg des Intelligenzquotienten beruht ganz überwiegend auf Fertigkeiten, die man im Umgang mit Medien und Computern erwirbt und die man auch nur dort brauchen kann. Die Ergebnisse von Patricia Greenfield sind ein Beleg für diese Behauptung. Zwölfjährige Kinder, die einige Wochen lang Videospiele geübt hatten, waren danach, wenn sie getestet wurden, »intelligenter«. Was hatten sie sich denn erworben? In erster Linie waren sie bessere Spieler geworden. Daneben hatten sie noch eine Art von räumlichen Vorstellungen geübt, bei dem es darauf ankommt, eine Fläche so zu sehen, als sei sie ein dreidimensionaler Raum. Diese Fähigkeit braucht man hauptsächlich im Umgang mit dem Bildschirm.

In Zukunft wird es mehr und mehr dahin kommen, dass hauptsächlich solche Fähigkeiten erworben werden und als wichtig gelten, die in der Medienwelt gebraucht werden. Eine bedeutende Rolle übernehmen dabei Computerspiele. Die »Bild«-Zeitung hat eine Extra-Rubrik eingerichtet, in der Kinder anderen Kindern mitteilen, wie sie in einem Computerspiel zu einem Erfolg gekommen sind. Da ist dann von Mondsteinen, geklonten Sonderbonbons und Zinnoberinseln die Rede. Die Kinder lernen etwas, und zugleich wird ihr Denken verdorben, weil es nur dazu dient, sinnlose Dinge zu lernen und zu tun.

Anmerkungen

1 Siehe Martin Kuckenburg, »… und sprachen das erste Wort. Die Entstehung von Sprache und Schrift. Eine Kulturgeschichte der menschlichen Verständigung«, Düsseldorf 1996, Seite 168.

2 Nikolaus von Kues, »Predigten von 1430-1441. Schriften«, herausgegeben von E. Hoffmann (1952), Seite 317.

3 Siehe dazu Hans Börnsen, »Vom Lesen im Buch der Natur«, Dornach 1986.

4 Rudolf Steiner, »Gesammelte Aufsätze zur Kultur und Zeitgeschichte 1887-1901«, Gesamtausgabe Nr. 31, Seite 341–354.

5 Siehe dazu Marshall McLuhan, »Die Gutenberg-Galaxis«, Düsseldorf, Wien 1968, Seite 251.

6 Siehe »Reallexikon der deutschen Literaturgeschichte«, Berlin/New York 1984, Band 4, Stichwort »Trivialliteratur«.

7 Zitiert nach Albert Béguin, »Blaise Pascal in Selbstzeugnissen und Bilddokumenten«, Hamburg, rowohlts monographie, 1959, Seite 131.

8 Rudolf Steiner, Vortrag vom 20.7.1924, in Gesamtausgabe Nr. 240.

9 Die Rede von »Widersachern« könnte so verstanden werden, als sei gemeint, ein Heer von bösen Wesen lauere um uns, die nichts anderes im Sinn hätten, als den Menschen zu schaden. Zur Überwindung dieser Vorstellungen, gegen die man sich zu Recht wehren müsste, sei ein Blick auf jene Szene in Goethes »Faust« geworfen, in der Faust dem Widersacherwesen Mephistopheles zum ersten Mal begegnet.
Faust: Nun gut, wer bis du denn?
Mephistopheles: Ein Teil von jener Kraft, die stets das Böse will und stets das Gute schafft.
Mephistopheles und seinesgleichen sind für die Entwicklung des Menschen so nötig wie die dem Menschen wohlgesonnenen Geistwesen. Allerdings entsteht das Gute, für das die Widersacher nötig sind, nicht dadurch, dass sie es selbst hervorbringen, sondern dadurch, dass der Mensch ihnen entgegentritt. Im Widerstandleisten kann sich der Mensch zu einem freien und moralischen Wesen entwickeln.

10 Michael Reuter, »Telekommunikation«, Heidelberg 1990, S. 23. Abbildung 1, dort Seite 22.

11 Frank Haase, »Die Revolution der Telekommunikation. Die Theorie des telekommunikativen Apréoris«, Baden-Baden 1996, S. 45.

12 Frank Haase (1996), S. 38. Siehe dort auch das Kapitel «Literatur und Telegraphie«.

13 Eine Stelle aus dem Schlusskapitel des fantastischen Romans »Des Luftschiffes Giannozzo Seebuch« von Jean Paul. Zitiert nach Haase (1996), S. 68.

14 Zitiert nach Haase (1996), Seite 189.

15 Rudolf Steiner, »Anthroposophie und das menschliche Gemüt«, Dornach 1985, Vortrag 1–3 (Gesamtausgabe Nr. 223).

16 Pierre Simon de Laplace, »Philosophischer Versuch über die Wahrscheinlichkeit«, 1814. Reprint Berlin 1986, S. 2. Zitiert nach Haase (1996), S. 52.

17 Patrick Schmidli, »Das Zeitalter der Telekommunikation«, Bern 1997, S. 87.

18 Samuel Thomas Soemmerring, »Über das Organ der Seele«, Königsberg 1796, S. 36. Nachdruck Amsterdam 1966. Zitiert nach Haase (1996), S. 86.

19 George P. Oslin, »The Story of Telecommunications«, Macon, Georgia, 1992, S. 33.

20 Neil Postman, »Wir amüsieren uns zu Tode«, Frankfurt 1987, vor allem Kapitel 5.

21 Ich beziehe mich hier auf die Sinneslehre Rudolf Steiners. Siehe dazu: Rudolf Steiner, »Zur Sinneslehre«, herausgegeben von Christoph Lindenberg (Themen aus dem Gesamtwerk, Band 3).

22 Ulrich Lange et. al. (Hrsg.), »Telefon und Gesellschaft. Beiträge zu einer Soziologie der Telefonkommunikation«, Berlin 1989.

23 In seinem Beitrag »Telefongeschichte als Sozialgeschichte: Die soziale und kulturelle Aneignung des Telefons im Alltag« schreibt Klaus Beck (siehe Anm. 1, Band 1, Seite 45 ff.), im Zusammenhang mit dem Telefon gebe es keine Akzeptanzprobleme. Das Telefon habe »Quasi-Naturstatus«. Bei einer in Berlin durchgeführten Studie gab die Hälfte der Befragten an, dass Telefonate nicht anders als persönliche, mündliche Gespräche verliefen. Beck sieht darin ein hohes Maß an Veralltäglichung. Telefonieren gilt als etwas, über das es sich nicht weiter nachzudenken lohnt.

24 Das Phänomen des Hörens in Bezug auf die technischen Medien ist

ausführlicher dargestellt in: Heinz Buddemeier, »Das Hören. Tor zu Seele und Geist um uns. Mit einem Blick auf die technischen Medien«, Bad Liebenzell (Verein für Anthroposophisches Heilwesen) 1996.

25 Zitiert nach Michael Reuter, »Telekommunikation«, Heidelberg 1990, Seite 86.

26 a.a.O., Seite 89.

27 Werner Rammert, »Der Anteil der Kultur an der Genese einer Technik: Das Beispiel des Telefons«, in: »Telefon und Gesellschaft«, Band 1, Seite 93 (siehe Anm. 1).

28 Siehe Günter Ropohl, »Technikbewertung des Telefons – Problem und Perspektiven«, in: »Telefon und Gesellschaft«, Band 1, Seite 78 (siehe Anm. 1).

29 Klaus Beck, »Telefongeschichte als Sozialgeschichte«, in: »Telefon und Gesellschaft« (siehe Anm. 1), Seite 64.

30 Siehe dazu Heinz Buddemeier, »Illusion und Manipulation. Die Wirkung von Film und Fernsehen auf Individuum und Gesellschaft«, Stuttgart 1987, insbesondere Kapitel VI.

31 Gisela Leky und Heidemarie Schumacher, »Aspekte mediengebundener Kommunikation am Beispiel Telefontreff Köln«, in: »Telefon und Gesellschaft«, Seite 135 ff. (siehe Anm. 1).

32 Franziska Baumgarten, »Psychologie des Telefonierens« (1931), in: »Telefon und Gesellschaft«, Seite 187 ff. (siehe Anm. 1).

33 Peter Lutzker, »Der Sprachsinn. Sprachwahrnehmung als Sinnesvorgang«, Stuttgart 1996, Seite 39. Lutzker stützt sich auf William S. Condon, den Pionier der Erforschung des linguistisch-kinesischen Verhaltens.

34 William S. Condon, »An Analysis of Behavioral Organization, in: Sign Language Studies 13« (1976); Neuauflage Sign Language Studies 59(1988), Seite 59. Zitiert nach Lutzker.

35 Siehe Peter Lutzker (Anm.12, Seite 121).

36 Eva Schabedoth et. al., »›Der kleine Unterschied‹ – Erste Ergebnisse einer repräsentativen Befragung von Berliner Haushalten zur Nutzung des Telefons im privaten Alltag«, in: »Telefon und Gesellschaft« (siehe Anm. 1), Seite 110.

37 Der Brief wird zitiert in einem Aufsatz von Reginald Luijf, »Technologie und Imagination«, in: »Kairos«, Band 1 (Bremen, September 1994). Ich stütze mich im Folgenden auf einige Gedanken des sehr anregenden Beitrags.

38 Werner Georg Haverbeck, »Die andere Schöpfung. Technik – Ein Schicksal von Mensch und Erde«, Stuttgart 1978, Seite 53.

39 Zur Geschichte der Beleuchtung siehe Wolfgang Schivelbusch, »Lichtblicke. Zur Geschichte der künstlichen Helligkeit im 19. Jahrhundert«, München 1983.

40 Der Philosoph Gernot Böhme hat »Atmosphäre« zum Schlüsselbegriff der neuen Ästhetik gemacht: »Atmosphäre ist die gemeinsame Wirklichkeit des Wahrnehmenden und des Wahrgenommenen«, heißt es in Gernot Böhme, »Atmosphäre. Essays zur neuen Ästhetik«, edition suhrkamp, Frankfurt 1995.

41 »Illusion und Manipulation. Der Einfluss von Film und Fernsehen auf Individuum und Gesellschaft«, Stuttgart, 2. Auflage 1996; »Die unhörbare Suggestion. Forschungsergebnisse zur Beeinflussung des Menschen durch Rockmusik und subliminale Kassetten«, Stuttgart, 2. Auflage 1990; »Das Hören. Tor zu Seele und Geist um uns. Mit einem Blick auf die technischen Medien«, Bad Liebenzell 1996.

42 Siehe dazu Rainer Patzlaff, »Die Rettung der Sinne – Aufgabe unserer Zeit«, in: »Erziehungskunst«, Mai/Juni 1995.

43 Nach »Historisches Wörterbuch der Philosophie«, Band 1, Stichwort »Atomismus«.

44 Siehe Erhard Tietel, »… geschaffen nach unserem Bilde. Die Personifizierung des Computers«, in: Heinz Buddemeier (Herausgeber), »Der Computer und seine Nebenwirkungen«, Bremen (Medienkritische Reihe, Band 2) 1998. Das »Spiegel«-Zitat ist diesem Beitrag entnommen.

45 Siehe Uwe Buermann, »Hardware, Software, Wetware. Der Einfluss der Digitalisierung auf das Vorstellungsleben der Neuzeit«, in: »Der Computer und seine Nebenwirkungen« (siehe Anm. 1).

46 Erhard Tietel, »Das Zwischending. Anthropomorphisierung und Personifizierung des Computers«, Regensburg 1995.

47 Von Paul M. Churchland, Heidelberg 1997.

48 Siehe R. Descartes, »Discours de la méthode«, V; siehe auch das Stichwort »Automat« im Historischen Wörterbuch der Philosophie, Darmstadt 1971, Band 1.

49 Zitiert nach Konrad Schily, »Der staatlich bewirtschaftete Geist. Wege aus der Bildungskrise«, Düsseldorf 1993, Seite 102.

50 Vortrag vom 1. April 1921, Gesamtausgabe Nr. 203.

51 Stellvertretend siehe den umfangreichen Katalog zu der Ausstellung »Fotografie nach der Fotografie«, herausgegeben von Hubertus von Amelunxen et.al., Dresden/Basel 1955.

52 »Geo Extra«, Nr. 2 zum Thema »Fotografie«, Hamburg 1996, Seite 54.

53 Wenn bestimmte Objekte abgebildet werden sollen, was in der Praxis meistens der Fall ist, dann gehört zum technischen System auch noch eine Betrachtungseinrichtung zur Festlegung des Bildausschnittes.

54 Ein Sonderfall liegt vor, wenn Licht und abzubildendes Objekt identisch sind.

55 I. Niepce, »Historique de la découverte improprement nommée Daguerréotype«, Paris 1841, S. 29. Das Zitat lautet im französischen Original: »M. Niepce, désirant fixer par un moyen nouveau, sans avoir recours à un dessinateur, les vues qu'offre la nature, a fait des recherches à ce sujet: de nombreux essais constatant cette découverte en ont été le résultat.«

56 L. J. M. Daguerre, »Historique et description des procédés du Daguerréotype et du Diorama«, Paris 1939, S. 39. Das Zitat lautet im französischen Original: »La découverte que j'ai faite, et que je désigne sous le nom d'Héliographie, consiste à reproduire spontanément, par l'action de la lumière, avec les dégradations de teintes du noir au blanc, les images reçues dans la chambre obscure.«

57 Jules Janin, »La description du Daguerréotype«, in: »L'Artiste«, Band 3 (1839) S. 281. Das Zitat lautet im französischen Text: »portrait spontané de la nature vivante.«

58 »The Knickerbocker«, New York, Band 14 (1839), S. 561. Das Zitat lautet im englischen Text: »Take the view into the strongest sunlight, by the window, and survey with a glass its minutest beauties. There ist not a stone traced there, that has not its archetype in the edifice. Those square towers, those Gothic arches and buttresses; the rich tracery, and that enterprising tourist looking down upon Paris – there they were, and here they are.«

59 »Le Moniteur universel«, Paris, 14. Januar 1939, S. 82. Das Zitat lautet im französischen Text: »Tout les fils du tissu lumineux ont passé de l'objet dans l'image.« Die vorstehenden Zitate sind – zum Teil vollständig – abgedruckt in: H. Buddemeier, »Panorama, Diorama, Photographie. Entstehung und Wirkung neuer Medien im 19. Jahrhundert (Untersuchungen und Dokumente)«, München 1970, siehe S. 67, 74, 81).

60 H. Hajek-Halke, »Experimentelle Photographie«, Bonn 1955, S. 60.

61 Zu der Möglichkeit, das Motiv zu arrangieren, siehe drei Absätze weiter.

62 Op. cit. S. 65.

63 Die mathematische bzw. physikalische Beschreibung der Photographie verdanke ich R. Fritsch, Fachbereich Mathematik, und K. Läuger, Fachbereich Physik, beide Universität Konstanz.

64 Rudolf Steiner, »Mein Lebensgang«, Gesamtausgabe Nr. 13, 34. Kapitel.

65 C.W. Ceram, »Eine Archäologie des Kinos«, Hamburg 1965, Seite 161.

66 »Toy Story« kam 1996 in die Kinos. Regie John Lasseter. Produziert in den Pixarstudios von Walt Disney.

67 Die Frequenzknappheit war einer der Gründe, deretwegen die deutsche Rechtsprechung alle Versuche, private (kommerzielle) Sender einzurichten, ablehnte. 1984 wurde diese Position aufgegeben, wobei die Verkabelung und die dadurch möglich gewordene Programmvermehrung eine wichtige Rolle spielte.

68 Solche Gedanken sind in einem Forschungsbericht enthalten, der die Literatur darstellt, die sich mit der Digitalisierung des Fernsehens auseinander setzt. Siehe Uli Gleich, »Digitales und interaktives Fernsehen: Nutzererwartungen und Akzeptanzchancen«, in: »Media Perspektiven 9 (1999)«, Seite 430–436.

69 Siehe Heinz Buddemeier, »Panorama, Diorama, Photographie. Entstehung und Wirkung neuer Medien im 19. Jahrhundert«, München 1970, Seite 65 ff.

70 Der Aufsatz befindet sich in: Stefan Münker, Alexander Rolsler, »Mythos Internet«, Frankfurt am Main 1997, Seite 108–127.

71 a.a.O., Seite 117.

72 Diese Dinge sind ausführlich behandelt in einer bei mir geschriebenen Dissertation: Chris Arnemann, »Die Auswirkung von Kameraentfernung und Objektivbrennweite auf die medienvermittelte visuelle Wahrnehmung«, Bremen (Diss.) 1993.

73 Jörg-Peter und Sabine Beate Ewert: »Wahrnehmung«, Heidelberg 1981, Seite 151. Die Abbildung ist diesem Buch entnommen.

74 Siehe Hans-Jürgen Scheuerle, »Information und Bewusstseinshelligkeit. Was kann die neurophysiologische Forschung zur Untersuchung des Fernsehens beitragen?« In: Heinz Buddemeier (Hrsg.), »Das Problem von Wahrnehmung und Bewusstsein auf dem Hintergrund der Medien- und Hirnforschung«. Leider ist der Zusammenhang von Alphawellen und Fernsehen noch nicht genug erforscht, sodass die Ergebnisse nicht so abgesichert sind, wie es sein müsste. Sie werden hier dennoch angeführt, weil viele andere Untersuchungen in dieselbe Richtung weisen.

75 Ausführlicher siehe dazu vom Verfasser: »Was wird im Cyberspace

aus den sozialen Beziehungen?«, in: Horst Wedde (Hrsg.), »Cyberspace. Virtual Reality. Fortschritt und Gefahr einer innovativen Technologie«, Stuttgart 1996, Seite 31–52.

76 Neben den in der Presse erscheinenden Artikeln gibt es seit Jahren Bücher zum Thema Cyberspace und Religion. Einen guten Überblick über diese Literatur gibt ein Artikel von Gundolf S. Freyermuth, »Mit Gott rechnen. Der Zusammenhang von Wissenschaft und Religion wird neu entdeckt«, in: »c't«, Heft 2 (2000), Seite 90–95. Von den zahlreichen Büchern, die in dem Artikel erwähnt werden, seien einige angeführt: Jeff Zaleski, »The Soul of Cyberspace: How New Technology is Changing Our Spiritual Lives« (1997); Jennifer Copp, »Cybergrace: The Search for God in the Digital World« (1998); David F. Noble, »The Religion of Technology: The Divinity of Man and the Spirit of Invention« (1998); Erik Davis, »TechGynosis: Myth, Magic and Mysticisme in the Age of Information« (1999).

Die meisten Autoren berufen sich auf den französischen Jesuiten Pierre Teilhard de Chardin, (1881–1955). Chardin, Priester, Philosoph und Professor für Paläontologie, bemühte sich, die Evolutionstheorie mit dem Christentum zu versöhnen. Er ging von drei Evolutionsstufen aus. In der Kosmogenese entsteht die Materie, in der Biogenese kommt das Leben hinzu, und in der Noogenese entsteht Bewusstsein. Wie viele Hirnforscher der Gegenwart war Chardin bereits der Auffassung, Bewusstsein entstehe ab einem bestimmten Punkt aus der immer komplexeren Verknüpfung von Nervensystemen. Eine weitere Steigerung des Bewusstseins in Richtung auf ein planetarisches Bewusstsein sah Chardin durch die neuen Kommunikationstechniken kommen. In der Entdeckung der elektromagnetischen Wellen erblickte er den entscheidenden Durchbruch. Sie erlauben es dem Menschen, so war er überzeugt, gleichzeitig an jedem Ort zu sein.

Das Ziel der Evolution, ihren Endpunkt, nennt Chardin »Omega-Punkt«. Dann haben sich die Bewusstseine der Vielen zu dem einen Bewusstsein vereinigt, sind darin aufgegangen. In dieser in einem Über-Ich vereinten Menschheit sah Chardin den mystischen Leib Christi.

Unter den neueren Medientheoretikern war Marshall McLuhan der Erste, der sich auf Teilhard de Chardin berief. Er übernahm Chardins Auffassung von der Elektrizität als Ausweitung des menschlichen Nervensystems in die materielle Welt hinein und gründete darauf seine These, die Medien seien Ausweitungen der Nerven und der

Sinne des Menschen. Die religiösen Vorstellungen Chardins wurden von McLuhan ebenfalls übernommen. So spricht er im Zusammenhang mit vernetzten Computern von dem Pfingstwunder einer weltweiten Verständigung (in »Die magischen Kanäle«, 1968, Seite 90). In einem dem »Playboy« gegebenen Interview (März 1999, Seite 56 ff.) ist im Hinblick auf die Zukunft die Rede von der »alles-zugleich-Welt, in der alles mit allen mitschwingt in einem umfassenden elektrischen Feld, (…) die gesamte menschliche Familie wird zu einer umfassenden Membrane zusammengeschweißt. (…) In einem christlichen Sinn ist das lediglich eine neue Interpretation des mystischen Leibes Christi; und Christus ist schließlich die äußerste Ausdehnung des Menschen.«

77 Sybille Krämer (Hrsg.), »Medien, Computer, Realität: Wirklichkeitsvorstellungen und neue Medien«, Frankfurt am Main 1998.

78 Der vollständige Text der Rede findet sich in einem Buch des Organisators der amerikanischen Datenautobahn: Andrew S. Targowski, »Global Information Infrastructure«, Harrisburg/London 1996, Seite 2 ff.

79 »Frankfurter Rundschau« vom 12. Juni 1997, Seite 6.

80 »Frankfurter Rundschau« vom 20. Mai 1997, Seite 12. Die Abkürzung »IuK-Technologien« steht für »Informations- und Kommunikationstechnologien«.

81 An einem Beispiel aus der Frühzeit des Fernsehens kann gezeigt werden, was kritische Stimmen bewirken können. Anfang der fünfziger Jahre begannen die öffentlich-rechtlichen Sender in Deutschland, Programme auszustrahlen, die speziell für Kinder (3 – 13 Jahre) bestimmt waren. Diese Programme riefen lebhaften Widerspruch hervor, der sich noch steigerte, als die Sendezeit für Kinder ausgedehnt wurde. Ärzte, Pädagogen und Eltern brachten aus den verschiedensten Bereichen Gründe vor, die dagegen sprachen, Kinder vor einen Fernsehapparat zu setzen.
Die kritischen Stimmen hatten solches Gewicht, dass sie 1957 Einfluss auf die Novellierung des Jugendschutzgesetzes nahmen. Von 1957 an wurden Kinder unter sechs Jahren vom Besuch eines Kinos ausgeschlossen. Wenn das Fernsehen in dem Gesetz auch nicht ausdrücklich erwähnt wurde, so bezogen die Verantwortlichen es dennoch auf das neue Medium und stellten alle Kindersendungen ein (Ausnahme: »Sandmännchen«).
Für entsprechende Gesetzesinitiativen oder überhaupt irgendwelche Schutzmaßnahmen fehlt heute jede Grundlage. Das hat eine lange

Vorgeschichte. Ende der sechziger Jahre begannen die Sender erneut, Sendungen für Vorschulkinder zu produzieren. Das Jugendschutzgesetz wurde umgangen, indem man nun auf den Unterschied zwischen Film und Fernsehen hinwies. Diese fadenscheinige Argumentation wurde 1984 durch eine neuerliche Änderung des Jugendschutzgesetzes überflüssig. Das Kinoverbot für Kinder unter sechs Jahren wurde aufgehoben.

Wenn den Kindern damals auch längst nicht so viel zugemutet wurde wie heute, so ist für das geistige Klima der Zeit doch bezeichnend, dass die Gesetzesänderung vorgenommen wurde, ohne dass die 1957 vorgebrachten Argumente einer Prüfung unterzogen wurden.

82 Mit diesen beiden Merkmalen reiht sich »Informationsgesellschaft« in das ein, was Uwe Pörksen »Plastikwörter» nennt. Siehe Uwe Pörksen, »Plastikwörter. Die Sprache einer internationalen Diktatur«, Stuttgart 1988.

83   Michael Jäckel, Peter Winterhoff-Spurk, »Politik und Medien«, Berlin 1994, Seite 11.

84 In anspruchsvolleren Darstellungen wird der Unterschied selbstverständlich gemacht. So schreibt Hubert Markl: »Warum dieser Unterschied zwischen Information und Wissen? Weil Wissen nach qualitativen Bewertungskriterien beurteilte Information ist, sozusagen das, was von verfügbarer Information als wertvoll aufzunehmen und zu bewahren ist. Die Fähigkeit dazu nennt man Urteilsvermögen, was offenkundig etwas ganz anderes als die Fähigkeit ist, Information oder Wissen verfügbar zu speichern.«. Aus: »Fit fürs Informationszeitalter. Deutschlands Zukunft in der Informationsgesellschaft«, in: »Bertelsmann Briefe«, Heft 142, Winter 1999, Seite 4.

85 Siehe dazu und zum vorigen (Geschichte des Begriffs) das Stichwort »Informationsgesellschaft« in »Brockhaus Enzyklopädie« (1997), Band 10.

86 Heinz Lothar Grob, Stefan Bieletzke, »Aufbruch in die Informationsgesellschaft«, Münster 1997, Seite 51/52.

87 Vilém Flusser, »Medienkultur«, Frankfurt 1997, Seite 144.

88 a.a.O., Seite 145/146.

89 a.a.O., Seite 146.

90 Rudolf Steiner, »Die Stufen der höheren Erkenntnis«, Gesamtausgabe Nr. 12, siehe dort den Abschnitt über Imagination.

91 Rudolf Steiner, »Aus der Akasha-Chronik«, Gesamtausgabe Nr. 11. Zur Erläuterung der zitierten Stelle sei bemerkt, dass Steiner von

verschiedenen Evolutionsstufen der Erde spricht. Die der jetzigen Stufe vorausgehende Stufe wird »Mond« genannt (nicht zu verwechseln mit dem jetzigen Mond). Die Menschen hatten in dieser Zeit ein Bilderbewusstsein – ähnlich unserem heutigen Traumbewusstsein –, das den Unterschied zwischen innen und außen nicht kannte.

92 Vortrag vom 27.2.1917, Gesamtausgabe Nr. 175.

93 Siehe »Anthroposophische Leitsätze«, Betrachtung vom 14.12.1924 (Gesamtausgabe Nr. 26).

94 Rudolf Steiner, »Anthroposophische Leitsätze«, Gesamtausgabe Nr. 26.

95 Siehe »Über die Bildnatur des Menschen«, in »Anthroposophische Leitsätze«.

96 Leitsatz Nr. 19.

97 Aus »Briefe an die Mitglieder«, Brief vom 25. Mai 1924, in: Gesamtausgabe Nr. 260 a.

98 Siehe dazu Christoph Lindenberg, »Rudolf Steiner. Eine Biographie«, Stuttgart 1997, Band 2, Seite 979.

99 Siehe dazu Rudolf Steiner, »Wie erlangt man Erkenntnisse der höheren Welten?«, Gesamtausgabe Nr. 10, Kapitel »Über einige Wirkungen der Einweihung«, dort insbesondere die Ausführungen über die zehnblättrige Lotusblume.

100 Vortrag vom 28.12.1914, Gesamtausgabe Nr. 275.

101 Gesamtausgabe Nr. 227, Vortrag vom 29.8.1923. Siehe dazu auch die Einleitung zu meinem Buch »Die unhörbare Suggestion. Forschungsergebnisse zur Beeinflussung des Menschen durch Rockmusik und subliminale Kassetten«, Stuttgart 1989, Seite 7 ff.

102 Rudolf Steiner, GA 345, »Vorträge und Kurse über christlich-religiöses Wirken«, Band IV, 1. Vortrag vom 11.7.1923 Stuttgart, Seite 14.

103 Gesamtausgabe Nr. 4

104 »Spiegelreporter, Monatsmagazin für Reportage, Essay«, Interview, Nr. 8, August 2000, Seite 19–27.

105 Siehe »Media Perspektiven« 10 (1999), Seite 531–556.

106 Siehe Gruner + Jahr / TV Today (Hrsg.), »Digitale Welten. Ergebnisse der ACTA 1998«, Hamburg 1999.

107 Siehe »Media Perspektiven« 7 (2000), Seite 328.

108 Siehe »Psychologie Heute«, Oktober 1998, Seite 31.

109 a.a.O., Seite 34.

110 a.a.O., Juni 2000, Seite 33.

Abbildungsnachweis

Abbildung 1: Aus Michael Reuter, Telekommunikation, Heidelberg 1990, Seite 22

Abbildung 2: Bildarchiv des Deutschen Museums München, Nr. 11823

Abbildung 3: Aus Archiv für Deutsche Postgeschichte, Heft 2 (1987), Seite 14

Abbildung 4: © Jürgen Lindemann, Bremen

Abbildung 5: Bildarchiv des Deutschen Museums München, Nr. 1206

Abbildung 6: Bildarchiv des Deutschen Museums München, Nr. 33783

Abbildung 7: Bildarchiv des Deutschen Museums München, Nr. 14504

Abbildung 8: © Karlheinz Flau, Ottersberg

Abbildung 9: Bildarchiv des Deutschen Museums München, Nr. 12075

Abbildung 10: Bildarchiv des Deutschen Museums München, Nr. 12071

Abbildung 11: Archiv des Autors

Abbildung 12: aus Jörg Peter und Sabine Beate Ewert, Wahrnehmung, Heidelberg 1981, Seite 152

Abbildung 13: aus Robert J. Sternberg (Hrsg.), Encyclopedia of Human Intelligence, New York 1994, Band 2